혁신기업의 딜레마

The Innovator's Dilemma : When New Technologies Cause Great Firms to Fail

by Clayton M. Christensen

Copyright © 1997 by President and Fellows of Harvard College

All rights reserved.

This Korean edition was published by Sejong Books, Inc. in 2009 by arrangement with Harvard Business Press, Boston, MA through KCC(Korea Copyright Center Inc.), Seoul.

HARVARD BUSINESS
경제경영 총서

혁신기업의 딜레마

THE INNOVATOR'S DILEMMA

미래를 준비하는 기업들의 파괴적 혁신 전략

클레이튼 M. 크리스텐슨 지음 | 이진원 옮김

세종

크리스텐슨 교수가 말하는 '혁신기업의 딜레마'가 존재하기 때문에, 우리는 다르게 행동해야 한다. 신기술을 내놓는 기업들은 그 딜레마를 놓치곤 하지만, 우리는 절대로 걸려 넘어지지 않을 것이다.
스티브 잡스, 애플 창업자

이 책은 성공한 기업들이 반드시 직면하게 될 어려운 문제들을 제대로 지적하고 있다. 그의 글은 명쾌하고, 분석적이며, 무시무시하다. 그가 말하는 파괴적 기술은 인텔에게도 해당하는 일임에 틀림없다. 이 책을 읽자마자 나는 바로 크리스텐슨 교수를 인텔의 자문교수로 위촉했다.
앤디 그로브, 전 인텔 회장

이 책은 급변하는 기술에 대한 통찰력 있는 분석을 통해 기업에게 진짜 필요한 것들을 제시하고 있다. 회사를 경영하고 있다면 이 책을 꼭 읽어야 한다.
리처드 포스터, 전 맥킨지 CEO

이 책은 파괴적 혁신을 실행함에 있어 반드시 읽어야 할 교과서다.
스티브 블랭크, '린 스타트업' 창안자

성장하는 스타트업에서도 놓치지 않아야 할 매우 중요한 책.
드류 휴스턴, 드롭박스 CEO

이른바 파괴적 혁신(단절적 혁신)이 벌어질 때, 왜 선두주자들은 후발주자에게 추격

당할까? 이 책은 그 의문을 푼 책으로, 선두주자의 몰락 이유를 바로 '기존 고객의 니즈'에 대한 부응에서 찾는 부분이 가장 흥미롭다.

홍춘욱, 이코노미스트, 『50대 사건으로 보는 돈의 역사』 저자

한 번도 얼굴을 뵌 적이 없지만, 나에게 멘토와도 같은 영향력을 주고 새로운 미래를 그리면서 공부를 하게 된 계기를 마련하게 해주신 분이다.

정지훈, 미래학자, 『거의 모든 IT의 역사』 저자

단언컨대 혁신에 대해 다룬 가장 훌륭한 책이다. 특히 디지털 트랜스포메이션 전략을 구상하는 사람이라면 반드시 읽어야 할 책이다.

조신, 연세대 정보대학원 교수, 전 대통령 비서실 미래전략 수석비서관

『혁신기업의 딜레마』는 현대의 창업가, 기업가, 정책가들이 필독해야 할 경제 서적이다. 크리스텐슨 교수는 혁신에 대한 새로운 정의와 관점을 통해 시장 발전과 경제 성장을 기존 시장의 존속적인 육성에만 의지하지 않고 새로운 시장을 구축하여 실현하라 독려한다. 창의력이 풍부한 한국 창업가들과 기업들이 글로벌 시장의 맹렬한 경쟁 구도에서 승승장구할 수 있는 비법을 제시하는 책이다.

스펜서 남Spencer Nam, KSV글로벌 매니징 디렉터(하버드비즈니스스쿨 졸업)

크리스텐슨 교수는 항상 가족과 커뮤니티를 먼저 생각했으며 누구보다 '한국'을 사랑했던 분이다. 1971년부터 1973년까지 한국에 선교사로 있으면서 한국과 인연을

맺으셨고 '구창선'이라는 이름도 자랑스럽게 생각하셨다. 2018년 12월 말 단독으로 크리스텐슨 교수와 2시간 동안 1:1 인터뷰를 했다. 교수님과의 마지막 인터뷰에서도 파괴적 혁신 이론에 대한 재해석 그리고 한국에 대한 애정을 듬뿍 담은 많은 조언을 해주셨다. 내가 큰 회사를 나와 '창업'을 결심하게 된 것도 지금같이 격변의 시기에 기존 회사에서 존속적 혁신을 추구하는 것보다 파괴적 혁신이라는 다른 길을 걷는 것이 더 유효하다고 저자가 말한 것에 영감을 받았기 때문이다.

손재권, 더 밀크 대표

클레이튼 크리스텐슨 교수는 스티브 잡스, 앤디 글로브, 제프 베조스, 리드 헤이스팅스 등과 같은 실리콘밸리의 영웅들에게 "쫄지 마, 너희는 할 수 있어"라는 이론적 힘을 실어줬던 인물이다.

신현규, 〈매일경제신문〉 실리콘밸리 특파원

이 책은 새로운 시대의 혁신 전략을 구상하는 사람이라면 누구나 꼭 읽어야 하는 책이다.

〈뉴욕타임스〉

이 책은 불가능에 가까운 성취를 이뤄냈다. 위대한 기업들조차 왜 실패하는지에 대한 오랜 의문에 대한 지적인 솔루션인 동시에 임원진과 투자자들에게 즉각적인 실행 지침을 제시한다.

〈파이낸셜타임스〉

크리스텐슨은 지난 50년간 경영이론가 중 가장 위대한 인물로, 기술 변화가 회사에 어떤 영향을 미치는지 분명하게 제시할 수 있는 몇 안 되는 사람이다. 그는 방대하고 깊이 있는 사례를 통해 새로운 신화를 만들고 있다. 이 책은 총알이 필요한 사람들에게 총알과 방탄조끼까지 제공해준다.

〈포브스〉

'파괴적 기술'이란 개념은 인터넷 시대에도 매우 들어맞는 아이디어다. 크리스텐슨 교수가 창안한 용어로『혁신기업의 딜레마』의 핵심이다.

〈포춘〉

모두가 잠든 사이 혼자 깨어나 시장과 업계를 단숨에 장악하는 파괴적 혁신. 그것의 탄생과 성장, 그리고 기업의 대응전략에 대한 가장 깊이 있는 보고서.

〈비즈니스위크〉

스티브 잡스, 조지 길더, 앤디 그로브 같은 인물들이 승리를 거둔 실리콘밸리에서 필독서로 손꼽히는 책.

〈와이어드〉

실리콘밸리의 성전.

〈블룸버그〉

훌륭한 동료이자 후원자이며
친구인 나의 아내에게

차례

2 파괴적 기술 변화 관리

　　이 책은 기술과 시장의 변화에 직면했을 때 업계에서 정
상의 자리를 지키지 못하고 실패하는 기업들에 대한 이야기를 담고 있
다. 그중에서도 특히 많은 경영자들이 선망해왔고, 뛰어넘으려고 애써
왔으며, 혁신과 실행능력을 높이 인정받아왔던 우량기업에 대한 이야기
를 다루고 있다. 물론 많은 기업들이 관료주의, 오만, 진부한 세습 경영,
허술한 기획, 근시안적 투자, 부적절한 기술과 자원 투자, 그리고 단순
한 불운과 같은 이유로 실패한다. 그러나 이 책은 앞에서 언급한 약점을
가진 기업들에 대한 이야기가 아니다. 이 책은 경쟁력 확보에 애썼고,
고객의 요구에 재빠르게 대응했으며, 새로운 기술에 공격적으로 투자했
음에도 시장 지배력을 상실한 초우량기업들에 대한 이야기다.

　이처럼 겉으로만 봐서 설명하기 어려운 실패들이 빠르게 변하는 산
업에서나 느리게 변하는 산업에서 모두 일어난다. 또한 전자기술에 바
탕을 두고 세워진 산업에서나 화학과 기계기술에 바탕을 두고 세워진

산업에서, 그리고 제조와 서비스 산업에서도 모두 일어난다.

미국의 통신판매 업체 중 하나인 시어스 로벅(Sears Roebuck)은 지난 수십 년 동안 가장 우수하게 경영되는 소매업체로 인정받았다. 전성기 때의 시어스는 미국 소매업체 총매출액의 2퍼센트 이상을 차지하기도 했다. 시어스는 오늘날 가장 선망받는 소매업체들이 성공하는 데 결정적인 역할을 했던 공급망 관리(supply chain management), 매장 브랜드(store brand), 카탈로그 판매, 신용카드 판매 등과 같은 혁신적인 아이디어를 주도했다. 시어스의 경영진이 얼마나 존경을 받았는지는 1964년 「포천(Fortune)」에 실린 다음 기사를 보면 잘 알 수 있다.

시어스는 그 많은 혁신적 경영기법을 어떻게 추진했을까? 가장 주목할 만한 점은 시어스가 속임수를 쓰지 않았다는 사실이다. 시어스는 조직 내 모든 사람들이 자연스럽게 해야 할 일을 잘했을 뿐이었다. 그리고 그러한 성과가 누적되면서 시어스는 마침내 특별하고도 강력한 기업으로 발돋움할 수 있었다.[1]

그러나 오늘날은 어느 누구도 시어스를 이렇게 호평하지 않는다. 시어스는 할인매장과 홈센터(home center, 다양한 DIY용품을 판매하는 상점)의 등장을 간과했다. 현재 대부분의 업종에서 카탈로그 판매 사업이 붐을 이루고 있지만 시어스는 이미 그런 사업에서도 밀려난 지 오래다. 이제는 시어스의 판매 방식이 살아남을 가능성조차 의구심이 든다. 한 업계 분석가는 시어스를 다음과 같이 평가했다.

시어스의 상품 판매 사업부는 1992년, 17억 달러에 달하는 구조조정 비용을 제외하고도 13억 달러의 적자를 냈다. 오만함에 사로잡힌 시어스는 미국 시장에서 일어나고 있는 기본적인 변화조차 간파하지 못했다.[2]

또 다른 평론가는 다음과 같이 말했다.

회생 약속을 지키지 못한 시어스의 주가가 폭락하는 광경을 넋 놓고 바라봐야만 했던 투자자들에게 시어스는 실망 그 자체였다. 값비싼 제품과 서비스를 대규모로 시장에 팔겠다는 시어스의 낡은 판매전략은 이제 경쟁력을 상실했다. 시어스는 상황이 반전될 거라는 전망을 반복적으로 되풀이했지만 그런 예상이 전부 빗나가면서 투자자들에게 큰 실망감을 안겨주었다. 당연히 금융업계에서도 시어스의 경영진에 대한 신뢰가 크게 떨어질 수밖에 없었다.[3]

시어스가 훗날 자사의 핵심 프랜차이즈 사업에 큰 타격을 입혔던 할인매장과 홈센터의 부상을 무시하고 있던 1960년대 중반에 호평을 받고 있었다는 사실이 놀랍다. 시어스는 신용카드 판매 분야에서 이룩했던 선도적 지위를 비자(Visa)와 마스터카드(Master Card)에 빼앗겼던 바로 그 시기에 세계 초우량기업들 가운데 하나로 칭송을 받고 있었던 셈이다.

몇몇 산업에서도 이러한 1등 기업의 실패가 수차례 반복된다. 먼저 컴퓨터 산업을 살펴보자. IBM은 메인프레임 컴퓨터 시장을 지배했지만 이전 컴퓨터에 비해서 기술적으로 훨씬 더 단순한 미니컴퓨터의 출현을 수년 동안 간과했다. 사실상 주요 메인프레임 컴퓨터 제조업체 가운데 누구도 미니컴퓨터 시장에서 주도적인 역할을 하지 못했다.

IBM이 미니컴퓨터 시장에서 우물쭈물하는 동안 디지털 이큅먼트 코퍼레이션(Digital Equipment Corporation)이 미니컴퓨터 시장에서 우위를 차지했고, 이후 데이터 제너럴(Data General), 프라임(Prime), 왕(Wang), 휴렛패커드(Hewlett-Packard), 닉스도프(Nixdorf)와 같은 공격적인 기업들이 시장에 속속 진입했다. 그렇지만 이 기업들 역시 데스크톱 컴퓨터 시장을 놓치고 말았고, 대신 애플(Apple), 코모도어(Commodore), 탠디(Tandy), IBM의 개인용 컴퓨터사업부가 데스크톱 컴퓨터 시장을 개척했다. 특히 애플은 사용자 중심적인 컴퓨터 표준을 정립하는 데 매우 혁신적인 성향을 보였다. 그러나 애플과 IBM 모두 휴대용 컴퓨터를 시장에 내놓는 것에는 업계 선두보다 5년이 뒤처졌다. 한편 엔지니어링 워크스테이션(개인이나 적은 인원수의 사람들이 특수한 분야에 사용하기 위해 만들어진 고성능의 컴퓨터) 시장을 만들었던 아폴로(Apollo), 선(Sun), 실리콘 그래픽스(Silicon Graphics) 같은 기업들은 모두 이 시장에 처음으로 진출한 기업들이었다.

소매업계와 마찬가지로 이러한 선도적인 컴퓨터 제조업체들 중 대다수가 한때 세계에서 가장 잘 경영되는 기업들로 인식되었고 언론인들과 경영학자들은 모범 사례라고 자주 인용했다. 1986년에 이루어진 디지털 이큅먼트에 대한 평가를 살펴보기로 하자. "디지털 이큅먼트와 겨룬다는 건 달려오는 기차를 마주보고 서 있는 것과 같다. 컴퓨터 업계의 경쟁 업체들이 컴퓨터 산업의 침체 속에서 멈춰서 있는 가운데 시가 총액 76억 달러의 컴퓨터 회사인 디지털 이큅먼트는 속도를 내며 나아가고 있다."[4] 이 회사에 대해 이처럼 호평했던 사람은 디지털 이큅먼트를 바짝 추격하고 있는 IBM을 주목하라고 말했다. 실제로 디지털 이 큅먼트는 『초우량기업의 조건(*In Search of Excellence*)』이라는 책의 밑바탕이 됐던 컨설팅 회사 맥킨지(McKinsey)의 연구 보고서에서 가장 주목받은 기업 가운데 하나였다.[5]

그러나 그로부터 불과 몇 년 만에 맥킨지 연구 보고서 작성에 참여했던 사람들은 전혀 다른 이야기를 하고 있다.

디지털 이큅먼트는 요주의 회사다. 우선 주력 분야인 미니컴퓨터 라인에서 매출이 줄어들고 있다. 지난 2년 동안 추진한 구조조정 계획도 처참한 실패로 끝났다. 예측과 생산 기획 시스템 역시 끔찍한 실패를 맛봤다. 비용 절감 노력도 수익성 회복으로 이어지지 않았다. 그러나 정말로 심각한 사실은 이 회사가 여러 차례의 기회를 놓쳤다는 사실이다. 그들은 컴퓨터 산업에 일대 변화를 가져온 저렴한 개인용 컴퓨터와 엔지니어링 워크스테이션에 어정쩡하게 대응하면서 2년이란 시간을 허비했다.[6]

시어스와 마찬가지로 디지털 이큅먼트의 경우에도 경영이 가장 주도면밀하게 이뤄지면서 회사가 폭넓게 인정받고 있을 때 회사를 몰락으로 이끈 결정들이 내려졌다. 이 회사는 자신을 곤경에 빠뜨리게 만든 데스크톱 컴퓨터의 등장을 무시하고 있었던 바로 그때, 뛰어난 경영의 모범사례로서 인정받고 있었다.

하지만 오늘날에도 시어스와 디지털 이큅먼트는 주목할 만한 가치가 있는 기업들이다. 제록스(Xerox)는 오랫동안 대용량 복사 센터에서 사용되는 복사기 시장을 지배해왔다. 그러나 제록스는 소형 복사기 시장에서 대규모 성장과 수익 창출 기회를 놓치면서, 이 시장에서 주도권을 잃었다. 미니밀(minimill, 고철을 녹여 쇳물을 만드는 제철 설비. 철강 시황 변동에 유연하게 대응할 수 있다는 장점이 있다)이 북미 철강시장에서 봉강, 로드, 형강시장의 대부분을, 그리고 전체 북미 철강시장에서는 40퍼센트를 점유하고 있지만 미국이나 아시아, 유럽의 그 어떤 제철회사도 1995년까지 미니밀을 이용하는 공장을 세운 적이 없었다. 케이블 구동 굴착기 제조업체 30곳 중에서 유압식 굴착 기술로의 전환 과정에서 살아남은 곳은 4곳에 불과했다.

앞으로 살펴보겠지만 기술과 시장구조 차원에서 일어나는 파괴적 변화에 직면해 실패한 선도기업의 숫자는 아주 많다. 언뜻 봤을 때 기업에 밀려온 변화에는 특정한 패턴이 없는 것처럼 보인다. 어떤 경우에는 새로운 기술이 빠르게 밀려들어오기도 했고, 새로운 기술의 변화가 수십 년에 걸쳐 진행되기도 했다. 또 어떤 경우 새로운 기술을 개발하기에 너무 복잡하고 많은 비용이 들기도 했다. 무시무시한 기술이라는 것조차 알고 보니 기존 기술의 단순한 확장에 불과했을 때도 있었다. 그러나 이러한 모든 실패 사례들에서는 공통점이 발견된다. 가장 발전하던 시점에 기업들은 자신들을 실패로 몰아넣을 결정을 내리고 있었다.

이러한 역설을 해결하는 방법에는 2가지가 있다. 하나는 디지털 이 큅먼트, IBM, 애플, 시어스, 제록스, 부사이러스 이리(Bucyrus Erie)와 같은 기업들이 실제로는 잘 경영된 것이 아니었을지 모른다는 결론을 내리는 것이다. 아마도 이런 기업들은 운이 좋았거나 시기를 잘 타고났기 때문에 성공했던 것일지도 모른다. 그러다가 어느 순간 운이 다하면서 어려운 시기에 직면했던 것일 수도 있다. 또는 이렇게 실패한 기업들이 실제로는 잘 경영되던 회사였지만, 결과적으로 의사결정 방식의 문제 때문에 실패하게 됐다는 결론을 내리는 것도 가능하다.

이 책은 후자의 관점을 취하기로 하겠다. 앞서 언급됐던 잘 경영되는 기업들의 사례에서 볼 수 있듯이 각자 활동하고 있는 산업에서 리더로 남아 있지 못한 강력한 이유는 역설적으로 좋은 경영 때문이었다. 고객의 목소리에 경청하고, 고객이 원하는 더 나은 제품을 더 많이 만들 수 있는 신기술 개발에 공격적으로 투자하고, 시장동향을 면밀히 살피면서 더 나은 수익을 약속하는 혁신에 자본을 투자했기 때문에 그들이 선도적 지위를 상실했다고 말하는 것이 정확하다.

이 말에 숨어 있는 뜻은 오늘날 광범위하게 인정받고 있는 좋은 경영 원칙이 사실은 그때그때 상황에 따라서 적절할 수도 있지만, 반대로 적절하지 않을 수도 있다는 뜻이다. 다시 말해 고객의 소리를 경청하지 않고, 적은 이윤을 내는 성능이 낮은 제품 개발에 투자하고, 넓지 않고 좁은 시장을 적극적으로 공략하는 게 옳을 때가 있다는 것이다. 이 책은 디스크 드라이브와 다른 산업에서의 혁신적인 성공과 실패를 통해서 일련의 원칙들을 끌어내고 있다. 경영자들은 오늘날 폭넓게 인정받고 있는 좋은 경영원칙을 추종해야 할지, 아니면 다른 대안을 추구하는게 더 적절할지를 판단하는 데 이 원칙들을 활용할 수 있다.

파괴적 혁신(disruptive innovation)이라고 부르는 이 원칙은 우량기업의 실패 원인이 종종 경영자들이 원칙을 무시했거나 이에 반발했기 때문이란 것을 명확히 보여준다. 경영자들이 파괴적 혁신의 원칙을 이해하고 제대로 활용한다면 아무리 어려운 혁신조차도 효율적으로 관리할 수 있다. 다른 어려운 도전들처럼 세상이 돌아가는 방식에 정면으로 맞서서 혁신적인 노력을 펼쳐나가는 것도 그만한 가치가 있다.

이 책은 또한 주변 환경의 변화 속도라든지 기술의 첨단 여부를 떠나서 모든 제조업과 서비스업의 경영자와 컨설턴트, 학자들을 도울 목적으로 썼다. 이 같은 목적을 감안했을 때 이 책에 나오는 기술이란 말은 기업이 노동력과 자본과 원자재와 정보를 더 큰 가치를 가진 제품과 서비스로 전환할 때 필요한 과정을 의미한다. 시어스와 같은 소매업체는 고객에게 제품을 확보, 제시, 판매, 전달하기 위한 특별한 기술을 갖고 있으며, 프라이스코스트코(PriceCostco)와 같은 대형 할인매장 역시 나름대로 다른 기술을 쓰고 있다. 따라서 기술이란 엔지니어링과 제조라는 개념을 넘어서서 마케팅과 혁신 및 경영 과정까지 모두 포괄하는 말이다. 혁신은 이러한 기술 가운데서 일어나는 변화를 의미한다.

딜레마

아이디어의 이론적 깊이뿐만 아니라 적용 범위 및 과거와 미래의 적용 가능성을 확대하기 위해서 이 책은 2부로 구성되어 있다. 1부(1~4장)에서는 위대한 경영자들이 내린 건전한 결정이 왜 선도기업을 실패로 몰아갈 수 있는지 그 이유를 설명하는 틀(framework)을 세워보겠다. 따라서 1부는 혁신기업들이 겪는 딜레마를 보여준다. 기업의 성공에 결정적인 역할을 하는 논리적이고 유능한 경영진의 결정이 동시에 그 기업이 선도적 위치를 잃게 만드는 이유가 된다는 점에서 이 혁신은 딜레마다. 어떤 이유로, 그리고 어떤 환경 속에서 새로운 기술이 위대한 기업들을 실패로 이끌었는지 파악한 바를 토대로 1부에서는 경영자들이 단기적으로 기존 사업들을 강하게 만들면서도 궁극적으로는 기존 사업들의 몰락을 가져올 파괴적 기술에 적절한 자원을 투자해야 하는 딜레마를 해결할 경영방안을 제시하고 있다.

실패의 틀 세우기

일반적인 결론을 내리기 위해서 논의를 확장하기 전에 심도 깊게 파고들 필요가 있다. 1장과 2장에서는 디스크 드라이브 산업의 역사를 약간 자세하게 설명하고 있는데, 여기서는 어려운 시절을 타개해 나가는 우량기업들의 무용담이 거듭 등장한다. 디스크 드라이브 산업은 선도기업들의 실패를 연구하는 데 이상적이라고 할 수 있다. 실패에 관한 데이터가 풍부하게 존재할 뿐만 아니라, 하버드 경영대학원 학장인 킴 B. 클라크(Kim B. Clark)가 했던 말처럼 "이 산업이 빠른 변화를 겪고 있기 때문"이다. 불과 몇 년 만에 디스크 드라이브 시장은 급속도로 세분화되면서 다수의 기업들과 기술들이 등장하고 또 사라져갔다. 이 분야에서 새로운 기술들이 등장하는 과정에서 초기 선도기업이 이후 세대까지 선도적 지위를 유지할 수 있었던 것은 2번에 불과했다. 디스크 드라이브 산업에서 발생한 실패의 반복적인 패턴을 기초로, 왜 이 산업의 초창기에 활동했던 최고의 초대형 기업들이 실패했는지 설명하는 기초 틀을 세울 것이다. 또한 이 틀이 디스크 드라이브 산업에서 일어난 실패까지 설명할 수 있을 만큼 견고한 것인지를 알아보기 위해서 이 산업의 과거 역사 속에서 벌어진 반복적인 주기들을 통해 검증해봤다.

3장과 4장에서는 디스크 드라이브 산업의 선도기업들이 실패를 되풀이한 이유를 이해하고, 디스크 드라이브 산업과는 매우 다른 성격을 가진 산업에서 활동하는 기업들의 실패를 조사해봄으로써 실패 틀의 적용 범위가 어느 정도인지 시험해봤다. 따라서 3장에서는 굴착기 산업을 자세히 다루면서 선도적인 디스크 드라이브 제조업체들의 실패를 유발했던 요인이, 디스크 드라이브 산업과는 속도와 기술 면에서 다르게 움직이고 있는 굴착기 산업의 선도기업에도 실패 요인이었다는 점을 입증하고 있다. 4장에서는 이 틀을 완성한 후, 전 세계적으로 종합제철회사들이 미니밀의 공격을 막아내지 못한 이유를 보여주는 데 사용해보겠다.

좋은 경영이 실패하는 이유

실패 틀은 이번 연구에서 찾아낸 3가지 결과를 바탕으로 만들어진다. 첫째, 존속적(sustaining) 기술과 파괴적 기술이라고 불리는 것 사이에는 전략적으로 중요한 차이가 있다는 점이다. 이러한 구분은 많은 연구 보고서에 자주 등장하는 '하나는 점진적이고, 다른 하나는 급진적이다'라는 식의 구분과는 전혀 차원이 다르다. 둘째, 기술 진보의 속도가 시장이 요구하는 것보다 더 빠를 수 있으며, 또 실제로 종종 그런 일이 일어나기도 한다는 점이다. 다시 말해 여러 기술적 접근방식들의 적합성과 경쟁력은 시간이 지나면서 또는 시장 상황에 따라서 언제든지 서로 바뀔 수 있다. 셋째, 기업들은 새로운 유형의 진입기업들에 관심을 갖기보다는 성공을 안겨줬던 고객과 재무구조를 그대로 유지하기 위한 목적으로 투자한다는 것이다.

존속적 기술 vs 파괴적 기술

대부분의 신기술은 제품의 성능을 향상시킨다. 나는 이것을 존속적 기술이라고 부른다. 존속적 기술은 각각의 성격상 단절적이거나 급진적일 수도 있지만 점진적인 성격을 갖고 있는 것들도 많다. 모든 존속적 기술이 공통으로 갖고 있는 특징은 주요 시장에서 활동하는 주류 고객들이 기대하는 수준에 맞추어 기존 제품의 성능이 향상된다는 점이다. 특정 산업 내에서 일어나는 대부분의 기술적 진보는 존속적 성격을 띤다. 연구결과에 따르면 아무리 급진적이면서 복잡한 존속적 기술조차도 선도기업들을 실패로 몰아간 일은 좀처럼 없었다.

그러나 때로 파괴적 기술이 생겨날 때가 있는데, 이것은 적어도 단기적으로 제품의 성능을 떨어뜨리는 혁신이다. 그런데 아이러니하게도 선도기업의 실패를 촉진한 건 이와 같은 파괴적 기술이었다.

파괴적 기술은 과거에 통용됐던 것과 아주 다른 가치명제(value proposition)를 시장에 선보인다. 일반적으로 파괴적 기술은 주류시장에서 기존 제품들보다 성능이 떨어진다. 그러나 이 기술은 몇몇 주변 고객들이나 신규고객들이 가치를 두는 다른 특징들을 갖고 있다. 파괴적 기술에 기초한 제품들은 일반적으로 더 싸고, 더 단순하고, 더 작고, 사용하기 더 편리하다. 이와 관련해서 앞서 나왔던 개인용 데스크톱 컴퓨터와 소매 할인점 외에도 많은 다양한 사례들이 존재한다. 혼다(Honda)와 가와사키(Kawasaki), 야마하(Yamaha) 등이 북미와 유럽 지역에서 선보인 비포장도로용 소형 오토바이는 할리-데이비슨(Harley-Davidson)과 BMW가 만들었던 강력한 장거리용 대형 오토바이와 비교해봤을 때 파괴적 기술이었다. 트랜지스터가 진공관과 비교했을 때 파괴적 기술이었던 것과 마찬가지다. 건강관리 기관들은 일반적인 건강 보험회사들과 비교해봤을 때 파괴적 기술이었다. 가까운 미래에는 인터넷 설비들이 개인용 컴퓨터 하드웨어와 소프트웨어 납품업체들에 파괴적 기술이 될 가능성이 있다.

시장에서 원하는 것 vs 기술적 진보가 말하는 것

실패 틀을 이루는 두 번째 요소는 [그림 I-1]처럼 시장의 수요보다 더 빠른 속도로 진화하는 기술이다. 경쟁 업체보다 더 좋은 제품을 제공하고, 더 높은 가격에 팔아 더 많은 이윤을 내기 위해 기업들은 종종 시장이 요구하는 것 이상으로 너무 앞서나가 버릴 때가 종종 있다. 그러다 보니 기업들은 고객들이 원하거나 궁극적으로 그들이 지불할 의사가 있는 것보다 더 많은 성능과 더 비싼 가격의 제품을 내놓는다. 동시에 이것은 사용자들이 원하는 수준과 비교해서 떨어지는 성능을 가진 파괴적 기술이 내일은 성능 차원에서 충분한 경쟁력을 확보하게 될 수 있을지 모른다는 것을 의미한다.

예를 들어 자료 처리 업무를 위해서 메인프레임 컴퓨터가 필요했던 많은 사람들이 더 이상 메인프레임 컴퓨터를 필요로 하거나 사려고 하지 않을 수 있다. 메인프레임 컴퓨터의 성능이 소비자들의 욕구 수준을 뛰어넘었을 때 바로 그런 현상이 나타났다. 소비자들은 이제 자신이 하고자 하는 일을 파일 서버와 연결되어 있는 데스크톱 컴퓨터로도 충분히 처리했다. 사실상 컴퓨터 사용자들의 요구는 컴퓨터 설계업체들이 제공하는 기술 향상 속도보다 훨씬 못 미쳤다. 마찬가지로, 1965년에 양질의 제품을 사기 위해서 백화점에 가야 했던 사람들이 이제는 타깃(Target)이나 월마트(Wal-Mart) 같은 창고형 할인매장에서도 자신의 욕구를 충분히 만족시키고 있다.

실패 틀의 마지막 요소는 기존기업들이 파괴적 기술에 적극적으로 투자하는 것이 재정적으로 합리적인 결정이 아니라는 것이다. 이는 다음과 같은 3가지 근거를 바탕으로 한다. 첫째, 파괴적 제품은 더 단순하고 저렴하다. 따라서 이런 기술은 일반적으로 큰 이윤을 주지 못한다. 둘째, 파괴적 기술은 대체로 신생시장이나 소규모 시장에서 먼저 상용화됐다. 그리고 셋째, 선도기업에 가장 많은 수익을 올려주는 고객들은 일반적으로 파괴적 기술에 바탕을 둔 제품을 원하지 않는데다가 사실

그림 |-1 **존속적 및 파괴적 기술 변화가 주는 영향**

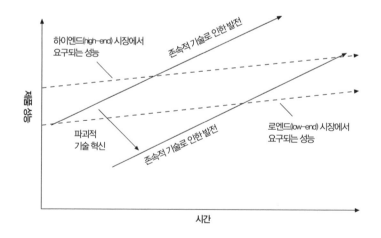

상 처음에는 그런 기술을 사용할 수조차 없다. 일반적으로 파괴적 기술은 시장에서 수익성이 가장 낮은 고객들이 제일 먼저 사용하기 때문이다. 따라서 최고 고객들의 목소리만 경청하고, 더 높은 수익성과 판매 신장을 약속하는 신제품을 선별하는 걸 원칙으로 삼고 있는 대부분의 기업들로서는 먼저 파괴적 기술에 투자하는 경우가 거의 없다.

실패 틀 시험하기

이 책은 파괴적 기술이란 문제를 규명하면서 이 기술의 관리 방법을 설명한다. 또한 파괴적 기술이라는 명제의 내적(internal) 그리고 외적(external) 타당성이 무엇인지 알아보기 위해 노력하고 있다.

1장과 2장에서는 디스크 드라이브 산업을 배경으로 실패 틀을 개발했다. 또한 4장부터 8장까지는 이 산업을 다시 살펴보면서 왜 경영자들이 파괴적 기술을 성공적으로 추진하기 전까지는, 그 기술을 간과했는지 고찰한다. 디스크 드라이브라는 산업 하나만을 깊이 다루는 이유는 실패 틀의 내적 타당성을 구축하기 위해서다. 어떤 틀이나 모델이 하나의 산업 내에서 일어나는 일조차 신뢰가 가도록 설명하지 못한다면 이를 다른 상황에 적용하기란 어렵기 때문이다.

3장과 4장, 그리고 9장의 후반부에서는 실패 틀의 외적 타당성을 탐구하는 데 주력하고 있다. 이러한 외적 타당성을 통해서 우리는 유용한 통찰력을 제공해주는 틀을 얻을 수 있다. 독자들은 이 틀을 활용해서 왜 케이블 굴착기를 만드는 선도기업들이 굴착기 시장에서 밀려났는지를 알 수 있을 것이다. 그리고 4장에서는 세계적인 종합제철회사들이 어떻게 미니밀에 밀려 무너졌는지를 확인할 수 있다. 5장은 실패 모델을 통해서 일반적인 체인점이나 백화점들과 견주어 할인 소매업체들의 성공 이유를 검토한 다음에, 파괴적 기술이 프린터 산업에 미친 영향을 알아볼 것이다.

6장에서는 새로 떠오르는 개인용 휴대 단말기 시장을 검토하면서, 전자식 모터 제어기 산업이 어떻게 무너졌는지를 살펴보겠다. 7장에서는 오토바이와 논리회로 분야에서 파괴적 기술을 활용하는 신생기업들이 어떻게 선도기업들을 무너뜨렸는지를 설명할 것이다. 또한 8장에서는 컴퓨터 제조업체들이 어떻게, 그리고 어떤 이유로 인해서 파괴적 기업들에 무릎을 꿇었는지 살펴보겠다. 9장에서는 회계 소프트웨어와 인슐린 산업에서 일어났던 동일 현상들에 대해서 조명해볼 것이다. 10장에서는 실패 틀을 전기자동차에 적용해보면서 다른 산업의 연구를 통해서 배운 교훈들을 정리하는 한편, 이런 교훈들을 전기자동차의 기회이자 위협을 평가하는 데 어떻게 활용할 수 있는지 보여주고, 동시에 그 교훈들을 전기자동차를 성공적으로 상용화하는 데 어떻게 활용할 수 있는지도 설명하겠다. 11장에서는 이 책에서 얻은 연구결과를 요약할 것이다.

결론적으로 말해서 이 책은 파괴적 기술에 대한 설명을 하는 한편, 그러한 파괴적 기술이 어떻게 해서 역사적으로 가장 관리가 잘되던 기업들을 업계의 선도적 위치로부터 밀어냈는지 밝힌다. 이론적으로 강력하고, 광범위하게 적용되는 한편, 경영 측면에서도 실질적인 틀을 제공할 것이다.

파괴적 혁신 활용하기

 1장부터 4장까지의 내용을 담은 내 논문을 읽은 동료들은 숙명론에 가까운 내용에 충격을 받았다고 말했다. 훌륭한 경영으로 알려진 관행이 파괴적 기술 변화를 접한 성공 기업들을 실패로 몰아갈 수 있다면, 기업들의 당면 과제 해결에 필요한 요구들(더 기획하라, 더 열심히 일하라, 더 고객 친화적이 돼라, 더 장기적인 안목을 가져라 등)은 모두 오히려 문제를 악화시킬 뿐이다. 건전한 업무 수행, 신속한 시장 대응(speed-to-market), 전사적 품질경영(TQM, total quality management), 프로세스 리엔지니어링(process reengineering) 같은 방법들도 역시 마찬가지로 모두 효과가 없다. 두말할 필요도 없이, 이것은 미래의 경영자들을 가르치는 사람들에게 불길한 소식이다!

 그러나 5장부터 10장까지는 파괴적 기술을 효과적으로 다룰 수 있는 다른 현명한 방법들이 존재한다는 걸 보여주고 있다. 모든 기업들은 자신이 할 수 있는 일과 할 수 없는 일이 무엇인지를 정의내릴 때 조직의 힘에 따라 움직인다. 그런데 파괴적 기술에 접한 경영자들이 이러한 힘에 압도당한다면 그들이 경영하는 기업은 실패로 향할 수밖에 없다.

 팔에 깃털 날개를 붙인 다음에 높은 곳에 올라가 전력을 다해 뛰어내리며 부단히 날갯짓을 하면 날 수 있다고 생각했던 선조들은 모두 실패했다. 비행을 꿈꿨던 그들은 그 꿈을 이루기 위해서 열심히 일했지만 사실 그들은 매우 강력한 자연의 힘을 상대로 싸우고 있었다. 그 누구도 이와 같은 싸움에서 이길 수 있을 만큼 강하지 못했다. 사람들은 중력의 법칙, 베르누이의 원칙(Bernoulli's principle, 점성과 압축성이 없는 이상적인 유체가 규칙적으로 흐르는 경우에 속력과 압력, 높이의 관계에 대한 법칙), 상승력과 인력, 저항력에 대한 개념 등과 같이 세상을 움직이는 적절한 자연 법칙과 원칙들을 이해한 뒤에야 비로소 날 수 있었다. 자연법칙과 원칙이 가진 힘에 맞서기보다는 그것을 인정하거나 이해한 비행 시스템을 고안했을 때 인간은 비로소 과거에는 상상조차 할 수 없었던 높이와 거리로 날아갈 수 있었다.

5장부터 10장까지의 목표는 파괴적 기술의 5가지 원칙들을 제시하는 것이다. 인간의 비행을 빗댄 비유처럼 이러한 원칙들은 매우 강력하기 때문에 이것을 무시하거나 무턱대고 맞서 싸우려는 경영자는 파괴적 기술의 폭풍 속에서 자신이 경영하는 기업을 제대로 조종할 힘을 잃고 만다. 이 책에서는 반대로 경영자가 파괴적 기술에 맞서 싸우기보다는 그것이 가진 힘을 이해하고 이용하면 파괴적 기술 변화에 접했을 때 놀라운 성공을 거둘 수 있다는 것을 증명하고자 했다. 특히 경영자들은 간단한 답을 찾기보다는 5장부터 10장을 천천히 읽어주기를 바란다. 위대한 경영자들은 자신이 처한 상황에 가장 잘 맞는 해답을 직접 찾아낼 수 있는 탁월한 능력을 갖고 있다. 그러나 그들은 먼저 그러한 상황을 만든 이유와 어떤 힘들이 그들이 해결책을 쉽게 찾아내는 데 도움을 줄지 이해하고 있어야 한다. 다음은 이 책에서 소개된 원칙들과 경영자들이 이 원칙들을 이용하거나 수용하기 위해 해야 할 일들을 요약한 것이다.

원칙 1   기업은 자원을 얻기 위해 고객과 투자자에 의존한다

디스크 드라이브 산업의 역사를 보면 기존기업들은 고객이 요구하는 존속적 기술의 파도를 헤치면서 잘 버텨왔지만, 이보다 더 단순한 파괴적 기술 앞에서는 계속해서 허우적댔다. 이러한 증거는 자원 의존성(resource dependence)을 뒷받침한다.[7] 5장에서는 이 이론을 요약했는데, 경영자들은 자신이 회사의 자원 흐름을 통제하고 있다고 생각할지 모르지만 궁극적으로 고객들과 투자자들을 만족시키지 못한 투자 패턴을 가진 기업들은 생존할 수 없기 때문에 실제로 자원을 어떻게 쓸지 결정하는 건 고객들과 투자자들이라는 것이 이 이론의 핵심이다. 사실 최고의 성과를 내는 기업들은 고객이 원하지 않는 아이디어를 없애는 데 아주 발달된 시스템을 갖고 있다. 결과적으로 이러한 기업들은 정작 고객이 원할 때까지 파괴적 기술(고객이 원치 않고 일반적으로 더 낮은 이윤을 가져오는 사업기회)에 적절한 자원을 투자하는 데 상당한 어려움을 겪는다. 그리고 실제로 파괴적 기술에 투자하려고 할 때는 이미 너무 늦다.

5장에서는 경영자들이 파괴적 기술을 상대하려고 노력할 때 이러한 원칙을 이용할 수 있는 방법을 제시하고 있다. 몇 가지 예외를 제외하고 우량기업들이 파괴적 기술을 갖고 성공적으로 적절한 입지를 구축한 경우는 기업 경영자들이 파괴적 기술을 중심으로 새롭고 독립적인 사업에 전념하는 별도의 조직을 세웠을 때뿐이다. 그러한 조직은 고객들의 압력에서 벗어나 파괴적 기술로 만든 제품을 개발할 수 있다. 다시 말해 경영자들이 자원 의존성을 무시하거나 그것에 대항하기보다는 그것에 맞춰서 조직을 정돈할 때 파괴적 기술에서 성공할 수 있다.

경영자들에게 이 원칙이 갖는 의미는 위협적인 파괴적 기술에 직면했을 때 주류 기업에 속한 사람들과 프로세스는 소규모 신생시장에서 강력한 포지션을 구축하는 데 필요한 돈과 인력을 자유롭게 배분하기 어렵다는 점이다. 고가 · 고품질의 하이엔드 시장의 경쟁에 걸맞은 비용구조를 가진 기업이 저가 · 저품질의 로엔드 시장에서도 높은 수익을 내기란 매우 어렵다. 이때는 대부분의 파괴적 기술의 특징인 적은 수익을 내기에 적합한 비용구조를 가진 독립적인 조직을 별도로 두는 것만이 기존기업들이 이 원칙을 이용해서 생존하는 유일한 방법이다.

원칙2 소규모 시장은 대기업의 성장 욕구를 해결하지 못한다

파괴적 기술은 일반적으로 새로운 시장이 출현할 수 있는 원동력 역할을 한다. 이러한 신생시장에 조기 진입하는 기업은 나중에 진입한 기업에 비해서 선점 이익을 얻는 걸 보여주는 강력한 증거가 있다. 그러나 이런 기업이 성공을 거두면서 규모가 더욱 커질수록, 미래에 대형시장이 될 운명을 가진 소규모 신생시장에는 진입하기가 더욱 어려워진다.

성공 기업은 주가를 관리하고, 직원들이 각자 맡은 책임의 범주를 확대할 수 있는 기회를 내부적으로 만들어주기 위해서 지속적으로 성장해야 한다. 그러나 4천만 달러의 매출을 올리는 기업은 다음해에 20퍼센트의 매출 신장을 거두기 위해서 800만 달러만 더 벌면 되지만, 40억 달러의 매출을 올리는 회사가 같은 수준으로 성장하기 위해서는 8억 달러의 매출을 더 올려야 한다. 어떤 신규 시장도 그처럼 크지는 않다. 결과적으로 기업의 규모가 커지고, 더 많은 성공을 거둘수록 신생시장을 유용한 성장 엔진으로 삼겠다는 논리적 근거는 더욱 빈약해진다.

그래서 많은 대기업들은 신생시장이 구미가 당길 만큼 충분히 성장할 때까지 기다려보는 전략을 취하기도 한다. 그러나 6장에서 제시된 증거를 보면 이러한 전략은 종종 실패하고 만다.

파괴적 기술의 힘을 빌려 신생시장에서 강력한 입지를 성공적으로 구축한 기존 대기업들은 그 시장에 어울리는 규모를 가진 조직에 파괴적 기술을 상용화하는 책임을 부여함으로써 그렇게 한 것이다. 소규모 기업은 소규모 시장에서 가장 손쉽게 성장 기회를 얻어낼 수 있다. 그렇지만 공식적, 비공식적 자원 배분 과정이 대기업들로 하여금 적절한 에너지와 인재를 소규모 시장에 전력하게 만들기가 매우 어렵다는 걸 보여주는 강력한 증거가 존재한다. 논리적으로 봤을 때 그러한 소규모 시장이 언젠가는 대규모 시장이 될 가능성이 있을 때조차 그렇다.

원칙3 존재하지 않는 시장은 분석이 불가능하다

건전한 시장조사를 실시하고, 좋은 계획을 세운 뒤 그 계획에 따라 실행한다는 건 좋은 경영의 기본이다. 이러한 관행을 존속적 기술 혁신에 적용시킬 경우 그것은 대단한 가치를 지닌다. 기존기업이 디스크 드라이브 산업의 역사에서 일어난 모든 존속적 혁신의 사례를 주도한 중요한 이유도 바로 이러한 관행 때문이다. 이처럼 합리적인 접근 방식은 존속적 기술을 상대할 때 특히 가치가 있다. 시장의 규모와 성장률이 일반적으로 잘 알려져 있고, 기술 발전의 경로가 이미 정해져 있으며, 주요 고객의 요구가 무엇인지도 분명히 파악되어 있기 때문이다. 이런 곳에서 일어나는 혁신은 그 성격상 주로 존속적이기 때문에, 대부분의 경영자들은 분석과 기획이 가능한 존속적 맥락 속에서 혁신을 관리하는 법을 배운다.

그러나 새로운 시장으로 이어지는 파괴적 혁신을 다루는 과정에서 시장조사자들과 기업의 기획자들은 언제나 끔찍한 결과를 얻는다. 실제로 7장에 나오는 디스크 드라이브, 오토바이, 마이크로프로세서 산업에서 얻은 증거를 놓고 보았을 때, 대규모 신생시장에 대한 전문가들의 예상은 한결같이 틀렸다.

많은 경우 존속적 혁신에서의 리더십(어떤 정보가 알려져 있고, 어떤 계획을 세울 수 있느냐와 관련해서)은 경쟁 측면에서는 중요하지 않다. 이 경우 후발 기술 개발자들은 선도 기술 개발자들만큼 잘할 수 있다. 그러나 파괴적 혁신에서는 정보가 불충분한 시장에 처음 진출하는 기업이 아주 유리하다. 이것이 혁신기업이 처한 딜레마이다.

시장 진입 전에 투자 과정에서 시장의 규모와 재무성과에 대한 계량화를 요구하는 기업은 파괴적 기술에 직면할 경우, 무기력해지거나 중대한 실수를 저지를 가능성이 높다. 이런 기업은 아무 자료도 없는 시장에서조차 자료를 요구하고, 수익이나 비용을 전혀 모르는 상태에서 재정예측에 기초해서 판단을 내린다. 이처럼 기업이 존속적 기술을 관리하기 위해서 개발된 기획 및 마케팅 기술을 파괴적 기술에 사용하려한다는 건 우리 선조들이 팔에 날개를 달고 날아보려 기울였던 헛된 노력과 마찬가지다.

7장에서는 적절한 시장과 이런 시장을 개발하기 위한 적절한 전략은 미리 알 수 없다는 법칙을 받아들이는 여러 전략과 기획에 대해 논의해보겠다. 발견 중심의 기획(discovery-based planning)이라고 부를 수 있는 이러한 기획 방법을 추종하는 경영자들은 시장 예측은 맞지 않고 틀리며, 그들이 추구하기 위해서 선택한 전략도 예측처럼 틀릴 가능성이 있다고 전제한다. 이러한 전제 하에서의 투자와 경영은 경영자들로 하여금 알아야 할 것을 배우는 데 필요한 계획들을 개발하게 유도한다. 그런데 이것은 파괴적 기술에 성공적으로 맞서는 데 매우 효과적인 방법이다.

원칙 4 　조직의 능력이 조직의 무능력을 규정한다

혁신 문제를 다룰 때 경영자들은 본능적으로 능력이 있는 사람들에게 이를 맡기기 위해 애쓴다. 그러나 너무나 많은 경영자들이 적절한 사람들을 찾아내기만 하면 자신이 이끄는 조직도 성공적으로 혁신을 추진할 것이라고 전제한다.

하지만 이런 전제는 위험하다. 조직은 그 안에서 일하는 사람들과 상관없이 존재하는 별도의 능력을 갖고 있기 때문이다. 조직의 능력은 2가지 장소에 함께 존재한다. 첫 번째 장소는 조직의 프로세스다. 이는 사람들이 노동력, 에너지, 원자재, 정보, 현금, 기술을 투입해서 고부가가치의 생산으로 전환하기 위해 배우는 방법이다. 두 번째 장소는 조직의 가치다. 이것은 조직의 경영자들과 직원들이 우선순위에 대한 결정을 내릴 때 사용하는 기준을 말한다. 사람들은 상당히 다른 여러 일에서 성공하도록 훈련을 받을 수 있다는 점에서 매우 유연하다. 예를 들어 IBM 직원들은 소규모 신생기업에서 성공적으로 일하기 위해서 기존에 일하던 방식을 아주 쉽게 바꿀 수도 있다. 그러나 프로세스와 가치는 사람만큼 유연하지 않다. 즉, 미니컴퓨터 설계 관리에 효과적인 프로세스는 데스크톱 컴퓨터 설계를 관리하는 데는 효과적이지 못하다는 뜻이다. 마찬가지로, 직원들이 높은 이윤을 낼 수 있는 제품을 개발하는 데 우선순위를 두게 만든 가치를 낮은 이윤을 내는 제품 개발에 우선순위를 두게 만드는 데 적용할 수가 없다. 다시 말해 A라는 맥락에서 조직의 능력을 구성하는 프로세스와 가치가 B라는 맥락에서는 아무런 의미를 가질 수 없다.

8장에서는 경영자가 자신의 조직 내 어느 곳에서 조직의 능력과 무능력이 존재하는지를 정확히 이해할 수 있게 도와주는 틀을 제시한다. 디스크 드라이브와 컴퓨터 산업에 대한 연구를 바탕으로 현재 조직의 프로세스와 가치가 새로운 문제를 성공적으로 해결하지 못하게 방해할 때 활용할 수 있는 도구들을 제시해보겠다.

원칙 5 기술 공급은 시장의 요구와 일치하지 않을 수 있다

처음에는 파괴적 기술이 주류시장과 다르게 움직이는 소규모 시장에서만 이용될 수 있을지 모르지만 결국 기존 제품을 상대로 성능 면에서 충분한 경쟁력을 확보할 수 있다는 점에서 파괴적이다. [그림 I-1]에서도 확인했듯이, 이런 일은 기술 발달의 속도가 주류 소비자들이 요구하거나 받아들일 수 있는 성능 개선 수준을 넘어설 때 일어난다. 특성과 기능이 현재 시장의 요구와 밀접하게 부합하는 제품들은 결과적으로 주류시장의 요구를 초과하는 개선 경로를 따를 때가 종종 있다. 그리고 주류시장 내에서 활동하는 고객의 기대치와 비교해봤을 때 오늘날 심각할 정도로 성능이 떨어지는 제품이라도 내일은 충분한 경쟁력을 갖게 될지 모른다.

9장에서는 디스크 드라이브 시장과 회계 소프트웨어 및 당뇨치료제와 같은 다양한 시장에서 이러한 일이 벌어질 때 고객들이 A라는 제품 대신에 B라는 제품을 선택해 그 기준이 변한다는 걸 보여준다. 2가지 이상의 경쟁 제품의 성능이 시장이 요구하는 수준 이상으로 개선됐을 때 고객은 더 이상 좋은 성능을 기준으로 제품을 선택하지 않는다. 이제 제품 선택의 기준은 기능성으로부터 신뢰성과 편리성을 거쳐 궁극적으로는 가격에 따라 움직이게 된다.

많은 경영학자들이 제품 수명주기에 속하는 단계들을 다양한 방법으로 설명해왔다. 그중에서도 9장에서는 제품의 성능이 시장의 요구를 초과할 때가 변화를 주도하는 주된 메커니즘이라는 것을 보여주고 있다.

많은 기업들은 경쟁력이 우수한 제품을 개발함으로써 앞서 나가려고 노력한다. 그 과정에서 대부분의 기업은 자신이 고성능·고이윤 시장 공략을 위한 경쟁만을 펼치다가 기존 고객들의 요구보다도 더 빠르게 하이엔드 시장으로 움직이고 있다는 걸 깨닫지 못한다. 그러다가 기업들은 더 낮은 가격대의 시장에서 파괴적 기술을 채택한 경쟁기업들이 진입할 수 있는 빈 공간을 만들어주고 만다. 주류 고객들의 제품 이용 동향을 면밀하게 파악하는 기업만이 자신이 활동하는 시장에서 경쟁 기반이 바뀌는 지점을 제대로 포착한다.

파괴적 위협과 기회를 포착하기 위한 교훈

파괴적 기술의 위협과 기회에 대해서 잘 알고 있는 경영자들과 연구원들조차 매우 불안한 상태에서 파괴적 변화가 일어나는 지점들을 주시해왔다. 그들이 불안해하는 이유는 최고의 경영자들마저 파괴적 기술의 공격을 받았을 때 크게 동요했다는 증거가 명백하기 때문이다. 그들은 자신이 경영하는 기업이 파괴적 기술의 공격 대상은 아닌지, 그리고 만일 그러한 공격을 받을 경우 너무 늦기 전에 어떻게 방어할 수 있을지에 대해 알고 싶어한다. 반면 새로운 사업 기회를 물색하는 데 관심이 많은 경영자들은 신생기업과 시장의 구축이 가능한 곳 주변에서 잠재적인 파괴적 기술들을 어떻게 구분할 수 있을지 고민한다.

10장에서는 이러한 의문사항들을 색다른 방식으로 해결해보겠다. 여기서는 질문이나 수행해야 할 분석 목록을 제시하기보다는 전기자동차 같은 기술 혁신상의 문제를 다룬 사례를 제시한다. 나는 캘리포니아주 대기자원국(California Air Resources Board)에서 전기자동차를 생산하라는 지시를 받은 경영자가 있다고 가정해볼 것이다. 10장에서는 전기자동차가 정말로 파괴적 기술인지 연구한 다음에 전기자동차 개발 프로그램을 체계화한 다음, 이와 관련된 전략을 세우고, 이 전략을 성공적으로 추진하는 방법을 제시해보겠다. 이 모든 사례 연구를 통해 10장에서 의도하는 바는 혁신기업의 도전에 대해서 내가 생각하는 답변을 제시하겠다는 것이 아니다. 그보다는 다른 맥락에서도 유용할 수 있도록 파괴적 기술 변화에 대처할 사고방식을 제시하겠다는 것이다.

따라서 10장은 충성고객들이 원하는 제품과 서비스에 공격적으로 투자했음에도 결국 실패의 길로 종종 빠져드는 혁신기업의 딜레마에 대해서 깊이 있게 다룬다. 아직까지는 어떤 자동차 회사도 전기자동차의 위협을 받고 있지 않으며, 또 어떤 자동차 회사도 전기자동차 개발에 모든 기술개발을 투자하는 방안을 고려하고 있지 않다. 아직까지 자동차 산업은 건재하다. 가솔린 엔진은 여전히 신뢰할 만하다. 지금처럼 낮은 가격에 이렇게 성능과 품질이 좋은 엔진이 나온 적은 없었다. 사실상 정부의 지시가 없을 경우 기존 자동차 회사들이 전기자동차 개발에 나설 것이라고 예상할 이유가 없을 정도다.

그러나 전기자동차는 파괴적 기술이며, 미래의 잠재적인 위협이다. 혁신기업이 맡은 임무는 기업에 수익과 성장 기회를 제공해주는 기존 고객들의 요구를 위협하지 않는 범위 내에서 이와 같은 혁신(현재로서는 이해가 되지 않는 파괴적 기술)을 내부적으로 심각하게 고려해보는 것이다.

10장에서 구체적으로 설명했듯이 새로운 가치 정의에 기초해서 새로운 시장을 검토하고 면밀히 개발할 때 문제를 해결할 수 있다. 이때 신규사업을 구축하는 데 따르는 책임은 고객들의 독특한 요구와 규모와 관심을 면밀하게 반영해놓은 집중적 조직에 부과되어야 한다.

현재 파괴적 변화가 일어나는 곳

이 책의 초판이 발간된 이후 내 인생에서 가장 소중했던 일 가운데 하나는 많은 사람들이 내게 전화를 걸어왔다는 사실이다. 전화를 걸어온 사람들 중에는 내가 생각해본 적도 없는 업계 대표들도 많았으며,

그들은 내가 이 책을 통해서 설명한 역사적 사례들과 비슷한 상황이 자신들이 속한 산업들을 파괴하고 있다고 말했다. 놀랄 것도 없이 인터넷은 많은 산업의 파괴를 조장하는 인프라 기술로서 등장하고 있다.

오른쪽에 적힌 혁신은 보통 새로운 기술이나 신규사업 모델의 형태를 띠고 있으며, 이것은 왼쪽에 적힌 기존 질서를 파괴하는 과정을 밟고 있다. 현재 왼쪽에 나온 기술을 활용해서 선도적인 위치를 점하고 있는 기업들이 혁신의 공격을 버텨낼 수 있을까? 미래는 과거와 다르기를 바란다. 나는 경영자들이 이러한 혁신을 인정하고, 이 책에 소개된 기본적인 원칙들을 납득하고 이해하면서 혁신을 상대한다면 미래는 달라질 것이라고 믿는다.

기존 기술	파괴적 기술
은염 사진	디지털 사진
유선 전화	무선 전화
회선교환 방식 네트워크	패킷전환 방식 네트워크
노트북 컴퓨터	휴대용 디지털 기기
데스크톱 컴퓨터	플레이스테이션
풀서비스 주식 중개회사	온라인 주식 중개회사
나스닥 주식거래소	장외 전자거래시장(ECN)
신규 주식과 채권발행 주간업무	인터넷으로 실시하는 신규 주식과 채권의 자유 경매
은행의 판단에 기초한 대출심사	신용점수 평가 시스템에 기초한 자동 대출심사
오프라인 소매업체	온라인 소매업체
산업용 재료 유통업체	켐덱스(Chemdex)와 이스틸(E-Steel)과 같은 인터넷 기반 사이트
인쇄된 축하 카드	다운로드가 가능한 무료 축하 카드
전력회사	분산 발전소(가스 터빈, 마이크로 터빈, 연료셀)
경영 대학원	기업 대학과 기업의 자체 경영 훈련 프로그램
교실과 교과에 기초한 교육	인터넷을 통해 수행되는 원격 교육
표준 교과서	직접 편집한 디지털 교과서
오프셋 인쇄	디지털 인쇄
유인 전투기 및 폭격기	무인 비행기
의사	전문 간호사
종합 병원	외래환자 클리닉 및 자체 환자 치료
개복 수술	관절경 및 내시경 수술
심장 우회 수술	혈관형성술
MRI 및 CT	휴대용 의료기기

1

위대한 기업들조차
왜 실패하는가

위대한 기업들은 어떻게 실패하는가
드라이브 산업에서 얻은 통찰

가치 네트워크와 혁신의 힘
가치 네트워크 내 관련자들의 욕구를 이해하는 법

굴착기 산업에서 일어난 파괴적 기술 변화
빠르게 변화하지 않는 산업에서 일어나는 파괴적 기술

한번 올라가면 내려올 수 없다
좋은 경영으로도 해결할 수 없는 문제들

1장

위대한 기업들은 어떻게 실패하는가

::

드라이브 산업에서 얻은 통찰

내가 '위대한 기업들조차 왜 실패하는가'란 질문에 대한 해답을 찾기 시작했을 때, 한 친구가 현명한 충고를 해주었다. "유전학을 연구하는 사람들은 인간을 연구하기 꺼리지. 30년 정도 지나야 한 세대가 바뀌기 때문에 변화의 원인과 결과를 이해하는 데 시간이 오래 걸리거든. 그래서 사람들은 하루 만에 잉태되고, 태어나고 나서는 금세 죽는 초파리 같은 것을 연구하지. 비즈니스 세계에서 어떤 중요한 일이 일어나는지 알고 싶다면 디스크 드라이브 산업을 연구해보게. 디스크 드라이브 산업에서 활동하는 기업들은 유전학 연구의 초파리를 많이 닮았거든."

비즈니스의 역사상 디스크 드라이브 산업만큼 기술과 시장 구조, 국제적 활동 범위(global scope), 수직적 통합(vertical integration) 차원에서 광범위하고, 빠르게, 무자비한 변화가 일어났던 곳은 없었다. 이런 변화 속도와 복잡성이 경영자들에게는 악몽일 수 있겠지만, 연구 대상으로 삼기에는 더할 나위 없이 좋다는 친구의 말은 틀리지 않았다. 특정 유형의 기업이 어떻게 성공하거나 실패하게 되는지 설명해주는 이론을 학자들이 개발하려고 할 때, 또는 변화 주기에 관해 실험할 때 디스크 드라이브 산업만큼 좋은 기회를 제공해주는 곳은 거의 없다.

이번 장에서는 복잡한 디스크 드라이브 산업의 역사를 요약해보았다. 역사 자체에 관심이 있는 독자들도 일부 있을 것이다.[1] 그렇지만 이러한 역사를 이해할 때 중요한 점은 복잡함 속에 몇몇의 지극히 간단하며 일관성 있는 요소들이 등장한다는 사실이다. 바로 그런 요소들이 반복적으로 업계 초우량기업들의 성패를 결정해왔다. 즉, 그들은 고객의 말을 경청하면서 대응했고, 고객의 욕구를 만족시키는 기술, 제품, 제조 능력에 공격적으로 투자했기 때문에 성공했다. 그렇지만 역설적이게도 같은 이유 때문에 이들 초우량기업들은 실패했다. 그들은 고객의 말을 경청하면서 대응했고, 고객의 욕구를 만족시키는 기술, 제품, 제조 능력에 공격적으로 투자했다. 이것이 바로 혁신기업이 가진 딜레마 중의 하나다. 좋은 경영자가 고객과 가까이 있어야 한다는 잠언을 맹목적으로 따르는 것이 때때로 치명적인 실수일 수 있기 때문이다.

디스크 드라이브 산업의 역사는 '고객과 가까이 하라'라는 말이 좋은 충고가 되는 시기와 그렇지 않은 시기를 이해하는 틀을 제공해준다. 이런 틀이 견고한지는 이 산업의 역사를 주의 깊게 연구해야만 알 수 있을 것이다. 이러한 연구결과는 이번 장뿐만 아니라 이 책의 다른 부분에서도 계속 언급될 것이다. 이는 자신이 속한 산업의 세부사항을 잘 파악하고 있는 독자들이 디스크 드라이브 산업에서 일어난 것과 유사한 패턴이 나타났을 때 자신이나 경쟁업체들의 운명에 끼칠 영향을 파악하도록 도우려는 목적이다.

디스크 드라이브의 작동 방식

디스크 드라이브는 컴퓨터가 이용할 정보를 기록하고 판독한다. 전축 바늘과 막대 모양의 암(arm)이 음반 위를 움직이는 방식과 거의 동일하게 디스크 드라이브는 디스크 표면 위를 움직이는 암 끝에 장착되어 있는 읽기-쓰기 헤드, 알루미늄이나 유리로 만든 다음 자기물질로 코팅한 디스크, 디스크를 회전하는 회전모터와 헤드를 디스크 위로 이동시키는 구동모터, 그리고 드라이브 작동 및 컴퓨터와의 인터페이스를 통제하는 다양한 전자회로 등으로 구성되어 있다. [그림 1-1]은 전형적인 디스크 드라이브의 구조를 보여주고 있다.

읽기-쓰기 헤드는 미세한 전자석(electromagnet)으로 되어 있는데, 이 전자석에 흐르는 전류의 방향이 바뀔 때마다 극성이 변한다. 상반되는 자극은 서로를 끌어당기기 때문에 헤드의 극성이 양일 경우 헤드 아래

그림 1-1 전형적인 디스크 드라이브의 주요 구성요소

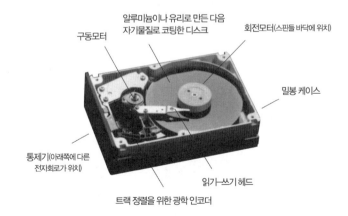

쪽에 있는 디스크 영역의 극성은 음으로 변하고, 헤드의 극성이 음일 경우 디스크 영역의 극성은 양으로 변한다. 헤드 아래쪽에서 디스크가 회전할 때 헤드의 전자석을 통과하는 전류의 방향이 빠르게 바뀌면서 디스크 표면의 동심원에 양극과 음극 성향의 자기장이 연속적으로 생성된다. 디스크 드라이브는 디스크 표면의 양극과 음극 자기 구역을 활용해 1과 0의 이진법으로 정보를 기록한다. 한편 드라이브는 본질적으로 저장과 반대 과정을 통해 디스크로부터 정보를 판독한다. 즉, 자기장의 변화는 헤드를 통과해 흐르는 미세 전류의 변화를 유도한다.

초기 디스크 드라이브의 출현

IBM 새너제이 연구소의 소속 연구원들은 1952년에서 1956년 사이에 최초의 디스크 드라이브를 개발했다. RAMAC(Random Access Method for Accounting and Control)이라 불린 이 드라이브는 대형 냉장고 크기였고, 24인치짜리 디스크 50개를 사용했으며, 5메가바이트(MB)의 정보를 저장할 수 있었다([그림 1-2] 참조). 오늘날 주로 쓰이는 디스크 드라이브 디자인을 규정하는 기본적인 컴퓨터 시스템 설계방식인 아키텍처 개념이나 부품 기술은 대부분 IBM이 개발했다. IBM이 개발한 기술로는 분리형 리지드 디스크팩(1961년), 플로피 디스크 드라이브(1971년), 원체스터 아키텍처(1973년) 등이 있다. 이 기술들은 모두 디스크 드라이브 산업에 종사하는 다른 기업들의 연구원들에게 디스크 드라이브가 무엇이며 어떤 기능을 할 수 있는지를 정의해줄 만큼 강력하고 확고한 영향을 미쳤다.

그림 1-2 IBM이 개발한 최초의 디스크 드라이브

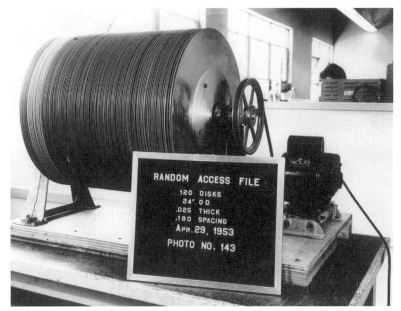

출처: IBM

　IBM이 스스로의 필요성에 의해서 드라이브를 생산하고 있을 때 서로
다른 시장을 겨냥한 독립적인 디스크 드라이브 산업이 출현했다. 몇몇
기업들은 1960년대에 플러그 호환시장(PCM, plug-compatible market)을 개
발해서, IBM 드라이브보다 성능 높은 복제품을 할인된 가격에 IBM 고
객들에게 직접 판매했다. 컴퓨터 업계에서 IBM과 경쟁하던 컨트롤 데
이터(Control Data), 버로우즈(Burroughs), 유니백(Univac)과 같은 업체들은
수직적으로 통합되어 자체적으로 디스크 드라이브를 생산하고 있었지
만, 1970년대에 닉스도프, 왕, 프라임 등 통합되지 않은 소규모 컴퓨터
제조업체들이 출현하면서 디스크 드라이브 산업에서도 주문자 생산방

식(OEM, original equipment market)이 형성됐다. 1976년이 되자 약 10억 달러 규모로 디스크 드라이브가 생산됐으며. 그중 전용 생산이 50퍼센트를, 플러그 호환시장과 주문자 생산방식에 의한 생산이 각각 25퍼센트를 차지했다.

이후 12년 동안 놀라울 정도로 빠르게 디스크 드라이브 시장이 성장하면서 기술적 성능이 향상됐다. 1995년 생산된 드라이브의 총 가치는 약 180억 달러로 치솟았다. 1980년대 중반에 플러그 호환시장은 하향곡선을 그린 반면 주문자 생산방식은 세계 생산량의 75퍼센트를 차지할정도로 성장했다. 1976년에 디아블로(Diablo), 앰펙스(Ampex), 메모렉스(Memorex), EMM, 컨트롤 데이터와 같이 활동했던 17곳의 대규모 기업들 중에서 IBM 디스크 드라이브 사업부를 제외한 모든 기업들은 몰락하거나 다른 기업에 인수됐다. 동시에 같은 시기에 129개 기업들이 추가로 디스크 드라이브 산업에 진입했으며 그중 109개 업체가 실패했다. IBM, 후지쯔(Fujitsu), 히타치(Hitachi), NEC를 제외했을 때, 1996년까지 살아남은 곳들은 1976년 이후 시장에 뛰어든 신생기업들이었다.

어떤 사람들은 디스크 드라이브 산업을 창조했던 통합 기업들의 사망률이 높았던 이유로 측정이 불가능할 정도의 기술 변화 속도를 지적한다. 실제로 변화 속도는 숨이 가쁠 정도로 빨랐다. 업계 연구원들이 디스크 표면 1제곱인치 안에 담을 수 있는 정보량은 연평균 35퍼센트씩 증가했다.

즉, 1967년 50킬로바이트(KB)에서 1973년에는 1.7메가바이트, 1981년에는 12메가바이트, 그리고 1995년에는 1천 메가바이트로 성장했다. 동시에 드라이브의 물리적 크기는 비슷한 속도로 축소됐다. 시장에서

그림 1-3 **디스크 드라이브의 가격 곡선**

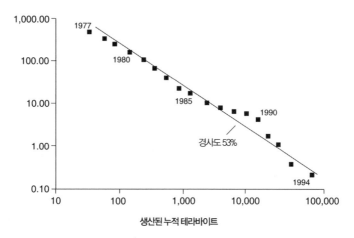

출처:「디스크/트렌드 리포트(Disk/Trend Report)」

가장 작은 20메가바이트 드라이브의 크기는 1978년 800세제곱인치였던 것이 1993년에는 1.4세제곱인치로 작아졌다. 이는 연평균 35퍼센트씩 줄어들었다는 걸 의미한다.

[그림 1-3]에 따르면 디스크의 저장용량을 1테라바이트(TB, 1천 기가바이트)로 환산했을 때의 수치와 메모리 1메가바이트당 가격과의 상관관계를 표기한 업계 경험곡선이 보여주는 경사도는 53퍼센트였다. 이는 출하된 디스크의 누적 테라바이트가 2배로 늘어날 경우 가격은 이전 수준의 53퍼센트로 감소했다는 의미다. 이것은 다른 대부분의 마이크로 전자제품 시장에서 관측되는 70퍼센트의 경사도에 비해 훨씬 급격한 가격 하락률을 보였다는 의미다. 지난 20년 이상 동안 1메가바이트당 가격은 분기당 약 5퍼센트씩 하락했다.

기술 변화의 영향

나는 선도기업들이 디스크 드라이브 산업에서 정상에 머무는 데 애를 먹었던 이유를 조사하면서 기술 진흙사태 가설(technology mudslide hypothesis)이라는 이론을 구상했다. 엄청나게 빠른 기술 변화 공세에 맞서는 일은 밀려오는 진흙을 헤치면서 언덕을 오르려는 것과 유사하다는 가설이다. 그리고 언덕 위에서 버티기 위해서는 가지고 있는 모든 것을 총동원해야 한다. 잠시나마 숨을 고르기 위해 멈출 경우 진흙더미에 묻혀버릴 것이다.

이 가설을 시험하기 위해 나는 1975년에서 1994년 사이에 세계 디스크 드라이브 관련 기업들이 도입한 디스크 드라이브 모델들의 기술과 성능을 자세하게 정리한 데이터베이스를 구축해서 분석했다.[2] 이 데이터베이스를 통해 나는 새로운 기술을 도입하는 데 앞장선 기업들을 찾아낼 수 있었고, 시간이 흐르면서 이 새로운 기술이 어떻게 업계 전반에 확산되는지를 추적할 수 있었다. 또 어떤 기업들이 산업을 선도했고, 어떤 기업들이 사라졌는지를 알아냈으며, 각각의 기술 혁신이 용량, 속도, 그리고 기타 디스크 드라이브 성능을 좌우하는 척도에 어떤 영향을 미치는지도 측정할 수 있었다. 디스크 드라이브 산업에서 펼쳐진 기술 변화의 역사를 조심스럽게 재구성하면서 나는 신규 진입기업들이 급속도로 성공하고 기존 선도기업들이 빠른 속도로 몰락하게 만든 상황을 찾아낼 수 있었다.

나는 이 연구를 통해서 기존학자들의 연구에서 내가 기대했던 것과는 전혀 다른 기술 변화에 대한 견해를 갖게 되었다. 본질적으로 이 연구결과는 선도기업들이 실패한 근본적 이유가 기술 변화의 속도나 어려움이 아니었음을 드러냈다. 결국 기술 진흙사태 가설은 틀렸다.

대부분의 제품 제조업체들은 장기간 성능 향상의 궤도를 구축해왔다.[3] 예를 들어 인텔(Intel)은 1979년 8MHz 8088 프로세서에서 1994년 133MHz 펜티엄칩까지 마이크로프로세서의 속도를 연간 약 20퍼센트 정도씩 향상시켰다. 제약회사인 엘라이릴리 앤 컴퍼니(Eli Lilly and Company)는 인슐린의 순도를 1925년 오염도 기준 5만ppm에서 1980년 10ppm으로 연간 14퍼센트씩 향상시켰다. 기술 향상 속도를 측정할 수 있는 궤도가 구축될 경우 새로운 기술이 제품의 성능을 향상시킬 수 있는지 여부가 쉽게 드러날 것이다.

그렇지만 기술 변화로 인한 영향이 이와 다르게 나타나는 사례들도 많다. 예를 들어 노트북 컴퓨터가 메인프레임 컴퓨터보다 나은가? 노트북 컴퓨터가 완전히 새로운 성능 궤도를 구축했다는 점에서 이것은 애매한 질문일 수 있다. 노트북의 성능 측정 방식은 실질적으로 메인프레임 컴퓨터의 성능 측정 방식과 다르기 때문이다. 결과적으로 노트북은 매우 다른 용도로 판매되고 있다.

디스크 드라이브 산업의 역사에서 기술 변화에 대한 연구는 다른 유형의 기술 변화를 보여주고 있다. 각각의 유형은 서로 다른 영향을 미쳤다. 첫 번째 유형의 기술은 업계의 제품 성능(가장 일반적인 측정 방법에 따라 전체 용량과 기록 밀도를 측정했을 때)을 존속적으로 향상시켰으며, 기술적 어려움의 정도는 점진적 수준에서 급진적 수준까지 다양했다. 업계의 주류 기업들은 항상 이런 기술을 개발하고 채택하는 데 선도적이었다. 이와 달리 두 번째 유형의 기술 혁신은 성능 궤도를 파괴하거나 재규정했

으며, 지속적으로 업계 선도기업들의 실패를 이끌었다.[4]

이하에서는 존속적 기술과 파괴적 기술에 해당하는 대표 사례들을 통해 두 기술 사이의 차이점을 설명하고, 이런 기술이 산업의 발전에 어떤 역할을 했는지 다루려 한다. 이 논의는 기존기업들이 진입기업들에 비해서 신기술을 개발하고 채택하는 데 얼마나 선도적이었거나 뒤처졌는지에 초점을 둘 것이다. 관련 사례들을 찾기 위해서 나는 업계 내에서 생겨나는 새로운 기술들을 따로따로 검토했다. 각각의 변화 시점에서 어떤 기업이 선도적 위치를 차지하고 어떤 기업이 후퇴하는지 분석하면서 기술이 도래하기 전에 이미 산업 전반에 기반을 갖췄던 기업을 기존기업으로 정의했다. 그리고 기술 변화 시점에 업계에 새롭게 진입한 기업을 진입기업으로 정의했다. 따라서 8인치 드라이브 출현 시점처럼 역사적으로 특정 시점에 등장한 기업은 진입기업으로 간주된다. 그렇지만 그 기업이 시장에 진입한 후에 등장한 기술을 연구할 때 나는 그 기업을 기존기업으로 간주할 것이다.

존속적 기술 변화

디스크 드라이브 산업에서 일어난 대부분의 기술 변화는 기존 제품 성능 향상의 궤도를 지속적으로 강화시켰다. [그림 1-4]는 연속적으로 출현한 헤드 및 디스크 기술을 사용한 드라이브의 평균 기록 밀도를 서로 비교해서 보여주고 있다. 첫 번째 곡선은 일반적인 미립 산화 디스크 기술과 페라이트(ferrite) 헤드 기술을 이용한 드라이브의 밀도를 나타내고 있다. 두 번째 곡선은 신기술인 박막(thin film) 헤드 및 디스크를 이용한 드라이브의 평균 밀도를 보여주고 있다. 세 번째 곡선은 가장 나중에 개발된 헤드 기술인 자기저항 헤드 기술을 통한 밀도 향상을 나타내고 있다.[5]

이처럼 신기술이 등장해 낡은 기술의 성능을 능가하는 방식은 일련의 기술 S곡선들이 서로 교차하는 것과 유사하다.[6] 기술이 특정 S곡선을 따라 움직인다는 건 일반적으로 그것이 기존의 기술적 접근법 내에서 점진적으로 개선되고 있다는 걸 의미한다. 반면 차세대 기술 곡선으로 이동한다는 건 급진적으로 새로운 기술을 채택했다는 것을 의미한다. [그림 1-4]에서 측정된 사례를 통해 볼 때, 페라이트 헤드를 갈아서 더 섬

그림 1-4 기록 밀도 향상 궤도를 유지하는 데 새로운 읽기-쓰기 헤드 기술이 미친 영향

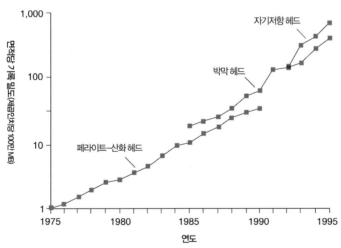

출처: 「디스크/트렌드 리포트」

세하고 정교하게 만드는 것과 디스크 표면에 더 작고 섬세하게 산화 분자를 분산시키는 것과 같은 점진적 기술 개선 노력은 1976년부터 1989년 사이에 제곱인치당 밀도를 1메가바이트에서 20메가바이트로 개선시켰다. S곡선 이론을 보고 예상할 수 있듯이 페라이트-산화 기술로 얻을 수 있었던 기록 밀도의 향상 속도는 1980년대 후반으로 갈수록 더뎌졌다. 이는 이 기술이 더 이상 개선되기 힘든 성숙 단계에 이르렀다는 것을 시사했다. 한편 박막 헤드와 디스크 기술은 과거와 같은 속도로 존속적으로 성능을 향상시켰다. 박막 헤드 기술은 1990년대 초반에도 제대로 자리를 잡지 못했는데, 그 당시에는 이보다 더욱 진보된 형태인 자기저항 헤드 기술이 이미 등장해 있던 상황이었다. 자기저항 기술은 성능 향상을 지속시키는 차원을 넘어서 심지어 가속화하는 중이었다.

[그림 1-5]는 매우 다른 특성을 지닌 존속적 기술 변화를 설명하고 있다. [그림 1-5]는 14인치 윈체스터 드라이브가 1962년에서 1978년 사이에 주도적인 디자인이었던 분리형 디스크팩을 밀어내버린 것과 같은 아키텍처상의 혁신을 보여주고 있다. 박막 기술이 페라이트-산화 기술을 대체했던 것처럼 윈체스터 기술의 영향으로 통상적인 수준의 성능 향상을 이루었다. 내장 서보 시스템(embedded servo system), RLL, PRML 기록 코드, 회전 속도가 빠른 모터, 내장 인터페이스 등 업계 내에서 일어났던 대부분의 다른 기술 혁신들에 대해서도 유사한 그래프를 그릴 수 있다. 이런 기술 중 일부는 꾸준하게 향상되었던 반면 급진적으로 향상된 기술들도 있었다. 그렇지만 이 모든 기술들이 산업에는 유사한 영향을 미쳤다. 이 기술들은 고객들이 기대했던 과거의 성능 향상률을 지속시키는 데 도움을 줬다.[7]

그림 1-5 원체스터 아키텍처가 14인치 디스크 드라이브 기록 밀도에 미친 존속적인 영향

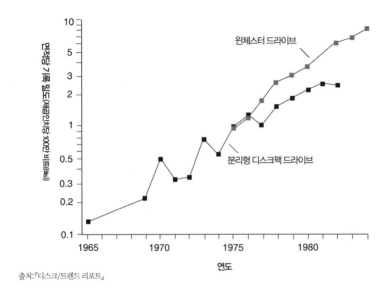

출처: 「디스크/트렌드 리포트」

 디스크 드라이브 산업에서 일어난 존속적 기술 변화들을 두루 살펴보면 기존기업들이 개발과 상용화를 선도했다는 것을 알 수 있다. 새로운 디스크와 헤드 기술의 출현이 이를 입증하고 있다.

 1970년대에 일부 제조업체들은 산화 디스크에 담을 수 있는 정보량이 한계에 도달하고 있음을 감지했다. 이에 대한 대응 차원에서 업체들은 기록 밀도 면에서 과거의 향상률을 유지하기 위해 알루미늄에 초박막 자기 금속 필름을 입히는 방식을 연구하기 시작했다. 당시 집적 회로 업계에서는 박막 코팅이 매우 활발하게 이용되고 있었지만 그래도 자기 디스크에 이 기술을 적용한다는 건 상당한 도전이었다. IBM, 컨트롤 데이터, 디지털 이큅먼트, 스토리지 테크놀로지(Storage Technology), 앰펙스

등 박막 디스크 기술의 선도기업들은 자기 디스크를 개발하는 데 각기 8년 넘게 5천만 달러 이상을 투자한 것으로 추산하고 있다. 1984년에 활동하던 생산업체 3곳 중 2곳이 1984년에서 1986년 사이에 박막 디스크를 내장한 드라이브를 출시했다. 이런 기업들의 압도적인 다수가 예전부터 활동하던 기존기업들이었다. 단지 몇몇 진입기업들만이 자신들이 만든 신제품에 박막 디스크를 사용하려고 시도했지만 그들 대부분은 시장에 진입한 후 얼마 되지 않아 사업을 접고 말았다.

박막 헤드가 출현했을 때도 이와 비슷한 패턴이 나타났다. 페라이트 헤드 제조업체들은 일찍이 1965년부터 헤드 기술 향상의 한계가 다가오고 있음을 감지했다. 많은 제조업체들은 1981년까지 정밀성의 한계에 다다를 것이라고 믿었다. 연구원들은 박막 기술에 눈을 돌렸다. 박막 기술은 얇은 금속 필름을 쓰기 헤드에 스퍼터링(sputtering, 목적물 표면에 막의 형태로 부착하는 기술) 공법으로 가공한 다음, 유리, 세라믹, 플라스틱 등에 극히 작은 패턴을 새기는 포토리소그래피(photolithography)란 기술을 이용해서 페라이트 기술로 가능했던 것보다 훨씬 더 섬세한 전자석을 쓰기 헤드에 새기는 것이었다. 이 또한 매우 까다로운 기술이었다. 1976년 버로우즈와 1979년 IBM을 필두로 일부 기존기업들은 디스크 드라이브에 박막 헤드를 성공적으로 결합시켰다. 60여 개 기업들이 리지드 디스크 드라이브 산업에 뛰어들었던 1982년에서 1986년 사이에는 4개 기업만이 박막 헤드 기술을 시도했지만 모두 상업적으로 실패했다. 다른 진입기업들은 모두 통상적인 페라이트 헤드를 먼저 사용해본 후에 차츰 박막 기술을 다뤄보는 걸 선호했다. 이런 기업들 중에는 맥스터(Maxtor)와 코너 페리퍼럴스(Conner Peripherals)처럼 매우 공격적인 성능을 중시하는 기업들이 있었다.

박막 디스크의 경우처럼 박막 헤드가 처음 나왔을 때도 기존기업들만이 감당할 수 있을 것 같은 존속적인 투자가 동반됐다. IBM과 경쟁업체들은 각각 1억 달러 이상을 박막 헤드 개발에 투자했다. 이러한 투자 패턴은 차세대 자기저항 헤드 기술에서도 반복됐는데, 이 기술 분야에서는 IBM, 시게이트(Seagate), 퀀텀(Quantum)과 같은 대기업들이 경쟁을 주도했다.

기존기업들은 박막 헤드와 디스크처럼 위험하고, 복잡하며, 비용이 많이 드는 부품의 기술 개발뿐만 아니라 과거 업계에서 일어났던 사실상 모든 존속적 혁신들을 주도했다. 디스크 산업을 2중 밀도 중심에서 3중 밀도 중심으로 바꾼 RLL 기록 코드처럼 상대적으로 간단한 혁신에서조차 기존기업들은 성공적인 선두주자였으며, 진입기업들은 후발주자에 불과했다. 이는 기존의 기술 향상 궤도를 유지하는 데 영향을 미친 아키텍처 차원의 혁신에서도 마찬가지였다. 이러한 혁신의 예로는 14인치와 2.5인치 윈체스터 드라이브가 있다. 기존기업들은 진입기업을 압도했다.

[그림 1-6]은 새로운 존속적인 기술이 출현하는 시기에 그러한 기술에 기초한 제품을 제공함에 있어서 기존기업과 진입기업의 기술 주도 양상을 요약한 것이다. 이 유형은 놀라울 정도로 일관성을 보여주고 있다. 기술이 급진적이든 점진적이든, 비용이 많이 들든 적게 들든, 소프트웨어든 하드웨어든, 부품이든 아키텍처든, 성능을 향상시키든 파괴하든, 그 유형은 동일했다. 이전 기술을 선도했던 기업들은 기존 고객들에게 그들이 원하는 것보다 더 나은 것을 제공해주는 존속적 기술 변화에

그림 1-6 기존기업의 존속적 기술 리더십

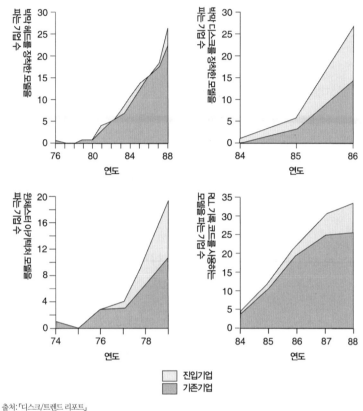

출처: 「디스크/트렌드 리포트」

직면했을 때 새로운 기술을 개발하고 채택하는 일을 주도했다. 분명히 말해서 디스크 업계의 선도기업들은 수동적이거나, 거만하거나, 위험을 기피하거나, 놀라운 기술 변화를 따라잡지 못했기 때문에 몰락한 것이 아니었다. 따라서 나의 기술 진흙사태 가설은 옳지 않았다.

파괴적 기술 변화로 인한 실패

디스크 드라이브 산업에서 일어나는 대부분의 기술 변화는 앞에서 다룬 존속적 혁신들로 이루어져 있었다. 이와 달리 파괴적 기술이라고 불리는 다른 종류의 기술 변화는 소수에 불과했다. 다만 파괴적 기술 변화는 선도기업들을 무너뜨릴 정도의 위력을 가지고 있었다.

가장 중요한 파괴적 기술은 드라이브의 크기를 축소하는 아키텍처의 혁신이었다. 직경이 14인치였던 디스크는 8인치, 5.25인치, 3.5인치, 2.5인치, 1.8인치로 크기가 점차 축소됐다. [도표 1-1]은 이러한 혁신이 왜 파괴적이었는지를 보여주고 있다. 이 표는 1981년 자료를 바탕으로 하여 일반적인 5.25인치 드라이브와 8인치 드라이브의 특성을 비교한 것이다. 8인치 드라이브의 경우 당시 미니컴퓨터 제조업체들이 사용하는 표준 드라이브였으며, 5.25인치 드라이브는 1년이 채 안 되는 기간 동안 시장에 등장했던 새로운 아키텍처였다. 기존 미니컴퓨터 제조업체들이 중시했던 성능의 여러 측면들, 다시 말해 용량, 메가바이트당 비용, 액세스 타임(access time, 컴퓨터에서 중앙처리장치가 기억장치에 구체적인 정보의 전송명령을 주고 나서 실제로 전송이 이루어질 때까지 걸리는 시간) 등을 따져봤을 때 8인치 제품이 5.25인치에 비해서 확실히 우월했다. 5.25인치 아키텍처는 당시 미니컴퓨터 제조업체들의 욕구를 충족시키지 못했다. 그렇지만 5.25인치 드라이브는 1980년에서 1982년 사이에 갓 등장한 데스크톱 컴퓨터 시장에 필요한 기능을 갖추고 있었다. 5.25인치 드라이브는 작고 가벼웠으며 가격대가 2천 달러 정도에 불과했기 때문에 데스크톱 컴퓨터에 경제적으로 장착될 수 있었다.

특성	8인치 드라이브 (미니컴퓨터 시장)	5.25인치 드라이브 (데스크톱 컴퓨터 시장)
용량(메가바이트)	60	10
물리적 크기(세제곱인치)	566	150
무게(파운드)	21	6
액세스 타임(1/1,000초)	30	160
메가바이트당 비용(달러)	50	200
단위비용(달러)	3,000	2,000

출처: 「디스크/트렌드 리포트」

　일반적으로 파괴적 혁신은 기술적으로 단순했으며, 종종 예전보다 더 간단한 제품 아키텍처 속에 기성 부품을 통합하는 정도였다.[8] 이런 혁신은 기존시장 고객들의 기대에 미치지 못했기 때문에 초기에는 기존시장에서 각광받을 가능성이 거의 없어 보였다. 이런 혁신은 보통 주류시장과 동떨어져 있으며 주류시장에 중요하지 않게 여겨지고 신생시장에서만 가치를 인정받는 색다른 특성을 제공한다.

　[그림 1-7]에 나온 궤적도는 간단하지만 파괴적인 일련의 기술들이 어떻게 매우 공격적이고 기민하게 경영된 디스크 드라이브 기업들을 파멸시키게 됐는지를 보여준다. 1970년대 중반까지 분리형 디스크팩이 장착된 14인치 드라이브가 사실상 디스크 드라이브 시장을 독점했다. 그때 14인치 윈체스터 아키텍처가 등장해서 기록 밀도 향상 궤도를 유지시켰다. 분리형 디스크 드라이브 및 윈체스터 드라이브 같은 드라이브 거의 모두가 메인프레임 컴퓨터 제조업체에 판매됐으며, 디스크팩 드라이브 시장을 주도했던 것과 같은 기업들은 윈체스터 기술로 디스크 산

그림 1-7 **디스크 드라이브의 용량에 대한 공급 궤적**

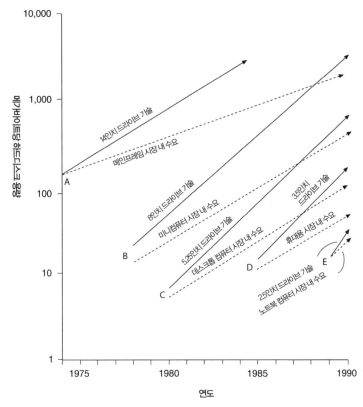

출처: 클레이튼 M. 크리스텐슨, "The Rigid Disk Drive Industry:
A History of Commercial and Technological Turbulence",
「비즈니스 히스토리 리뷰(*Business History Review*)」67 (1993년 겨울), 559.

업이 전환되는 것을 주도했다.

궤적도에 따르면 1974년도에 평범한 메인프레임 컴퓨터에 제공되는
하드디스크 용량은 컴퓨터 1대당 약 130메가바이트였다. 이 수치는 이
후 15년 동안 연간 15퍼센트씩 증가했는데, 이를 보여주는 궤도는 새로

운 메인프레임 컴퓨터 사용자가 요구하는 디스크 용량을 나타낸다. 반면 같은 기간 동안 판매를 목적으로 출시된 14인치 드라이브의 평균 용량은 매년 22퍼센트씩 더 빠른 속도로 증가했으며, 메인프레임 시장을 뛰어넘어 거대한 과학 및 슈퍼컴퓨터 시장에도 도달했다.[9]

1978년부터 1980년 사이에 슈가트 어소시에이츠(Shugart Associates), 마이크로폴리스(Micropolis), 프라이엄(Priam), 퀀텀 등 몇몇 진입기업들이 10메가바이트, 20메가바이트, 30메가바이트, 40메가바이트 용량의 8인치 드라이브를 개발했다. 그러나 이러한 8인치 드라이브가 메인프레임 컴퓨터 제조업체에는 중요하지 않았다. 업체들은 당시 300메가바이트에서 400메가바이트 용량의 드라이브를 필요로 하고 있었기 때문이다.

따라서 8인치 드라이브를 바탕으로 시장에 진입한 기업들은 자신의 파괴적인 드라이브를 미니컴퓨터에 판매했다.[10] 왕, 디지털 이큅먼트, 데이터 제너럴, 프라임, 휴렛패커드처럼 메인프레임을 제조하지 않은 기업들이 고객이 됐는데 이 고객들은 메인프레임에서 사용되는 것과는 실질적으로 다른 소프트웨어를 종종 사용하곤 했다. 그때까지는 14인치 모델이 너무 크고 비쌌기 때문에 자신들이 만든 소형 데스크사이드 미니컴퓨터에 디스크 드라이브를 제공할 수가 없었다. 처음에는 8인치 드라이브의 비용이 14인치 드라이브보다 높았지만 이런 새로운 고객기업들은 중요한 다른 특성인 규모가 작은 제품에 기꺼이 추가 비용을 지불할 의사가 있었다. 반면 메인프레임 사용자에게는 이러한 소형 제품은 거의 가치가 없었다.

8인치 드라이브가 미니컴퓨터 시장에서 자리를 잡은 후 미니컴퓨터와 함께 판매되는 하드디스크 용량은 매년 약 25퍼센트씩 증가했다. 이것은 미니컴퓨터 사용자가 자신의 컴퓨터 사용에 익숙해지면서 생겨난 추세였다. 그러나 동시에 8인치 드라이브 제조업체들은 존속적인 혁신을 공격적으로 추구함으로써 제품 용량을 매년 40퍼센트 이상씩 늘릴 수 있다는 사실을 발견했다. 그것은 그들의 본거지인 가정용 미니컴퓨터 시장에서 요구하던 용량 증가율의 2배였다. 결과적으로 1980년대 중반에 이르자 8인치 드라이브 제조업체들은 로엔드 시장인 메인프레임 컴퓨터에 필요한 용량을 제공할 수 있게 됐다. 이때 단위 생산량이 크게 늘어나면서 8인치 드라이브 메가바이트당 제작비용은 14인치 드라이브 아래로 떨어졌다. 8인치 드라이브가 가진 다른 장점들도 드러났다. 14인치와는 달리 8인치 드라이브는 기계진동 퍼센티지가 일정하기 때문에 디스크 헤드의 절대 위치에 변화가 거의 없었다. 따라서 4년 동안 8인치 드라이브는 그보다 큰 14인치 드라이브 시장을 침범하기 시작해서 로엔드 메인프레임 컴퓨터 시장에서 14인치 드라이브를 대체하기에 이른다.

8인치 제품이 메인프레임 시장에 침투하면서 기존 14인치 제조업체들의 몰락이 시작됐다. 14인치 제조업체 중 3분의 2는 8인치 모델을 전혀 생산하지 않았다. 나머지 3분의 1은 8인치 드라이브를 생산했지만, 진입기업에 비해 약 2년 정도 늦었다. 궁극적으로 14인치 드라이브 제조업체들 모두 디스크 드라이브 업계에서 퇴출당했다.[11]

14인치 드라이브 제조업체들이 8인치 드라이브 진입기업들에 의해 밀려난 건 기술 때문은 아니었다. 8인치 제품은 일반적으로 기존에 사용하던 표준 부품들을 썼다. 14인치 드라이브 제조업체들이 결국 8인치 모델을 출시했을 때, 그들 제품은 용량, 면적밀도, 액세스 타임, 메가바이트당 가격 등 성능 면에서 매우 경쟁력이 있었다. 1981년에 기존기업들이 출시한 8인치 모델은 성능 면에서 진입기업들이 같은 해에 출시한 평균 모델들과 거의 동일했다. 또한 1979년부터 1983년 사이에 측정된 기존기업들과 진입기업들의 기술 향상 비율은 놀라울 정도로 유사했다.[12]

발목을 잡는 고객

선도적 드라이브 제조업체들이 더 일찍 8인치 드라이브를 출시하지 못한 이유는 무엇이었을까? 분명 이 업체들은 8인치 드라이브를 생산할 수 있는 기술적인 능력을 갖추고 있었다. 그들이 실패한 이유는 8인치 드라이브가 처음 판매될 수 있었던 신생시장에 진입할 수 있는 전략을 개발해서 실행하는 데 꾸물댔기 때문이다. 이들 기업들에 정통한 마케팅과 엔지니어링 부문 경영자들을 인터뷰한 결과, 기존 14인치 드라이브 제조업체들은 고객들에게 발목이 잡혀 있었다. 메인프레임 컴퓨터 제조업체들은 8인치 드라이브가 필요하지 않았다. 대신에 그들은 비용이 저렴하고, 용량이 큰 드라이브를 원했다. 14인치 드라이브 제조업체들은 기존 고객들의 목소리만 경청하고 대응했다. 그들의 고객들은 디스크 드라이브 제조업체나 컴퓨터 제조업체들이 14인치 플랫폼이 성장 궤도를 따라 움직이도록 은근슬쩍 유도하고 있었다. 따라서 14인치 플랫폼은 궁극적으로 실패할 수밖에 없는 플랫폼이었다.[13]

[그림 1-7]은 나중에 등장한 각 컴퓨터 제품 부문들에서 요구되고 있는 성능 향상 궤도가 부품 기술 변화와 시스템 디자인 개선을 통해 연속적으로 등장한 아키텍처들 때문에 가능했던 용량 향상 궤도와 서로 일

치하지 않았다는 걸 보여주고 있다. A, B, C, D, E 지점에서 출발하는 실선은 각 카테고리 안의 컴퓨터에 제공되는 디스크 드라이브 용량을 나타낸 것이며, 점선은 매년 각 아키텍처 내에서 시판되었던 디스크 드라이브 전체의 평균 용량을 나타낸다. 이런 변화는 아래서 간단하게 살펴보겠다.

5.25인치 드라이브의 출현

1980년에 시게이트가 5.25인치 디스크 드라이브를 출시했다. 각각 5메가바이트와 10메가바이트의 용량을 지닌 이 드라이브는 처음에는 미니컴퓨터 제조업체의 관심을 끌지 못했다. 당시 미니컴퓨터 제조업체들은 공급업체들에 40메가바이트와 60메가바이트 드라이브를 제공해줄 것을 요구하고 있었기 때문이었다. 1980년부터 1983년 사이에 5.25인치 드라이브로 시장에 진입한 시게이트와 다른 업체들인 미니스크라이브(Miniscribe), 컴퓨터 메모리스(Computer Memories), 인터내셔널 메모리스(International Memories) 등은 자신들의 제품에 맞는 새로운 응용 프로그램을 개척해야만 했으며, 이를 위해 우선적으로 데스크톱 컴퓨터 업체에 눈을 돌렸다. 1990년 자기 기록에 적절한 응용 프로그램으로 디스크 드라이브가 데스크톱 컴퓨터에 사용되기 시작했다. 그렇지만 데스크톱 하드 드라이브 시장이 막 출현하고 있었던 1980년에는 사람들이 데스크톱에 하드 드라이브를 저렴하게 장착하거나 또는 그렇게 해서 사용할 수 있다는 사실이 그다지 분명하지 않았다. 초기 5.25인치 드라이브 제조업체들은 구입 의사가 있는 업체라면 누구에게나 드라이브를 판매하면서 겪은 시행착오를 통해 이 응용 프로그램을 발견하게 됐다. 적어도 그런 응용 프로그램이 '가능하도록 했다'고 말할 수 있다.

데스크톱 컴퓨터에 하드 드라이브가 장착되면서 일반 사용자가 요구하는 중저가 컴퓨터의 디스크 용량은 매년 약 25퍼센트씩 증가했다. 또 다시 새로운 시장에서 요구하는 향상률의 2배 정도로 기술이 향상됐다. 새로운 5.25인치 드라이브의 용량은 1980년에서 1990년 사이 연간 50퍼센트씩 증가했다. 8인치가 14인치를 대체했을 때처럼, 5.25인치 드라이브를 처음으로 생산한 곳은 진입기업들이었다. 기존기업들은 진입기업들보다 평균적으로 2년 뒤처졌다. 1985년에는 8인치 드라이브를 생산하는 기업의 절반만이 5.25인치 모델을 출시했으며 나머지 절반은 결코 출시하지 않았다.

5.25인치 드라이브는 2가지 추세에 따라 사용이 늘어났다. 첫 번째 추세는 리지드 디스크 드라이브에 맞는 새로운 응용 프로그램, 즉 데스크톱 컴퓨터 사용이 늘어나면서 생겨났다. 데스크톱 컴퓨터는 기존 제품에서는 상대적으로 중요하지 않았던 물리적인 크기와 같은 특성을 매우 중요하게 여겼기 때문이다. 두 번째 추세는 기존의 미니컴퓨터와 메인프레임 컴퓨터 시장에서 대형 드라이브가 5.25인치 디스크로 대체되면서 생겨났다. 급증하는 5.25인치 드라이브의 용량은 미니컴퓨터와 메인프레임 컴퓨터 시장이 요구하는 좀 더 느린 용량 증가 궤도와 상호 교차하게 됐다. 슈가트 어소시에이츠, 마이크로폴리스, 프라이엄, 퀀텀 등 8인치 드라이브 산업의 선도기업 4곳 중에서 마이크로폴리스만이 5.25인치 드라이브 제조업체로서 살아남았다.

반복되는 패턴: 3.5인치 드라이브의 출현

3.5인치 드라이브는 1984년에 스코틀랜드의 진입기업인 로다임 (Rodime)에 의해 처음으로 개발됐다. 그렇지만 5.25인치 드라이브 제조 업체인 시게이트와 미니스크라이브의 분사인 코너 페리퍼럴스가 1987년 3.5인치 제품을 출시하기 시작할 때까지 이 시장의 판매는 변변치 않았다. 코너는 5.25인치보다 훨씬 튼튼하면서도 작고 가벼운 드라이브 아키텍처를 개발했다. 이 아키텍처는 과거에는 기계 부품들로 관리했던 기능을 전자식으로 처리했고, 과거에 전자식으로 처리했던 기능들을 마이크로코드(microcode)로 대체했다. 코너가 첫해에 올린 매출 1억 1,300만 달러 중 거의 대부분이 컴퓨터 제조업체인 컴팩 컴퓨터(Compaq Computer)로부터 나온 것이었다.[14] 이보다 앞서 컴팩은 3천만 달러를 투자해 코너의 출발을 돕기도 했다. 코너가 만든 드라이브는 우선적으로 메모리 스몰 풋프린트(small footprint)라는 데스크톱 모델과 휴대용 및 노트북 컴퓨터에 사용됐다. 이 제품 사용자들은 더욱 가볍고, 튼튼하고, 전원 소비가 적은 제품을 구하기 위해 용량이 적고 메가바이트당 비용이 높은 제품을 받아들일 용의가 있었다.

시게이트의 연구원들이 3.5인치 아키텍처의 출현에 전혀 주의를 기울이지 않았던 것은 아니었다. 사실 로다임이 3.5인치 드라이브를 처음 출시한 지 1년이 채 못 되었고 코너가 제품을 출시하기 시작하기 2년 전이었던 1985년 초, 시게이트의 직원들은 고객 평가를 위해 3.5인치 드라이브 원형을 공개했다. 이 새로운 드라이브를 만들자는 아이디어는 시게이트의 연구팀에서 나온 것이었다. 그렇지만 마케팅팀과 시게이트의 경영진은 이 계획에 극구 반대했다. 그들은 비용이 저렴하고 용량이 큰 드라이브를 원했으며, 5.25인치 드라이브보다 저렴한 3.5인치 드라이브를 만들 수는 없다고 주장했다.

시게이트의 마케팅 담당자들은 데스크톱 컴퓨터 시장의 기존고객들과 함께 3.5인치 원형을 시험해보기로 결정했다. 주고객층은 IBM과 같은 제조업체들과 대형 데스크톱 컴퓨터 시스템의 부가가치 재판매업체들(value-added resellers)이었다. 예상대로 그들은 소형 드라이브에 관심을 보이지 않았다. 그들은 차세대 컴퓨터에 들어갈 40메가바이트와 60메가바이트 용량의 드라이브를 찾고 있었다. 반면 3.5인치 아키텍처는 단지 20메가바이트의 용량밖에 제공하지 못했으며, 더 비싸기까지 했다.[15]

고객들이 별로 달갑지 않은 반응을 보이자 시게이트의 프로그램 관리자는 3.5인치 드라이브의 매출 전망치를 낮췄으며, 결국 시게이트의 경영자들은 이 프로그램을 철회했다. 5.25인치 제품 시장이 더욱 크고, 새로운 3.5인치 제품 개발보다 새로운 5.25인치 제품 개발에 엔지니어링 차원의 노력을 쏟을 경우 회사에 더 많은 매출이 생성될 것이라고 생각했기 때문이었다.

돌이켜보면, 시게이트의 경영자들은 시장을 매우 정확하게 읽은 것처럼 보인다. IBM XT와 AT와 같은 기존의 응용 프로그램이나 자신들의 제품 아키텍처를 감안했을 때 고객들은 3.5인치 제품의 견고함, 줄어든 크기와 무게, 낮은 전력소모 등에서 가치를 발견하지 못했다.

마침내 시게이트는 1988년 초에 3.5인치 드라이브를 출시했다. 1988년은 [그림 1-7]에 나왔듯이 3.5인치 드라이브의 성능 궤도가 데스크톱 컴퓨터가 요구하는 용량 궤도와 교차한 해다. 그때까지를 기준으로 집계했을 때 업계는 3.5인치 제품을 7억 5천만 달러 가까이 출시했다. 흥미롭게도 업계 관계자에 따르면, 1991년에는 시게이트의 3.5인치 제품은 노트북 컴퓨터 제조업체에 전혀 팔리지 않았다. 아직까지도 시게이트의 1차 고객은 여전히 데스크톱 컴퓨터 제조업체들이었으며, 시게이트의 3.5인치 드라이브 다수는 5.25인치 드라이브가 장착되도록 설계된 컴퓨터에 넣을 수 있는 틀과 함께 출시됐다.

신제품이 기존 제품의 매출을 잠식할지 모른다는 두려움은 기존기업들이 신기술 도입을 주저하는 이유로 지적되곤 한다. 그렇지만 시게이트와 코너의 사례가 보여주듯이 신기술이 새로운 시장을 만들 경우 신기술 도입이 본질적으로 기존 제품을 잠식하지 않을 수도 있다. 그렇지만 신기술이 새로운 시장에서 상업적으로 성숙될 때까지 기다리다가 주력 시장에서 공격을 받을 경우에만 신기술 버전을 출시하면서 대응할 경우, 기존기업들의 잠식에 대한 두려움이 현실화될 수 있다.

지금까지 우리는 시게이트가 3.5인치 드라이브 아키텍처 개발과 관련해서 어떤 식으로 대응했는지 살펴봤지만, 시게이트의 대응이 예외적인 것은 아니었다. 1988년에 데스크톱 컴퓨터 시장에서 5.25인치 제품을 만들어 팔면서 기반을 구축한 드라이브 제조업체들 중 35퍼센트만이 3.5인치 드라이브를 출시했다. 이전에 있었던 제품 아키텍처들의 전환에서 그랬던 것처럼 경쟁력이 있는 3.5인치 제품 개발을 방해한 주요 이유는 기술적 요소가 아니었다. 다시 말해 14인치에서 8인치로 바뀔 때와 마찬가지로 8인치에서 5.25인치로, 그리고 5.25인치에서 3.5인치로 바뀌는 동안 기존기업들이 출시한 새로운 아키텍처 드라이브는 진입기업들의 드라이브만큼 성능 면에서 매우 경쟁적이었다. 오히려 5.25인치 드라이브 제조업체들은 고객들 때문에 잘못된 방향으로 움직인 것처럼 보인다. 특히 IBM뿐만 아니라 IBM과 직접적인 경쟁관계에 있던 기업들이나 재판매업체들은 모두 시게이트만큼이나 휴대용 컴퓨터나 이런 컴퓨터에 유용할 새로운 디스크 드라이브 아키텍처 개발에 따른 잠재적인 혜택 내지 가능성을 도외시하고 있었던 것처럼 보인다.

프레어리텍, 코너, 그리고 2.5인치 드라이브

1989년 디스크 사업에 진입한 지 얼마 안 된 프레어리텍(Prairietek)이라는 회사는 2.5인치 드라이브를 발표하면서 주목을 끌었고, 3천만 달러 규모에 이르는 이 시장을 사실상 석권했다. 그러나 1990년 초에 코너 페리퍼럴스가 2.5인치 제품을 발표하면서 그해 말까지 2.5인치 드라이브 시장의 95퍼센트를 차지하기에 이른다. 결국 프레어리텍은 1991년 후반에 파산을 선언했는데, 이때는 퀀텀, 시게이트, 맥스터, 웨스턴 디지털(Western Digital)과 같은 다른 3.5인치 드라이브 제조업체들도 각자 2.5인치 드라이브를 출시한 상태였다.

그렇다면 무엇이 변했을까? 기존의 선도기업들이 마침내 역사의 교훈을 배운 것인가? 사실은 그렇지 않았다. [그림 1-7]에 따르면 2.5인치 드라이브는 3.5인치 드라이브에 비해 용량이 상당히 적지만, 소형 드라이브가 판매됐던 휴대용 컴퓨터 시장에서는 용량 외에 다른 특성들을 더 중요하게 간주했다. 이 시장에서는 무게, 견고함, 낮은 전력 소비, 물리적으로 작은 크기 등을 중시했다. 이런 차원들에서 2.5인치 드라이브는 3.5인치 드라이브보다 향상된 성능을 제공했다. 이것이 바로 존속적 기술이었다. 사실 코너의 3.5인치 드라이브를 구입한 도시바(Toshiba), 제니스(Zenith), 샤프(Sharp)와 같은 노트북 컴퓨터 제조업체들은 노트북 컴퓨터 부문의 선도기업들이었다. 그리고 이 기업들은 소형 2.5인치 드라

그림 1-8 파괴적 기술 분야에서 진입기업의 리더십

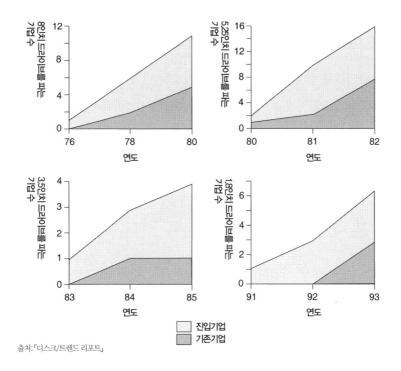

출처:「디스크/트렌드 리포트」

이브 아키텍처를 필요로 했다. 따라서 코너와 3.5인치 시장에서 경쟁을 벌이던 기업들은 고객의 요구에 따라 자연스럽게 2.5인치 드라이브로 전환하게 됐다.

그런데 1992년에 정말로 파괴적인 특성을 갖춘 1.8인치 드라이브가 등장했다. 이와 관련된 이야기는 나중에 자세하게 다루겠지만 1995년까지 1억 3천만 달러 규모의 1.8인치 드라이브 시장의 98퍼센트를 장악한 것은 진입기업이었다는 점을 여기서 분명히 지적할 필요가 있다. 더군다나 가장 규모가 컸던 초기 1.8인치 드라이브 시장은 컴퓨터 산업과 거리가 멀었던, 휴대용 심장 모니터 장비 시장이었다.

[그림 1-8]은 파괴적 기술 부문에서 진입기업의 리더십 유형을 요약한 것이다. 예를 들어 이 그림은 1.8인치 드라이브가 출시된 지 2년 후에 이 드라이브를 생산하는 업체 중 3분의 2가 진입기업이었음을 보여준다. 그리고 2.5인치 드라이브가 최초로 출시된 지 2년 후에 이런 파괴적인 장비를 생산하는 업체 중 80퍼센트가 진입기업이었다.

요약

디스크 드라이브 산업의 역사에는 여러 가지 유형이 존재한다. 첫 번째 유형은 파괴적 혁신이 기술 면에서 훨씬 더 간단했다는 것이다. 기술 혁신은 일반적으로 독특한 아키텍처 내에 기존 기술을 포장해 넣었고, 과거에는 기술적, 경제적으로 자기 자료의 저장 및 회수가 불가능했던 응용 프로그램에 이 기술을 사용할 수 있게 했다.

두 번째 유형은 산업 내에서 추구된 기술 개발 목적이 늘 기존 성능 향상 궤도를 존속시켰다는 점이다. 다시 말해 궤적도의 우측 상단에 있는 고성능·고이윤 영역에 들어가는 것이 기술 개발의 목적이었다. 이런 기술 중 다수는 급진적으로 새롭고 어려웠지만, 파괴적이지는 않았다. 디스크 드라이브 분야의 선도기업들이 상대하는 고객들은 기업들이 이런 기술을 성취할 수 있게 유도했다. 결과적으로 존속적 기술이 실패를 촉진시키지는 않았다.

세 번째 유형은 가장 단순한 혁신에서 가장 과격한 혁신에 이르기까지 존속적 혁신을 주도하는 데 기존기업이 기술적으로 능숙했지만, 매 번 파괴적 기술을 개발하고 채택하면서 업계를 선도했던 기업은 기존기 업이 아니라 업계에 새로 들어온 진입기업들이었다는 점이다.

이 책은 '위대한 기업들조차 왜 실패하는가'란 난해한 질문으로 시작 했다. 공격적이고 혁신적이며 고객에 민감한 조직으로 간주될 수 있는 기업들이 왜 전략적으로 크게 중요한 기술적 혁신을 무시하거나, 이에 뒤늦게 대응하는 것인가? 지금까지 다룬 디스크 드라이브 산업 분석을 배경으로 봤을 때 이것은 상당히 날카로운 질문처럼 들릴 수 있다. 사실 기존기업들은 모든 종류의 존속적 혁신에 공격적이고 혁신적으로 접근 했고, 고객에게 민감하게 반응했다. 그렇지만 기존기업들이 성공적으로 해결할 수 없었던 문제는 시야가 좁아지고 움직임이 둔해지는 것이었 다. 이런 기업들은 시장에 진입할 때 새로운 응용 프로그램과 그에 맞는 시장을 찾는 능력을 한번 보여준 뒤로는 이런 능력을 완전히 잃게 된 것 처럼 보인다. 선도기업들은 이제 고객에게 발목이 잡히고, 파괴적인 기 술이 출현할 때마다 기존의 선도기업들은 공격적인 진입기업들에 의해 퇴출당하는 것처럼 보인다.[16] 왜 이런 일이 일어났고, 또 지금도 일어나 고 있는지가 다음 장의 주제다.

[그림 1-7]을 만드는 데
사용된 데이터 및
제작 방법에 대한 노트
[그림 1-7]에 나온 궤적도는 다음과 같은 방식으로 작성된 것이다. 우선 컴퓨터와 함께 제공되는 용량에 대한 자료는 모든 컴퓨터 제조업체에서 판매되는 모든 모델의 기술적인 세부사항을 적어놓은 정기간행물인 「데이터 소시스(Data Sources)」에서 얻은 것이다. 특정 모델들이 서로 다른 특성이나 구성을 갖고 있을 경우, 제조업체는 「데이터 소시스」에 기본적인 시스템 구성 요소인 RAM 용량, 디스크 드라이브를 포함한 주변 장비의 세부 성능, 소비자 가격, 도입 연도 등을 함께 제공했다. 특정 컴퓨터 모델이 다년간 계속 팔릴 경우에는 전형적인 시스템 구성 내에 제공되는 하드디스크 용량도 일반적으로 같이 증가했다. 「데이터 소시스」는 메인프레임, 미니 또는 중형, 데스크톱 컴퓨터, 휴대용 노트북 컴퓨터 등으로 구분해놓았다. 1993년 당시 1.8인치 드라이브는 휴대용 컴퓨터에 사용되지 않았기 때문에 이런 잠재 시장에 대한 자료는 존재하지 않았다.

[그림 1-7]에선 각 연도와 컴퓨터 종류별로 시판 모델 전부에 대해 가격별로 순위를 매겼으며, 중저가 모델과 함께 제공되는 하드디스크 용량을 확인했다. 시간 추이에 따라 표시된 최적선은 전형적인 기계의 추세를 나타내는 것으로, 간단하게 설명하기 위해 [그림 1-7]에 실선으로 표시했다. 물론, 현실에서는 최적선 주변에 넓은 대역(帶域)이 존재한다. 최고의 성능을 가진 최고가 컴퓨터에 제공되는 최고의 용량은 도표에서 보이는 전형적인 가치보다 상당히 높았다.

[그림 1-7]의 점선은 매년 특정 아키텍처 각각에서 출시된 모든 디스크 드라이브의 비가중(unweighted) 평균 용량에 따라 표시된 최적선을 나타낸다. 이 자료는 「디스크/트렌드 리포트」에서 얻은 것이다. 여기서도 설명을 간소화하기 위해 평균적인 선만 표시했다. 매년 판매되는 용량의 대역폭은 상당히 넓지만, 매년 출시된 선도적 드라이브나 용량이 가장 큰 드라이브는 궤적도에 표시되어 있는 평균치를 상당히 웃돌았다. 바꿔 말하면 판매 가능한 다양한 제품과 전형적인 시스템을 갖춘 제품 사이를 분명하게 나눠야 한다. [그림 1-7]에 나타난 중간과 평균 수치를 둘러싼 높은 대역폭과 낮은 대역폭은 일반적으로 도표에 표시된 선과 평행선을 이룬다.

중가 시스템과 함께 제공되는 것보다 더 큰 용량의 드라이브가 시장에 시판됐기 때문에 1장에서 다뤘듯 [그림 1-7]의 굵은 선 궤도는 각 시장에서 요구하는 용량을 나타낸다. 다시 말해서 용량은 기술의 가용성 여부에 제약을 받지 않았다. 오히려 도표는 컴퓨터 사용자들이 기존에 형성돼 있는 가격을 감안해서 하드디스크 용량을 선택하고 있음을 보여준다.

2장

가치 네트워크와 혁신의 힘

::

가치 네트워크 내 관련자들의 욕구를 이해하는 법

초창기 혁신에 대한 문제점을 연구하기 시작했을 때부터 학자와 컨설턴트, 경영자들은 선도기업이 종종 기술 변화에 직면했을 때 흔들리는 이유를 설명하기 위해서 노력했다. 그런데 대부분의 설명들은 기술 변화에 대한 경영적·조직적·문화적 측면에 맞추어져 있거나 아니면 급진적인 기술을 상대하는 기존기업들의 역량에만 집중되었다. 특히 기술 면에서는 기존기업들이 개발해온 기술과는 완전히 다른 기술이 필요하다고 분석했다. 이 2가지 접근법 역시 어떤 기업이 기술 변화에 직면해서 흔들리는 이유가 무엇인지 설명할 때 쓸모가 있으며, 다음 쪽에 간략하게 요약해놓았다. 그러나 2장의 주요 목적은 가치 네트워크(value network)라는 개념을 토대로 우량기업들이 실패하는 세 번째 이유를 제시하는 것이다. 가치 네트워크 개념은 우리가 디스크 드라이브 산업에서 살펴봤던 현상을 설명하는 데 있어 앞의 두 이론보다 훨씬 큰 영향력을 발휘한다.

조직적·경영적 차원에서의 실패 해석

우량기업들이 실패하는 근본적인 이유로 조직 차원의 장애가 거론될 때가 있다. 이런 유형의 많은 연구들은 관료주의나 자만, 또는 위험 회피 문화와 같은 간단한 결론을 내리면서 끝내버릴 때가 많은데, 이 같은 전통 속에서도 대단히 통찰력 있는 연구결과가 존재한다. 레베카 M. 헨더슨(Rebecca M. Henderson)과 킴 B. 클라크는 기업들의 위계적 구조가 일반적으로 부품 차원의 혁신을 더 쉽게 만든다는 결론을 내렸다.[1] 대부분의 제품 개발 조직들이 제품의 부품과 관련된 하위그룹(subgroup)으로 이루어졌고, 이러한 시스템은 제품의 기본적인 아키텍처가 변화를 요구하지 않는 한도 내에서는 아주 잘 작동한다고 설명한다. 그러나 아키텍처의 기술 변화가 요구될 때 위계 구조는 구성원과 그룹들이 새로운 방식으로 의사소통하고 협력해야 하는 혁신을 가로막는 역할을 한다는 것이다.

이러한 개념은 상당히 타당성이 있다. 트레이시 키더(Tracy Kidder)의 퓰리처상 수상작인 『새로운 기계의 영혼(The Soul of a New Machine)』에는 다음과 같은 이야기가 실려 있다. 데이터 제너럴 소속 연구원들은 디지털 이큅먼트의 제품 포지션을 뛰어넘는 차세대 미니컴퓨터를 개발하던 중에 한 팀원의 친구 소개로 한밤중에 그 친구가 일하는 회사에서 디지털 이큅먼트의 최신 컴퓨터를 시험해볼 수 있는 기회를 얻게 된다. 디지털 제너럴의 프로젝트 책임자인 톰 웨스트(Tom West)는 디지털 이큅먼트 미니컴퓨터의 케이스를 벗기고, 내부 구조를 검사하면서 이들의 조직도를 간파하게 된다.[2]

조직의 구조와 각 팀 간의 협력이 디지털 이큅먼트의 주력 제품 설계를 수월하게 만들었다는 점에서, 이 같은 인과관계가 역전될 수 있을지 모른다. 다시 말해서 조직의 협력 방식이 신제품을 설계하거나 설계하지 못하는 데 영향을 줄 수 있다.

역량과 급진적 기술을 통한 해석

우량기업들의 실패 원인을 평가할 때마다 아주 차원이 다른 기술적 역량을 요구하는 급진적 변화(radical change)라 불리는 혁신과, 기존에 자리 잡은 기술 역량에 기초한 점진적 혁신(incremental innovation)이라고 일컫는 혁신을 구분해야 할 때가 종종 있다.[3] 이런 구분은 어떤 기술이 업계에 침투했을 때 누가 승리할지는 기술 변화의 규모가 결정한다는 생각을 바탕으로 하고 있다. 이 관점을 지지하는 학자들은 다음과 같은 결론을 얻었다. 바로 기존기업들은 오랫동안 잘해왔던 것을 개선하는 데 뛰어난 경향을 보이는 반면, 진입기업들은 자신들이 과거에 개발해서 실행해왔던 기술을 전혀 다른 산업에 들여오기 때문에 새로운 기술을 이용하는 데 더 적합하다는 것이다.

클라크는 자동차 제품의 경우, 기술 역량을 계층적 · 경험적으로 쌓아 올린다고 생각했다.[4] 기업이 어떤 기술적 문제를 해결하고, 어떤 문제를 회피할지를 두고 과거에 내렸던 결정들이 앞으로 어떤 종류의 기술과 지식을 축적할지 결정한다는 것이다. 따라서 이런 기업은 제품이나 프로세스 성과 문제와 관련해 최적의 결정을 내리기 위해서 그동안 축적해놓은 것과 아주 다른 차원의 지식을 필요로 할 때 흔들릴 수밖에 없는 건 당연하다는 것이다. 마이클 L. 투시먼(Michael L. Tushman)과 필립 앤더슨(Phlip Anderson) 및 그들의 동료들이 실시한 연구결과는 모두 클라크의 가설을 뒷받침한다.[5] 그들은 기업의 기술 변화가 과거에 개발해놓았던 역량의 가치를 파괴할 때 실패하고, 반대로 새로운 기술이 역량의 가치를 확대할 때 성공한다는 사실을 깨달았다.

이들 학자들이 찾아낸 요소들은 분명 새로운 기술에 직면한 기업들의 운명에 영향을 미친다. 그러나 디스크 드라이브 산업은 어떤 이론으로도 설명이 안 되는 일련의 예외들을 보여준다. 이 산업의 선도기업들은 처음에는 기존 역량에 연연하지 않고, 기술과 자산에 대한 광범위한 투자를 무의미하게 만드는 아키텍처와 부품의 혁신을 포함해서 온갖 종류의 존속적 기술을 시도했다. 그럼에도 이 기업들은 8인치 드라이브처럼 기술적으로 단순하지만 파괴적인 변화 앞에서 무너지고 말았다.

디스크 드라이브 산업의 역사는 사실상 선도적인 기존기업들 사이에서 무엇이 급진적 혁신을 구성하느냐에 대해서 매우 다른 의미를 부여한다. 우리가 살펴봤듯이 이때 관련된 기술의 성격(부품 대 아키텍처 또는 점진적 대 급진적)과 위험의 규모, 위험을 감당하는 데 필요한 시간 등이 우리가 관찰한 리더십 추종 패턴과 거의 관련이 없었다. 그보다는 고객들이 혁신을 원할 경우 선도기업들은 어떻게든 그것을 개발하고 채택하기 위해 필요한 자원을 그러모았다. 반대로 고객들이 혁신을 원하지도 필요로 하지도 않을 경우 이들은 기술적으로 단순한 혁신조차도 상용화하는 게 불가능하다는 것을 깨달았다.

가치 네트워크와 실패의 원인에 대한
새로운 견해

그렇다면 과연 무엇이 기존기업과 진입기업의 성공과 실패를 설명해
줄까? 다음 논의는 디스크 드라이브 산업의 역사로부터 성공이나 실패
및 기술과 시장 구조의 변화 사이의 관계에 대한 새로운 견해를 종합해
서 보여준다. 기업이 고객의 요구를 찾아내서 대응하고, 문제를 해결하
며, 자원을 확보하고, 경쟁기업에 대응하거나, 수익 창출을 위해서 노력
하는 맥락을 의미하는 가치 네트워크 개념이 이 견해의 핵심이다.[6] 가치
네트워크 안에서 각 기업의 경쟁 전략과 과거에 시장에서 내렸던 선택
들은 새로운 기술이 주는 경제적 가치에 대한 기업의 인식을 결정한다.
이러한 인식은 다시 서로 다른 기업들마다 존속적 혁신 및 파괴적 혁신
을 추구함으로써 얻으려고 기대하는 보상을 결정해준다.[7] 기존기업들에
서 이러한 보상에 대한 기대는 다시 파괴적 혁신과 동떨어진 존속적 혁
신으로 자원을 배분하게 유도한다. 이러한 자원 배분의 패턴은 기존기
업들이 존속적 혁신에서는 선도적 위치를 계속해서 유지하되, 파괴적
혁신에서는 끔찍한 결과를 초래하는 데 결정적인 역할을 한다.

가치 네트워크: 제품 아키텍처를 반영하다

기업들은 자신들이 만든 제품이 일반적으로 다른 제품들뿐만 아니라
궁극적으로 최종 사용 시스템 내에 구성요소로서 들어가 있거나 계층
적으로 중첩되어 있기 때문에 가치 네트워크에 깊숙이 관여되어 있다.[8]
1980년대에 유행했던 경영정보시스템(MIS, management information system)

에 대해서 살펴보자([그림 2-1]). MIS의 아키텍처는 메인프레임 컴퓨터, 라인프린터(line printer, 행인쇄기), 테이프, 디스크 드라이브 같은 주변기기, 케이블을 마루 아래에 묻어놓은 에어컨이 설치된 방과 같은 다양한 구성요소들을 한데 묶어놓고 있다. 다음 계층으로는 메인프레임 컴퓨터는 중앙처리장치, 멀티칩 패키지(multi-chip package), 회로기판, RAM 회로, 터미널, 통제기, 디스크 드라이브 같은 구성요소들로 이루어져 있는 아키텍처 그 자체이다. 그 아래 계층으로 내려가 보면 디스크 드라이브는 모터, 구동장치, 스핀들(spindle), 디스크, 헤드, 컨트롤러 등으로 구성되어 있는 시스템이다. 그리고 디스크는 그 자체로 알루미늄 판, 자석 재료, 접착제, 연마제, 윤활제, 코팅제 등으로 구성되어 있는 시스템으로 분석된다.

이러한 사용 시스템을 구성하는 제품과 서비스는 AT&T나 IBM과 같이 광범위하게 통합된 기업 내에서도 생산될 수도 있겠지만, 대부분은 성숙한 시장에서 구입이 가능한 것들이다. 이는 다시 말해 [그림 2-1]이 어떤 하나의 제품 시스템에 중첩되어 들어간 물리적 아키텍처를 설명하기 위해 제시한 것이지만, 이 그림은 또한 각 단계의 구성요소들이 시스템 내의 다음 상위 계층에 있는 통합기업들에 만들어져 팔리는 통로인 네트워크가 존재한다는 걸 의미하기도 한다. 예를 들어 퀀텀과 맥스터처럼 디스크 드라이브를 설계하고 조립하는 기업들은 읽기-쓰기 헤드 제조를 전문으로 하는 기업들로부터 헤드를 구매한다. 그리고 그들은 다른 기업들로부터 디스크를 사오고, 스핀 모터, 작동 모터, 통합 회로 등은 또 다른 기업들로부터 구매한다. 이보다 상위 레벨에서 컴퓨터를 설계하고 조립하는 기업들은 터미널, 디스크 드라이브, IC 패키지, 전력

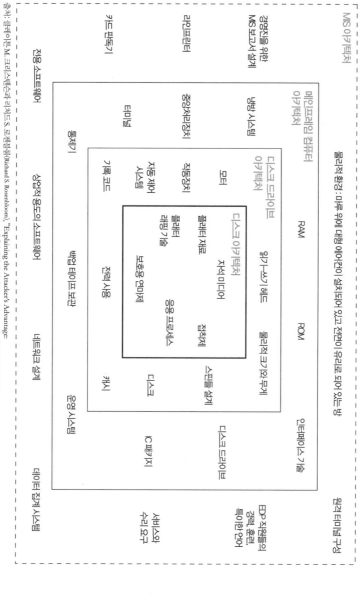

그림 2-1 MS 아키텍처의 입속 시스템

MS 아키텍처

물리적 환경 : 마루 위에 대량 에어컨이 설치되어 있고 전면이 유리로 되어 있는 방

출처: 클레이튼 M. 크리스텐슨과 리차드 S. 로젠블룸(Richard S. Rosenbloom), "Explaining the Attacker's Advantage: Technological Paradigms, Organizational Dynamics, and the Value Network", 『리서치폴리시(Research Policy)』24, 1995년, 233~257.

공급 장치들을 다양한 기업들로부터 사온다. 이처럼 여러 계층으로 중첩된 상업적 시스템이 바로 가치 네트워크이다.

[그림 2-2]는 컴퓨터에 필요한 3가지 가치 네트워크를 보여주고 있다. 위에서부터 아래로 (1) 기업이 활용하는 MIS 시스템 (2) 휴대용 개인용 컴퓨터 제품 (3) 컴퓨터 자동 디자인(CAD, computer-automated design)을 위한 가치 네트워크들이다. 이 그림은 여러 네트워크들이 어떻게 서로 연결되고, 또 어떻게 서로 다른지에 대한 개념을 전달하기 위해서 만든 것이지, 완전한 가치 네트워크의 구조를 보여주려고 만들어놓은 것은 아니다.

가치 매트릭스

가치 측정 방법은 네트워크 전역에 걸쳐 서로 다르다.[9] 실제로 다양한 제품 성능을 나타내는 특성들을 중요도에 따라서 정리한 순위 배열(rank-ordering)은 가치 네트워크의 경계를 부분적으로나마 정의해준다. [그림 2-2]에서 가운데 나열되어 있는 구성요소 상자들 우측에 있는 사례들은 각각의 가치 네트워크가 동일 제품에서조차 제품이 가진 특성들의 중요도 순위를 매우 다르게 정해놓는다는 걸 보여준다. 맨 위에 나온 가치 네트워크에서 디스크 드라이브의 성능은 용량과 속도, 신뢰성을 기준으로 측정되는 반면, 중앙에 있는 휴대용 컴퓨터의 가치 네트워크에서는 견고함과 낮은 전력소비와 작은 크기를 중요한 성능으로 보고 있다. 결과적으로 제품을 가치 있게 만드는 것에 대해 서로 다른 정의를 기초로 만들어진 이러한 2가지 가치 네트워크들이 동일한 산업 내에서 존재할 가능성은 충분히 있다.

그림 2-2 3가지 가치 네트워크 사례

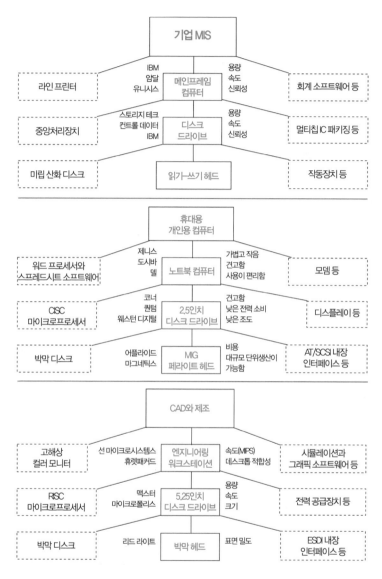

출처: 클레이튼 M. 크리스텐슨과 리처드 S. 로젠블룸,
"Explaining the Attacker's Advantage: Technological Paradigms, Organizational Dynamics,
and the Value Network", 「리서치 폴리시」 24, 1995년, 233~257.

사용 중인 다양한 시스템 내의 많은 구성요소들 가운데 같은 이름(예를 들어 [그림 2-2]에 나온 각 네트워크마다 읽기-쓰기 헤드, 디스크 드라이브, RAM, 프린터, 소프트웨어 등이 포함되어 있다)을 가진 것들이 많지만, 이 구성요소들의 사용 성격은 서로 크게 다르다. 일반적으로 각자 독자적인 가치사슬(value chain, 기업 활동에서 부가가치가 생성되는 과정)을 갖고 있는 경쟁 기업들은 [그림 2-2]의 네트워크 도표에 나와 있는 각각의 상자와 연관되어 있으며, 각 네트워크에서 사용되는 제품과 서비스를 제공하는 기업들은 종종 서로 다르다.[10] 이는 [그림 2-2]의 가운데에 구성요소 상자의 좌측에 적힌 기업에서 더욱 명확히 드러난다.

특정 네트워크 안에서 경험을 쌓을수록 기업들은 자신의 가치 네트워크에만 존재하는 독특한 요구에 맞춰서 역량과 조직 구조와 문화를 개발할 가능성이 높다. 이때 가치 네트워크별로 제조 규모와 대량생산의 추구 정도, 제품 개발 주기 시간, 그리고 고객을 찾아내는 조직 내 여론 등은 서로 상당히 다를 수 있다.

1976년과 1989년 사이에 판매된 수천 가지 디스크 드라이브의 가격, 특성, 성능별 특징들에 대한 데이터를 헤도닉 회귀분석(hedonic regression analysis)이란 기술을 사용해서 시장이 개별적 특성들에 어떤 가치를 부여했으며, 또 그런 특성들의 가치가 시간이 지날수록 어떻게 변했는지를 알아보았다. 헤도닉 회귀분석이란 시장이 제품의 개별적 특성들에 부여하는 일명 그림자 가격(shadow price, 어떤 것은 플러스 값을, 또 어떤 것은 마이너스 값을 갖는다)의 총계로 특정 제품의 전체 가격을 표시한다. [그림 2-3]은 상이한 가치 네트워크들이 특정한 성능 특성에 어떤 식으로 아주 다른 가치를 부여할 수 있는지를 설명하기 위해 이와 같은 분석을

그림 2-3 가치 네트워크별로 특성들에 부여하는 가치

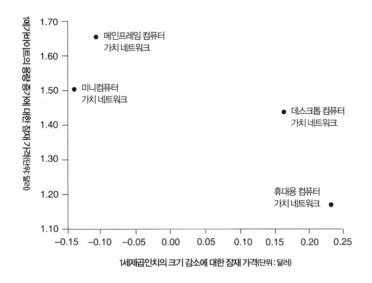

통해서 나온 결과를 보여주고 있다. 1988년에 메인프레임 컴퓨터 가치 네트워크에 속한 고객들은 용량이 1메가바이트 늘어날 때마다 평균적으로 1.65달러의 잠재 가격을 지불할 의사가 있었다. 그러나 미니컴퓨터, 데스크톱, 휴대용 컴퓨터 등으로 가치 네트워크가 옮겨가면서 용량이 1메가바이트 늘어날 때마다 고객들이 지불할 의사가 있는 그림자 가격은 1.50달러, 1.45달러, 1.17달러로 점점 하락했다. 이와 반대로 휴대용과 데스크톱 컴퓨터 고객들은 크기가 1세제곱인치 줄어드는 데 대해서 기꺼이 높은 가격을 지불할 의사가 있었지만, 다른 네트워크에서 활동하는 고객들은 그러한 성과에 대해서는 전혀 가치를 부여하지 않았다.[11]

비용구조와 가치 네트워크

가치 네트워크의 정의는 물리적 제품의 특성을 넘어선다. 예를 들어 [그림 2-2]에서 보이는 메인프레임 컴퓨터 네트워크 내에서의 경쟁은 특정한 비용구조를 수반한다. 연구, 엔지니어링, 개발비용은 상당하다. 단위 생산량이 적고, 고객 맞춤형 제품을 만들어야 하기 때문에 제조에 드는 간접비용이 직접비용보다 상대적으로 높다. 최종 소비자에게 직접 판매하기 위해서는 엄청난 영업비용도 든다. 또 복잡한 기계를 지원하기 위한 현장 서비스 네트워크 역시 많은 운영비용이 든다.

가치 네트워크에서 고객들이 원하는 종류의 제품과 서비스를 제공하기 위해서는 이러한 모든 비용이 초래될 수밖에 없다. 그렇기 때문에 메인프레임 컴퓨터 제조업체들과 그들에게 판매할 14인치 디스크 드라이브를 만드는 기업들은 역사적으로 자신들이 경쟁하고 있는 가치 네트워크에 내재한 간접비용을 감당하기 위해서 50퍼센트 정도의 총이익마진율(gross profit margin)이 필요했다.

그러나 휴대용 컴퓨터 가치 네트워크 내에서의 경쟁은 이와는 매우 다른 비용구조를 수반한다. 휴대용 컴퓨터 제조업체들은 납품업체들로부터 기존에 증명된 부품 기술들을 사와서 기계를 만드는 걸 선호하기 때문에 부품 기술을 연구하는 데 거의 돈을 쓰지 않는다. 이들의 제조 활동이라고 해봤자 인건비가 저렴한 지역에서 수백만 개의 표준화된 제품을 조립하는 것이 전부다. 대부분의 판매는 전국적인 소매 체인이나 우편 주문을 통해서 이루어진다. 결과적으로 이와 같은 가치 네트워크에서 활동하는 기업들은 총이익마진율이 15퍼센트만 되더라도 수익성을 확보할 수가 있다. 따라서 가치 네트워크가 고객들이 가치를 두는 제품의 특성들을 갖고 매기는 구체적인 순위에 따라서 그 성격이 달라지는 것과 마찬가지로 가치가 있는 제품과 서비스를 제공하는 데 필요한 구체적인 비용구조에 따라서도 그 성격이 달라진다.

각각의 가치 네트워크에 존재하는 독특한 비용구조는 [그림 2-4]에서 볼 수 있다. 14인치 디스크 드라이브 제조업체들이 일반적으로 얻는 총 이익마진율은 약 60퍼센트 정도로, 이는 메인프레임 컴퓨터 제조업체들이 요구하는 56퍼센트와 비슷한 수준이다. 이와 마찬가지로 8인치 드라이브 제조업체들이 얻는 총이익마진율 역시 약 40퍼센트 정도로, 미니컴퓨터 제조업체들이 얻는 것과 비슷한 수준이었고, 데스크톱 가치 네트워크의 일반적인 총이익마진율 25퍼센트는 컴퓨터 제조업체들과 디스크 드라이브 공급업체들이 올리는 것과 비슷한 수준이었다.

각각의 가치 네트워크에 따른 전형적인 비용구조는 기업들이 수익성이 있다고 생각하는 여러 종류의 혁신에 강력한 영향을 끼칠 수 있다. 특히 기업의 가치 네트워크에서나 총이윤율이 더 높은 네트워크에서 가치를 인정받은 혁신들은 수익성이 있는 것으로 여겨질 것이다. 반면, 총이윤율이 낮은 네트워크에서만 가치가 있는 기술들은 수익성이 있다고 간주되지 않아 경영진의 관심을 끌지 못할 가능성이 크다. 각 가치 네트워크의 전형적인 비용구조가 기존기업들의 기동성과 운명에 미치는 영향에 대해서는 4장에서 더 구체적으로 살펴볼 것이다.

결론적으로, 기술적 기회의 매력과 생산자가 새로운 가치 네트워크를 모색하다가 접하게 되는 어려움의 정도는 무엇보다도 관련 가치 네트워크 내 기업의 위치에 따라서 결정된다. 앞으로 살펴보겠지만 기존기업들은 존속적 혁신에 분명한 강점을 보이는 반면, 파괴적 혁신에는 약점

그림 2-4 가치 네트워크들의 전형적인 비용구조

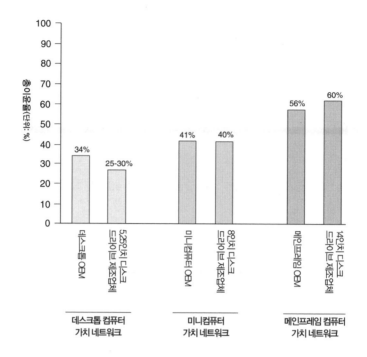

출처: 각 네트워크의 대표 회사와의 인터뷰

을 보인다. 진입기업이 이와는 정반대로 강점과 약점을 보이는 이유는 기존기업과 진입기업 사이의 기술적·조직적 역량 차이의 결과라기보다는 산업의 상이한 가치 네트워크 내에서 각자 처한 위치가 다르기 때문이다.

S자형 기술곡선과 가치 네트워크

S자형 기술곡선은 기술적 전략에 대한 핵심적인 아이디어다. 이것은 특정 기간 내, 또는 특정 양의 엔지니어링 활동으로 인한 제품의 성능 향상 정도는 기술적 성숙도에 따라서 서로 달라질 수 있다는 것을 보여준다. S자형 기술곡선 이론에 따르면 기술의 초기 단계에서는 성능의 발전 정도가 상대적으로 더디지만, 기술이 더 잘 이해되고, 통제되고, 전파될수록 기술 개선 속도는 탄력을 받는다.[12] 그러나 성숙한 단계에서 기술은 점근적으로(asymptotically, 점점 더 가까워지는 현상을 말하는 통계 용어) 자연

그림 2-5 **전형적인 S자형 기술곡선**

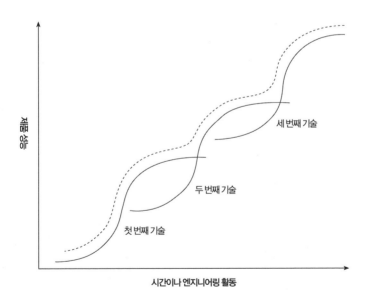

출처: 클레이튼 M. 크리스텐슨, "Exploring the Limits of the Technology S-Curve. Part I: Component Technologies", 「제조·생산관리(*Production and Operations Management*)」1, 4(1992년 가을), 340.

적·물리적 한계에 도달하게 될 것이다. 따라서 이때 기술적 개선을 도모하기 위해서는 어느 때보다 훨씬 더 많은 양의 시간이나 엔지니어링 활동이 필요하게 된다. [그림 2-5]는 이 같은 결과로 생기는 패턴을 보여주고 있다.

많은 학자들이 전략적 기술 관리의 핵심은 현재의 S자형 기술곡선이 변곡점(point of inflection, 굴곡의 방향이 바뀌는 자리를 나타내는 곡선 위의 점)을 지나간 시점을 파악하고, 변곡점 아래에서 성장하면서 현재 기술을 궁극적으로 대체할 만한 후속기술이 있으면 이를 파악해서 개발하는 것이라고 주장해왔다. 따라서 [그림 2-5]에서 점선으로 표시되어 있듯이 우리가 해야 할 일은 과거의 S곡선과 새로운 S곡선이 교차하는 지점에서 성공적으로 기술을 교차하는 것이다.

S곡선의 아래에 위치한 하위시장에서 나타나는 새로운 기술을 예상하고, 적절한 시점에 새로운 기술로 전환하지 못했던 것이 기존기업들의 실패 원인이자, 진입기업이나 기존기업이 우위에 서는 성공 원인으로 언급될 때가 종종 있었다.[13]

그렇다면 S곡선과 가치 네트워크 개념은 서로 어떻게 관련되어 있을까?[14] [그림 2-5]에 나온 전형적인 S곡선들의 교차 틀은 단일 가치 네트워크 내에서 일어나는 존속적 기술 변화를 개념화한 것이다. [그림 2-5]의 수직축은 제품 성능(또는 제품 특성들의 등급)이란 단일 척도를 차트화했다. [그림 2-5]는 새로운 기록 헤드 기술이 디스크 드라이브의 기록밀도에 미친 존속적 영향을 측정해놓은 [그림 1-4]와 유사하다는 데 주의하길 바란다. 각 기술에서의 점진적인 성능 개선은 개별적 곡선에 따른 개선이 필요했지만, 새로운 헤드 기술로 전환하기 위해서는 더욱 급진적인 도약이 필요했다. 디스크 드라이브 산업에서 일어난 혁신적인 기술의 역사에서 진입기업이 존속적인 혁신을 통해서 산업을 선도하거나 생존 가능한 시장 포지션을 확보한 사례는 단 한 차례도 없었다는 점을 명심해야 한다.

어떤 사례를 보건 결과적으로 현재의 기술이 평범해질 것으로 예상하고, 전반적인 기술 발전의 속도를 유지시킨 새로운 기술을 찾아내서, 개발하고, 실행하는 데 앞장섰던 기업들은 기술부문에서 선도적인 기업들이었다. 이 기업들은 종종 10년 이상 먼저 새로운 기술에 전력하고, 실질적인 자산과 기술의 기초를 없애버림으로써 상당한 재정적 위험을 겪을 때도 있었다. 그렇지만 이러한 어려움에도 기존기업들의 경영자들은 뛰어날 정도로 존속적인 활동성을 보이면서 [그림 2-5]에 나온 점선의 경로를 따라서 항해했다.

그러나 파괴적 혁신은 [그림 2-5]와 같은 그림으로 나타낼 수가 없다. 그 이유는 그 정의상 파괴적 혁신에 맞는 수직축은 기존의 가치 네트워크와 연관된 특성과는 다른 성능 특성을 측정해야 하기 때문이다. 파괴적 기술은 기존 네트워크에 침입하기 전에 신생 가치 네트워크에서 상업성을 가지고 출발하기 때문에, 이러한 상황을 묘사하는 데는 [그림 2-6]에 나온 것과 같은 S곡선 틀이 필요하다. 파괴적 기술은 자체 가치 네트워크에서 독특하게 정의된 궤도를 따라서 독자적으로 태어나서 발전해나간다. 파괴적 기술이 다른 가치 네트워크에서 요구되는 성능 수준과 성격을 만족할 만한 수준까지 나아간다면, 이 기술은 다른 가치 네트워크에 침입해서 놀라운 속도로 기존기술과 기존기업들을 무너뜨린다.

[그림 2-5]와 [그림 2-6]은 선도기업들의 실패를 앞당기는 혁신기업

그림 2-6 파괴적 기술의 S곡선

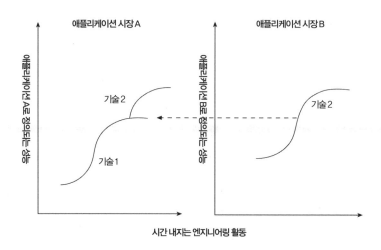

출처: 클레이튼 M. 크리스텐슨, "Exploring the Limits of the Technology S-Curve. Part I: Component Technologies", 「제조·생산관리」1, 4(1992년 가을), 361.

이 처한 딜레마를 분명하게 보여준다. 디스크 드라이브 산업, 그리고 이 책의 후반부에 다루고 있는 다른 산업들에서 (1)연구·개발에 대한 투자 확대 (2)장기적인 투자와 기획 (3)기술 검색 (4)예측 및 구현 (6)연구 컨소시엄 등은 모두 [그림 2-5]에 그 이상적 패턴이 그려져 있는 존속적 혁신이 처한 도전들과 관련되어 있다. 사실상 이런 증거는 기존의 초우량기업들 중에 다수가 이러한 치료법을 적용했으며, 존속적 기술을 다루면서 이 치료법을 잘 관리할 경우 좋은 효과를 낼 수 있다는 걸 보여준다. 그러나 이 해법들 가운데 어떤 것도 [그림 2-6]에 나온 상황을 해결하지는 못한다. 그 이유는 [그림 2-6]은 근본적으로 다른 성격의 위협을 나타내기 때문이다.

경영상의 의사결정 및 파괴적 기술 변화

기업이 깊게 연루되어 있는 가치 네트워크들 내에서의 경쟁은 어떻게 돈을 벌 수 있는지 규정한다. 네트워크는 기업의 제품과 서비스를 통해서 해결되는 고객의 문제와 그 문제를 해결하기 위해서 지불해야 할 돈이 얼마인지를 정의해준다. 가치 네트워크 내 경쟁과 고객의 수요는 기업의 비용구조, 기업이 경쟁력을 유지하는 데 필요한 크기, 그리고 기업에 필요한 성장률을 정한다. 따라서 가치 네트워크 밖에서 타당한 경영 의사결정이 가치 네트워크 내에서는 의미가 없고, 그 반대도 역시 마찬가지다.

우리는 1장에서 기존기업들이 일관되게 존속적 혁신을 성공적으로 수행하지만 파괴적 혁신은 제대로 다루지 못하는 현상을 목격했다. 이 패턴이 일관성을 가지는 이유는 이러한 결과를 초래한 경영상의 의사결정들이 타당했기 때문이다. 좋은 경영자들은 이치에 닿는 일을 하며, 이렇게 이치에 닿는 일은 주로 그들의 가치 네트워크에 따라 형성된다.

아래의 6가지 단계로 요약된 의사결정 패턴은 디스크 드라이브 산업에서 파괴적 기술이 생겨났을 때 기존기업과 진입기업 가릴 것 없이 선도적인 역할을 하는 기업들에서 핵심 역할을 하는 경영자들 80여 명과의 인터뷰를 통해서 얻은 정보다. 나는 이 인터뷰에서 기업들이 당시 속해 있던 가치 네트워크와 관련이 있다든지, 기술의 발전과 상용화에 선도적인 기업들이 내린 의사결정 과정에 영향을 줬던 요인을 가능한 한 많은 견해들을 바탕으로 정확하게 재구성해보고자 했다. 내가 얻은 결론은 파괴적 기술 변화에 직면한 기존기업들은 필수적인 기술을 개발하는 데 별다른 문제를 겪지 않았다는 것이다. 예를 들어 새로운 드라이브의 원형은 경영진이 그에 대한 결정을 내리기 전에 이미 개발되어 있기도 하다. 이보다는 파괴적 프로젝트들은 상호 경쟁 관계에 있는 제품과 기술의 개발 제안서들 사이에서 부족한 자원을 배분하는 문제에 부딪혔을 때 중단되는 경향이 있었다. 예를 들어 [그림 2-6]의 양쪽에 나와 있는 2가지 가치 네트워크 사이에서 자원을 배분할 때가 바로 그랬다. 기업들이 핵심 고객들의 요구를 해소해주는 존속적 프로젝트들([그림 2-5]에 나온 가치 네트워크 내의 새로운 기술 물결)은 거의 언제나 시장 규모도 작고, 고객의 욕구를 제대로 정의해놓지 않은 파괴적 기술에 자원을 분배하는 것을 배제했다.

이러한 의사결정들의 특징적인 패턴은 아래 요약해놓았다. 이 패턴의 각 단계들마다 어떤 일이 벌어지는지 5.25인치 드라이브 업계에서 선도적인 자리를 차지하고 있던 시게이트가 파괴적인 기술인 3.5인치 드라이브를 성공적으로 상용화하기 위해서 애썼던 전형적인 노력을 들여다보자.[15]

제1단계 **파괴적 기술은 처음에 기존기업들 내에서 개발됐다**

진입기업들이 파괴적 기술의 상용화를 선도했지만 그런 기술의 발전은 종종 기존기업들 내에서 자원들을 몰래 빼돌려서 만들어낸 엔지니어들의 작품이었다. 고위 경영진이 주도하는 일이 별로 없는 아키텍처 부문의 혁신적인 설계는 거의 언제나 기존의 부품들을 이용했다. 따라서 5.25인치 드라이브 산업의 선도기업인 시게이트 소속 연구원들이 1985

년에 3.5인치 모델 원형을 업계 최초로 개발했다고 하지만 사실 그들은 이미 경영진이 공식 프로젝트 승인을 해주기 전에 원형 모델을 약 80개 정도 만들어놓은 상태였다. 역시 선도적인 14인치 드라이브 제조업체인 컨트롤 데이터에서도 처음에는 이와 유사한 일이 일어났다. 다시 말해서 이 회사의 연구원들은 8인치 드라이브가 시장에 출시되기 2년여 전에 이미 내부적으로 이 드라이브를 설계해놓은 상태였다.

제2단계 ▌ 마케팅 인력들이 선도적 고객들의 반응을 알아봤다

연구원들은 이제 자신들이 설계한 원형들을 마케팅 담당자들에게 보여주면서, 성능은 조금 떨어지더라도 소규모로 이루어지는 저가 드라이브 시장의 존재 여부를 탐문했다. 마케팅팀은 새로운 드라이브의 시장 반응을 알아보기 위한 통상적인 과정을 밟으면서 이 원형들을 기존 제품 라인의 주요 고객들에게 보여주고 평가를 부탁했다.[16] 따라서 3.5인치 드라이브는 주류 데스크톱 시장에서 요구하는 것보다 훨씬 더 용량이 적었지만 시게이트의 마케팅 담당자들은 IBM의 개인용 컴퓨터 사업부 및 XT와 AT군 데스크톱 컴퓨터 제조업체들과 함께 새로운 드라이브를 시험했다.

그 결과 놀랄 것도 없이 IBM은 시게이트의 파괴적인 3.5인치 드라이브에 손톱만큼도 관심을 보이지 않았다. IBM의 연구원들과 마케팅 담당자들은 40메가바이트와 60메가바이트 드라이브를 물색하고 있었고, 그들은 이미 자신들의 컴퓨터에 맞게 설계된 5.25인치 드라이브 슬롯을 갖고 있는 상태였다. 따라서 그들은 자신들이 만들어놓은 기존 성능 궤도를 따라서 기업을 이끌 새로운 드라이브만을 필요로 했다.

새로 개발한 3.5인치 드라이브로 고객들의 관심을 끌지 못하자 시게이트의 마케팅 담당자들은 비관적인 판매 예측을 내놓았다. 아울러 새로 개발한 제품이 더 단순하면서도 성능은 뒤떨어졌기 때문에 고성능 제품에 비해서 예상이익이 낮았다. 결과적으로 시게이트의 재무 담당자들은 마케팅 담당자들처럼 파괴적 프로그램을 반대하고 나섰다. 이 정보를 바탕으로 고위 경영자들은 노트북 시장에서 3.5인치 드라이브가 굳건히 자리를 잡아가고 있던 시점에 개발 계획을 보류시켰다.

이것은 복잡한 결정이었다. 마케팅 담당자들은 현재 고객들을 상대로 경쟁력을 유지하면서 공격적인 성장과 이익 목표를 성취하는 데 중요하다고 느꼈던 신제품 개발을 위해서 노력했다. 또한 서로 대치되는 기존과 신규 프로젝트들에 그동안 써왔던 것과 동일한 자원을 어떻게 다시 배분할지를 고민하는 가운데 내린 결정이었다. 시게이트의 전 임원 중 한 사람은 당시 상황을 이렇게 말했다.

"당시 우리는 제품수명주기의 거의 후반부에 있었고, 데스크톱 시장에서 연간 3억 달러의 매출을 내는 성공적인 제품인 ST412를 이을 새로운 모델을 원했다. 그런데 3.5인치 드라이브에 대한 매출 전망치는 5천만 달러도 안 됐다. 노트북 컴퓨터 시장이 막 커지고 있었을 때여서 당시 3.5인치 제품은 수익성이 없어 보였다."

시게이트 경영자들은 파괴적 기술을 추구하지 않기로 결정을 내렸다. 다른 경우라면 경영자들이 파괴적 제품 개발에 필요한 자원을 승인했지만, 시간과 돈을 실제로 어떻게 배분할지 연일 결정을 내리는 과정에서 회사의 이익을 최우선으로 해서 활동하고 있는 연구원들과 마케팅 담당자들은 의식적, 무의식적으로 파괴적 프로젝트에 필요한 자원을 제공하지 않았다.

선도적인 14인치 드라이브 제조업체인 컨트롤 데이터의 연구원들이 초기 8인치 드라이브 개발에 착수했을 때 고객들은 평균 300메가바이트 드라이브를 원하고 있었지만 컨트롤 데이터가 개발한 초기 8인치 드라이브는 60메가바이트 이하의 용량을 제공했을 뿐이었다. 따라서 컨트롤 데이터는 8인치 드라이브 개발에 낮은 우선순위를 부여했고, 8인치 드라이브 개발 업무를 맡은 연구원들은 더 중요한 고객들을 위해서 설계되고 있는 14인치 드라이브의 문제점들을 해결하는 작업에 불려다녔다. 이와 같은 문제들은 퀀텀과 마이크로폴리스가 개발한 5.25인치 제품의 출시에도 역시 타격을 주었다.

제3단계 기존기업들이 존속적 기술 발전의 속도를 정한다

고객의 요구에 맞추기 위해 마케팅 담당자들은 더 나은 헤드를 통합시키거나 새로운 기록 코드를 개발하는 등 존속적 프로젝트를 추진하는 데 관심을 보였다. 이러한 노력의 결과 고객들은 그들이 원하는 것을 얻을 수 있었고, 회사 입장에서는 존속적 성장에 필요한 매출과 이익을 창출할 수 있는 대형 시장을 계속 공략할 수 있었다. 종종 많은 개발비용이 들어갈 때도 있었지만 이와 같은 존속적인 기술에 대한 투자는 파괴적 기술에 대한 투자보다 위험이 훨씬 덜한 것처럼 보였다. 이미 고객들이 존재했고, 그들이 무엇을 원하는지 알려져 있었기 때문이다.

예를 들어 1985년에서 1986년으로 3.5인치 드라이브 프로젝트를 연기한 시게이트의 결정은 상당히 합리적인 것처럼 보인다. 시게이트는 1987년에 이르면 3.5인치 드라이브 대중시장이 소규모로 열릴 것으로 생각했다. 그러한 시장의 총이윤은 불확실했지만, 제조부문 담당 임원들은 3.5인치 드라이브의 비용은 5.25인치 드라이브보다 훨씬 더 높을 것으로 예상했다.

고급시장에 대한 시게이트의 생각은 이와는 확실히 달랐다. 100메가바이트의 용량을 갖춘 5.25인치 드라이브의 시장 규모는 1987년까지 5억 달러로 예상됐다. 이 시장을 공략하는 기업들은 35퍼센트에서 40퍼센트 사이의 총이윤을 올리고 있었던 반면, 20메가바이트 드라이브에서 벌어들일 시게이트의 총이윤은 25퍼센트에서 30퍼센트 사이로 예측됐다. 따라서 시게이트로서는 ST251 드라이브 라인을 개발함으로써 고급시장에 진출하자는 제안들이 적극적으로 검토되고 있는 마당에 3.5인치 드라이브에 자원을 투입한다는 게 합리적으로 보이지 않았다.

시게이트 임원들이 3.5인치 프로젝트 추진을 연기하자 회사는 놀랄만큼 빠른 속도로 새로운 5.25인치 모델을 출시하기 시작했다. 1985년과 1986년, 그리고 1987년에 전년도에 시장에 출시된 전체 모델 숫자 대비 연간 새로 출시된 모델들의 숫자 비율은 각각 57, 78, 115퍼센트였다. 그리고 이와 같은 기간에 시게이트는 박막 디스크와 음성 코일(voice-coil) 모터, RLL 코드, 내장 SCSI 인터페이스 등과 같이 복잡하면서도 섬세한 새로운 부품 기술들을 통합했다.[17] 분명 이런 기술개발에 대한 동기는 기존기업들과의 경쟁에서 승리하기 위해서였다. 당시 기존기업들은 아래쪽으로부터 몰려올 신생기업들의 공격을 준비하기보다는 비슷한 제품의 성능 개선에만 열중하고 있었다.[18]

신생기업들이 창조되고, 파괴적 기술 시장이 시행착오를 거쳐서 발굴됐다

기존기업에 실망한 연구원들은 파괴적 제품 아키텍처를 이용하기 위해서 신생기업을 만들었다. 3.5인치 드라이브의 선도적 제조업체인 코너 페리퍼럴스의 창업주들은 5.25인치 드라이브의 최대 제조업체인 시게이트와 미니스크라이브에 불만을 품고 나온 직원들이었다. 8인치 드라이브 제조업체인 마이크로폴리스의 창업주들은 14인치 드라이브 제조업체인 퍼텍(Pertec) 출신이었고, 슈가트와 퀀텀의 창업주들은 메모렉스에서 나온 사람들이었다.[19]

그러나 신생기업들은 그들의 예전 고용주들만큼이나 기존 컴퓨터 제조업체들을 파괴적 기술로 끌어들이는 데 성공하지 못했다. 결과적으로 그들은 새로운 고객을 발굴해야 했다. 이처럼 매우 불확실하면서 엄격한 조사가 필요한 과정에서 탄생한 응용 프로그램이 미니컴퓨터와 데스크톱 컴퓨터 그리고 노트북 컴퓨터였다. 지금 시점에서는 이 제품들이 명백히 하드 드라이브 시장이지만, 당시에는 시장의 규모와 중요도가 매우 불확실했다. 마이크로폴리스는 회사의 제품들이 활용되는 데스크형 미니컴퓨터와 워드 프로세서 시장이 출현하기 전에 설립되었다. 시게이트는 개인용 컴퓨터가 단순히 취미생활자들을 위한 장난감에 불과했을 때, 다시 말해서 IBM이 개인용 컴퓨터를 출시하기 2년 전에 이 시장에 대한 연구를 시작했다. 마찬가지로 코너 페리퍼럴스는 컴팩이 휴대용 컴퓨터 시장의 잠재적 크기에 대해서 알기 전에 연구를 시작했다. 이러한 기업들의 창업자들은 분명한 마케팅 전략 없이 제품을 원하는 누구에게나 팔았다. 이런 시행착오를 거치면서 시장을 공략한 끝에 자신들의 제품에 맞는 응용 프로그램이 출현했다.

제5단계 신생기업들이 고급시장으로 움직이다

새로운 시장에서 영업 기반을 찾아낸 신생기업들은 새로운 부품의 기술에 존속적 혁신을 도입함으로써 그들의 신생시장이 요구하는 것보다 더 빠른 속도로 드라이브의 성능을 끌어올렸다.[20] 신생기업들은 연간 50 퍼센트라는 눈부신 성능 개선을 이루었고, 성능과 규모 면에서 우위에 있던 대형 컴퓨터 시장을 공략했다.

저급시장에 대한 기존기업들의 견해와 고급시장에 대한 신생기업들의 견해는 상이(asymmetrical)했다. 기존기업들이 새로 출현하는 단순한 드라이브 시장을 보면서 이윤과 시장 규모에 대해서 실망한 반면, 신생기업들은 이 시장이 고급, 고성능 시장에서의 판매와 이윤에 대한 잠재력을 가지고 있어 상당히 매력적이라고 생각했다. 마침내 기존시장의 고객들은 그들이 초기에 무시했던 새로운 아키텍처를 포용하기에 이른다. 그 이유는 용량과 속도에 대한 고객들의 욕구가 충족되자 신규 드라이브의 더 작은 크기와 아키텍처상의 단순함은 이들 드라이브들을 예전 아키텍처에 비해서 더 싸고, 더 빠르고, 더 신뢰할 만하게 만들었기 때문이다. 따라서 데스크톱 컴퓨터 시장에서 출발한 시게이트는 결과적으로 미니컴퓨터, 엔지니어링 워크스테이션 및 디스크 드라이브용 메인프레임 컴퓨터 시장을 공략해서 지배하기에 이르렀다. 대신 시게이트는 3.5인치 드라이브 부문의 선도적인 제조업체인 코너와 퀀텀에 의해서 디스크 드라이브용 데스크톱 컴퓨터 시장에서는 밀려났다.

제6단계 기존기업들이 뒤늦게 기존 고객들을 지키기 위해서 새로운 분위기에 편승하다

소규모 모델들이 기존의 세분 시장들을 공략하기 시작했을 때 원래부터 이 시장을 장악하고 있었던 드라이브 제조업체들은 원형들의 성능을 개선하고(여기서 그들은 3단계에 있었다), 자신들이 장악했던 시장에서 고객들을 지켜내기 위해 고군분투했다. 물론 이 무렵에는 새로운 아키텍처가 파괴적 성격을 털어버리고, 기존시장에서 대형 드라이브들과 충분히 성능을 겨룰 수 있게 되었다. 일부 기존 제조업체들은 늦게라도 새로운 아키텍처를 소개하여 자신들의 시장 포지션을 지켜낼 수 있었지만 많은 업체들은 신생기업들이 제조비용과 디자인 경험 면에서 뛰어넘기 힘들 정도의 장점을 개발했다는 걸 깨닫고, 결과적으로 시장에서 철수했다. 가치 네트워크의 아래쪽에서 공격하는 기업들은 더 낮은 총이윤에도 수익성을 확보할 수 있는 비용구조로 무장한 상태였다. 따라서 공격기업들은 그들 제품에 수익성 있는 가격을 책정할 수 있었던 반면, 이들을 방어하는 기존기업들은 심각한 가격 전쟁을 치러야 했다.

새로운 아키텍처를 도입하는 데 성공한 기존기업들에는 생존이 유일한 보상이었다. 이들 기업들 가운데 누구도 새로운 시장에서 상당한 점유율을 확보하는 데 성공한 기업이 없었으며, 새로운 드라이브는 단순히 기존 고객들에게 팔던 예전 제품들의 판매를 잠식하고 말았다. 따라

서 1991년에 시게이트의 3.5인치 드라이브 중 거의 어떤 제품도 노트북 컴퓨터 제조업체에 팔리지 않았다. 시게이트의 3.5인치 드라이브 고객들은 여전히 데스크톱 컴퓨터 제조업체들이었고, 시게이트의 3.5인치 드라이브 중 다수는 계속해서 5.25인치 드라이브를 수용할 수 있게 설계된 XT와 AT계열의 컴퓨터에 장착될 수 있는 프레임을 갖고 출시됐다.

14인치 디스크의 선도적 업체인 컨트롤 데이터는 미니컴퓨터 시장에서 단 1퍼센트의 시장점유율도 확보하지 못했다. 이 회사는 선도적인 신생기업보다 3년 늦게 8인치 드라이브를 선보였으며, 이곳에서 만든 거의 모든 드라이브들은 기존 메인프레임 고객들에게 판매됐다. 미니스크라이브, 퀀텀, 마이크로폴리스가 뒤늦게 파괴적 기술을 바탕으로 만든 드라이브를 출시했을 때도 마찬가지로 잠식 경험을 했다. 그들은 신규 시장에서 높은 점유율을 확보하는 데는 실패했고, 과거 산업에서 일정 부분을 지켜내는 데 성공했을 따름이다.

"고객 가까이에 머물러라"는 대중적인 슬로건이 언제나 좋은 충고는 아닌 것 같다.[21] 고객들이 그들의 공급업체들을 존속적 혁신으로 유도하는 나머지 파괴적 기술 변화가 일어난 순간에 리더 역할을 수행할 수 없거나 또는 심지어 공공연하게 잘못된 길을 걷게 만들 수 있을지 모르기 때문이다.[22]

플래시 메모리와 가치 네트워크

현재 플래시 메모리(flash memory)의 출현과 더불어 가치 네트워크 틀의 예측력이 시험받고 있다. 플래시 메모리란 실리콘 메모리칩에 데이터를 저장하는 고체소자를 이용한(solid-state) 반도체 메모리 기술이다. 플래시 메모리는 전원이 꺼진 상태에서도 저장된 정보가 사라지지 않는다는 점에서 일반적인 DRAM(Dynamic Random Access Memory)과는 다르다. 플래시 메모리는 파괴적 기술이다. 플래시 메모리는 동일 용량을 가진 디스크 드라이브가 소비하는 전력의 5퍼센트 이하를 소비하며, 움직이는 부분이 없기 때문에 디스크 메모리에 비해서 훨씬 더 내구성이 좋다. 물론 플래시 메모리에도 단점은 있다. 메모리의 양에 따라서 플래시의 메가바이트당 비용이 디스크 메모리에 비해서 5배에서 50배 정도 비쌀 수 있다. 또한 플래시칩은 일반 디스크 드라이브만큼 기록에 적합하지 않다. 디스크 드라이브는 수명이 다할 때까지 수백만 번 이상 중복하여 기록할 수 있는 반면, 플래시칩은 수십만 번 정도만 중복 기록이 가능하다.

플래시 메모리는 초기에는 컴퓨터와는 상당히 거리가 먼 가치 네트워크에서 적용됐다. 최초의 플래시 메모리는 휴대폰, 심장 검사기, 모뎀, 산업용 로봇 등과 같이 개별적으로 포장된 플래시칩을 내장하는 기기에 주로 사용됐다. 디스크 드라이브는 이러한 시장에서 사용되기에는 너무나 크고, 약하면서도 너무 많은 전력을 소비했다. 1994년 현재 이처럼 개별적으로 포장된 플래시칩인 소켓 플래시(socket flash) 시장은 1987년만 해도 형성조차 안 되어 있었지만 이제는 시장 매출이 13억 달러에 이른다.

1990년대 초에 플래시 제조업체들은 플래시 카드(flash card)라는 새로운 제품 포맷을 만들었다. 플래시 카드란 통제 회로에 의해 연결되고 지배되는 다양한 플래시칩이 쌓여 있는 신용카드 크기의 기기를 말한다. 플래시 카드 위에 있는 칩들은 디스크 드라이브에서 사용되는 것과 동일한 통제 회로인 소형 컴퓨터 표준 인터페이스(SCSI, Small Computer Standard Interface)에 의해 통제됐다. 다시 말해 개념상으로 플래시 카드는 대용량 저장용 디스크 드라이브처럼 사용할 수 있었다. 플래시 카드 시장은 1993년 4,500만 달러에서 1994년에는 8천만 달러 규모로 성장했고, 1996년까지는 2억 3천만 달러 규모로 성장했다.

플래시 카드가 디스크 드라이브 시장의 핵심 시장을 침략해, 자석 메모리를 대체할 수 있을 것인가? 만일 그렇게 된다면 디스크 드라이브 제조업체들에는 어떤 일이 일어날까? 그들은 새로운 기술적 파도에 맞서면서도 여전히 시장에서 우위를 확보할 수 있을까? 아니면 퇴출당할 것인가?

성능에 대한 견해

기술적 계층에 대한 클라크의 개념(주석 4)은 기업이 과거에 해결했던 제품과 프로세스 기술 문제들을 해결하면서 축적해온 솜씨와 기술적 이해에 초점을 맞춘다. 플래시 메모리가 디스크 드라이브 제조업체들에 주는 위협을 평가해볼 때 클라크의 틀이나 이와 관련된 투시먼과 앤더슨의 연구결과(주석 5)를 참조하는 사람은 디스크 드라이브 제조업체들이 통합 회로 설계와 다양한 통합 회로로 구성되어 있는 기기들의 설계와 통제 부문에서 개발해온 전문지식의 정도에 초점을 맞출 것이다. 이러한 틀은 우리들로 하여금 드라이브 제조업체들은 플래시 디스크 분야에서 제한적인 지식만을 갖고 있을 경우 플래시 제품 개발에 크게 실패할 것이며, 그들의 경험과 지식에 깊이가 있다면 성공할 것이라는 기대감을 갖게 해준다.

언뜻 봤을 때 플래시 메모리에는 디스크 드라이브 제조업체들의 핵심 역량인 자기학과 기계학과는 극단적으로 다른 전자 공학을 활용한다. 그러나 퀸텀, 시게이트, 웨스턴 디지털과 같은 기업들은 점점 더 지능화된 통제 회로와 캐시(cache) 메모리를 그들이 만든 드라이브에 내장함으로써 회로 설계 부문에서 심도 깊은 전문 지식을 개발했다. ASIC(Application-Specific Integrated Circuit) 산업의 관행에 맞춰서 그들의 통제 칩들은 클린룸(clean room, 먼지나 세균이 전혀 없는 방) 반도체 처리 시설을 갖춘 독립적인 제3의 조립업체들이 조립한다.

오늘날의 선도적인 디스크 드라이브 제조업체들은 각자 드라이브를 설계하고, 독립적인 공급업체들로부터 부품을 조달해서 자체 공장이나 계약업체를 통해 조립한 다음에 소비자에게 파는 식으로 사업을 시작했다. 플래시 카드 사업도 이와 매우 유사한 경로를 따랐다. 플래시 카드 제조업체들은 카드를 설계하고, 부품을 구입하고 나서 SCSI처럼 컴퓨터 장치와 드라이브의 상호 교류를 통제하는 인터페이스 회로를 설계한 후, 부품들을 자체 공장에서나 하청계약업체를 시켜서 조립해 판매한다.

플래시 메모리는 사실상 많은 드라이브 제조업체들이 개발해온 핵심 역량을 바탕으로 삼고 있다. 따라서 성능 면에서 디스크 드라이브 제조업체들은 플래시 저장 기술을 시장에 출시하는 데 크게 실패할 것 같지 않다는 기대감을 심어준다. 그간 많은 경험을 축적한 퀀텀, 시게이트, 웨스턴 디지털 같은 기업들이 플래시 제품을 상당히 순조롭게 출시할 것이다. 전자 회로 설계의 상당 부분을 아웃소싱한 플래시 카드 기업들이 더 많은 시련을 겪을 것이다.

사실상 지금까지의 추세를 보면 그랬다. 시게이트는 1993년에 샌디스크 코퍼레이션(Sandisk Corporation)의 지분을 25퍼센트 획득하면서 플래시 시장에 진입했다. 시게이트와 샌디스크는 공동으로 플래시칩과 카드를 설계했고, 이렇게 설계된 칩들은 마쓰시타(Matsushita)에 의해서 조립됐고, 플래시 카드는 한국 제조업체인 아남(Anam)이 만들었다. 카드의 마케팅은 시게이트가 자체적으로 맡았다. 퀀텀은 또 다른 파트너인 스토리지와 함께 진출했다. 이 회사는 후에 하청업체들이 제조 및 조립하는 반도체를 설계하는 일을 맡았다.

조직적인 구조 틀

플래시 기술은 헨더슨과 클라크가 급진적 기술이라고 불렀던 것이다. 플래시 기술의 제품 아키텍처와 기본적인 기술 개념은 디스크 드라이브에 비해서 획기적이었다. 조직적 구조에 대한 견해에 따르면 기존기업들이 플래시 제품을 설계할 수 있는 그룹을 생성하지 못할 경우 상당히 고전할 것으로 예상된다. 시게이트와 퀀텀은 실제로 독립적인 그룹에 의존함으로써 경쟁력이 있는 제품들을 개발했다.

기술 S곡선 틀

기술 S곡선은 종종 신생기술이 기존기술을 대체할 가능성이 있는지 여부를 예측하는 데 활용되곤 한다. 기존기술의 발달은 곡선의 경사로 표시되어 있다. 곡선이 변곡점을 지나, 2차로 파생된 곡선이 아래로 꺾인다면, 즉 기술이 마이너스로 성장한다면, 새로운 기술은 기존기술을 대체할 수 있을지 모른다. [그림 2-7]은 자석식 디스크 기록 기술과 관련된 S곡선은 아직 변곡점을 지나가지 않았다는 걸 보여준다. 그림을 보면 1995년 현재 면적밀도(areal density)가 플러스 비율로 개선되고 있음을 알 수 있다.

따라서 기존 디스크 드라이브 기업들이 플래시 카드를 설계할 능력을 갖고 있는가에 상관없이, 플래시 메모리는 자석 메모리의 S곡선이 변곡점을 지나서 면적밀도의 증가율이 하락하기 시작할 때까지 위협이 되지 못할 것이라는 예상을 할 수 있게 해준다.

가치 네트워크 틀에서 얻은 통찰

가치 네트워크 틀은 이전에 나왔던 틀 가운데 그 어떤 것도 충분한 성공의 예보자 역할을 하지 못한다고 주장한다. 기존기업들이 신기술을 개발하는 데 필수적인 기술 역량을 소유하고 있지 못하더라도 그들은 고객들이 원할 경우 그러한 역량을 개발하거나 획득하기 위해 자원을 집결시키곤 했다. 아울러 가치 네트워크에서는 기술의 S곡선이야말로 존속적 기술에만 유용한 예언자라고 말한다. 파괴적 기술은 일반적으로 기존 기술과 평행선상에서 발전한다. 두 발전 경로는 교차하지 않는다. 따라서 S곡선 틀은 파괴적 기술을 평가하려고 사용될 때 잘못된 질문을

그림 2-7 새로운 디스크 드라이브의 면적밀도 개선(제곱인치당 수백만 비트 내 밀도)

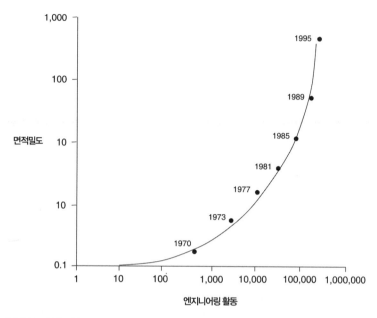

출처: 「디스크/트렌드 리포트」

제기한다. 그보다 중요한 것은 파괴적 기술이 결과적으로 시장이 원하는 것과 교차하게 될 경로를 따라서 아래로부터 개선되는지 여부다.

시게이트와 퀀텀과 같은 기업들이 기술적으로는 경쟁력 있는 플래시 메모리 제품들을 개발할 수 있는 능력을 갖고 있더라도 그러한 기술을 활용해서 강력한 시장 포지션을 구축하는 데 자원과 경영상의 에너지를 투자할지 여부는, 오직 플래시 메모리가 기업들이 돈을 버는 가치 네트워크 내에서 그 가치를 평가받고 전파될 수 있는지 여부에 달려 있다.

플래시 메모리는 일반적인 디스크 드라이브 제조업체와는 다른 가치 네트워크에서만 사용된다. 이는 [그림 2-8]에서 확인할 수 있다. 이 그림은 1992년에서 1995년 사이에 매년 출시된 플래시 카드의 평균 성능을 2.5인치와 1.8인치 드라이브의 성능 및 노트북 컴퓨터 시장에서 요구되는 성능과 비교해놓은 것이다.

당시의 플래시 카드는 내구성이 강하고, 전력 소비량이 적지만, 노트북 컴퓨터의 대중적인 저장장치가 되기에는 성능이 떨어지는 상태였다. 그리고 휴대용 컴퓨터 시장의 로엔드 부분에서 요구하는 수준(1995년에 약 350메가바이트)을 맞추는 데 필요한 플래시 카드의 가격은 너무나 높았다. 플래시 카드의 가격은 그와 상응하는 디스크 드라이브에 비해서 50배나 비쌌다.[23] 플래시 카드의 낮은 전력 소비량과 내구성은 아무런 가치가 없었고, 데스크톱 컴퓨터에 가격 프리미엄을 부여하지 못했다. 다시 말해서 오늘날 퀀텀과 시게이트가 돈을 버는 것과 같은 시장에서는 플래시를 사용할 방법이 없다.

따라서 플래시 카드가 퀀텀과 시게이트가 일반적으로 활동하는 영역과는 완전히 차원이 다른 팜탑 컴퓨터(palmtop computer, 손바닥 크기의 개인용 컴퓨터), 전자 클립보드, 현금 출납기, 디지털 카메라 같은 시장에서만 사용되고 있기 때문에 가치 네트워크 틀을 놓고 봤을 때 퀀텀과 시게이트 등은 플래시 메모리 시장에서 선도적인 위치를 구축할 가능성이 낮다. 관련 기술이 너무 어렵거나 그들의 조직적 구조가 효과적인 개발을 방해하기 때문이 아니라, 그 자원이 그들이 현재 돈을 벌고 있는 주류 디스크 드라이브 가치 네트워크에서 벌고 있는 대규모 사업을 위해서 싸우고, 이를 방어하는 데 쓰이고 있기 때문이다.

실제로 한 선도적인 플래시 카드 생산업체의 마케팅 임원은 이렇게 말했다. "하드디스크 드라이브 제조업체들이 기가바이트 수준으로 옮겨

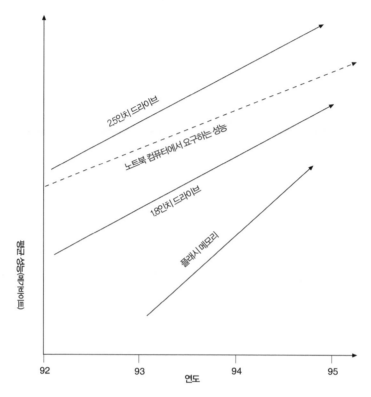

그림2-8 디스크 드라이브 메모리 성능과 플래시 카드 메모리 성능 비교

2.5인치 드라이브

노트북 컴퓨터에서 요구하는 성능

1.8인치 드라이브

플래시 메모리

평균 성능(메가바이트)

연도

92   93   94   95

출처: 「디스크/트렌드 리포트」

가면서 그들은 더 낮은 성능에서의 비용 경쟁력을 확보할 수 없게 되었
다. 결과적으로 디스크 드라이브 제조업체들은 40메가바이트 범주의 시
장에서는 철수하면서, 플래시 메모리 업체가 치고 들어갈 수 있는 공간
을 만들어주고 있다."[24]

플래시 카드 사업을 구축하려는 드라이브 제조업체들의 노력은 사실
상 실패로 끝났다. 1995년까지 퀀텀이나 시게이트 중 누구도 플래시 카

드 시장에서 1퍼센트의 시장점유율조차 확보하지 못했다. 양사는 결과적으로 플래시 카드 시장의 기회가 충분하지 않다는 결론을 내린 후 같은 해 이 시장에서 손을 뗐다. 그러나 시게이트는 샌디스크에서 소규모 지분만을 유지했다. 이것은 우리가 앞으로 보게 되겠지만 파괴적 기술을 해결하기 위한 효과적인 방법이자 전략이었다.

가치 네트워크 틀이 혁신에 갖는 의미

가치 네트워크는 그 안에서 활동하는 기업들이 할 수 있는 것과 할 수 없는 일을 강력하게 정의하면서 범위를 제한한다. 이번 장은 성공적인 기존기업들이 맞닥뜨리게 되는 기술적 변화의 본질과 문제들에 대한 5가지 제안을 끝으로 마무리 짓고자 한다.

1. 기업이 경쟁하게 되는 환경이나 새로운 가치 네트워크는 기술적, 조직적 장애물을 극복하는 데 필요한 자원과 능력을 집중적으로 투자하게 하며, 이는 기업의 능력에 중대한 영향을 미친다. 가치 네트워크의 경계는 제품 성능에 대한 독특한 정의에 의해서 결정된다. 그것은 바로 광범위하게 정의된 산업 내에서 쓰이고 있는 다른 시스템 내에서 채택된 것과 현격한 차이를 보이는 다양한 특성들의 중요도 등급을 서열화하는 것이다. 가치 네트워크는 또한 네트워크 내에서 고객들의 요구를 해소하는 데 소요되는 특정 비용구조에 의해서 정의되기도 한다.

2. 혁신적인 노력의 상업적 성공 가능성을 결정하는 핵심 요인은 가치 네트워크 내 관련자들의 욕구를 얼마나 이해하는가에 달려 있다. 기존기업들은 본질적인 기술적 특성이나 차이와 상관없이 가치 네트워크 내에서 아키텍처와 부품 등을 망라해서 그들이 활동하는 산업 내에서 벌어지는 모든 종류의 혁신들에서 앞서갈 가능성이 크다. 그런데 이러한 것들은 단순한 혁신이다. 그들의 가치와 적용이 명확하다는 뜻이다. 이와 반대로, 기존기업들은 신흥 가치 네트워크 내에서만 고객들의 욕구를 해소해주는 기술의 발전(관련 기술이 본질적으로 간단한 것일지라도)에서는 뒤처질 가능성이 높다. 파괴적 혁신은 기존기업들이 사용하는 기준에서 봤을 때 그것의 가치와 적용이 불확실하기 때문에 복잡하다.

3. 고객의 관심을 해소해주지 못하는 기술을 무시하기로 한 기존기업들의 결정은 2개의 경로가 교차할 때 치명적으로 변한다. 첫 번째 경로는 특정 가치 네트워크 내에서 시간이 흐르면서 요구되는 성능을 정의하고, 두 번째 경로는 특정 기술 패러다임 내에서 기술자들이 제공해줄 수 있는 성능을 추적한다. 기술이 제공할 수 있는 성능 개선의 경로는 어떤 특정한 가치 네트워크에서나 마찬가지로 하위 고객들이 사용하는 시스템에서 요구되는 성능 개선의 경로와는 그 경사가 확연히 다를지 모른다.

이와 같은 두 경로의 경사가 유사할 경우 우리는 기술이 초기 가치 네트워크 내에서 비교적 잘 억제된 상태로 남아 있을 것으로 예상한다. 그러나 두 경로의 경사가 다를 경우 처음에는 신생 내지는 상업적으로 동떨어져 있는 가치 네트워크 내에서만 성능 경쟁적이었던 신기술들이 다른 네트워크들로 이동해 들어오면서, 그 새로운 네트워크들 내에 있는 혁신기업들이 기존기업들을 공격할 수 있는 수단을 제공해준다. 그러한 공격이 일어난다면, 그것은 기술적 발전이 서로 다른 가치 네트워크들을 망라해서 성능 특성들의 서열상 차이점을 줄여놓았기 때문이다.

예를 들어 디스크 드라이브의 크기나 무게와 관련된 특성들은 그것들이 메인프레임과 미니컴퓨터 가치 네트워크에 있을 때보다 데스크톱 컴퓨터 가치 네트워크에 있을 때 훨씬 더 중요했다. 따라서 5.25인치 드라이브의 기술적 발전으로 인해 드라이브 제조업체들이 메인프레임과 미니컴퓨터 네트워크들 내에서 우선시되는 조건들(데스크톱 네트워크만큼 뛰어난 성능과 빠른 속도)을 만족시킬 수 있게 되자 가치 네트워크들 사이의 경계는 더 이상 5.25인치 드라이브 제조업체들의 진입을 가로막는 장벽 역할을 하지 못했다.

4. 진입기업들은 기존 기술 경로의 발전단계 수준과 비율과 방향을 파괴하거나 새롭게 정의하는 이와 같은 혁신(본질적으로 소규모 신기술과 관련된 신제품 아키텍처)에서 기존기업들보다 공격자로서의 이점을 지닌다. 이 기술들이 기존 네트워크 내에서는 아무런 가치를 창출하지 못하기 때문이다. 기존기업들이 이 기술들의 상용화를 주도할 수 있는 유일한 방법은 그 기술들이 창조하는 가치 네트워크에 들어가는 길뿐이다. 비즈니스 역사가인 리처드 테드로(Richard Tedlow)가 미국의 소매산업에 대한 역사를 거론하면서 지적했듯이 미국의 소매산업에서는 슈

퍼마켓과 할인점들이 파괴적 기술 역할을 한다. "기존기업들이 직면하는 가장 무서운 장애물은 그들이 이런 일을 하려고 하지 않는 태도다."[25]

5. 이러한 경우 공격자로서의 이점이 파괴적 기술 변화와 관련 있는 게 사실이지만, 그 이점의 본질은 진입기업들이 기존기업들과는 달리 신생시장의 응용 프로그램이나 가치 네트워크를 공격하고 개발하는 데 전략적으로 집중할 수 있는 방법을 찾아내기가 아주 쉽다는 데 있다. 따라서 문제의 핵심은 기술이 아니라 전략과 비용구조를 바꾸는 데 성공한 기존기업과 신생기업들 가운데 누가 더 상대적으로 유연할 수 있느냐와 관련된다.

이와 같은 문제들은 새로운 차원에서 기술 혁신을 분석할 수 있게 해준다. 새로운 기술과 혁신적인 조직에 본질적으로 필요한 능력에 덧붙여서 파괴적 기술에 직면한 기업들은 그들의 적절한 가치 네트워크에서 혁신이 가져다줄 의미를 검토해야 한다. 이때 핵심적인 검토사항은 혁신에 내재한 성능들이 혁신기업이 이미 활용하고 있는 네트워크 내에서 가치를 가질 수 있는지, 혁신의 가치를 실현하기 위해서 다른 네트워크들이 수정되거나 새로운 네트워크들이 창조되어야 하는지, 그리고 현재 고객들의 욕구를 충족시키지 못하고 있는 기술들이 미래에는 그러한 욕구를 제대로 충족시킬 수 있으면서 시장과 기술 경로가 결과적으로 교차할 수 있는지의 여부다.

이와 같은 고려사항들은 빠르게 움직이면서 복잡하게 발전하는 전자,

기계, 자석 기술과 같은 최첨단 기술들로 씨름하는 기업에만 적용되는
게 아니다. 3장에서는 이와 매우 다른 산업인 굴착기 산업의 맥락 속에
서 이러한 기술들을 다시 살펴보겠다.

3장
굴착기 산업에서 일어난 파괴적 기술 변화

::

빠르게 변화하지 않는 사업에서 일어나는 파괴적 기술

굴착기와 증기 서블(shovel, 삽)은 굴착공사 업체를 대상으로 판매되는 대형 자본설비다. 굴착기 산업을 빠르게 움직이며 기술적으로 역동적인 산업으로 간주하는 관측자들은 거의 없지만, 이 산업은 디스크 드라이브 산업과 공통점이 있다. 굴착기 산업의 역사가 진행되는 동안 선도기업들은 점진적인 혁신이나 과격한 혁신, 부품 혁신, 또는 아키텍처 혁신과 같은 존속적 혁신을 성공적으로 받아들였지만 굴착기 제조업체 전체는 파괴적 성격을 띤 유압기술(hydraulics)에 의해 몰락했다. 선도기업들은 고객들과 맺고 있는 경제적인 구조 때문에 처음에는 유압기술을 무시했다. 디스크 드라이브 산업에서는 각각의 파괴적 기술이 처음 등장한 지 몇 년 이내에 기존시장에 대한 공격을 벌였지만, 유압 굴착기가 성공하는 데까지는 무려 20년이 걸렸다. 그러나 디스크 드라이브 산업만큼 시장 변화가 빠르지 않은 굴착기 산업에서도 파괴적 공격은 매우 결정적이면서도 대응하기 어려운 것으로 입증됐다.[1]

존속적 기술 변화의 리더십

1837년, 윌리엄 스미스 오티스(William Smith Otis)가 증기 셔블을 개발했을 때부터 1920년대 초반까지 굴착용 기계 장비는 증기로 가동됐다. 당시 증기 셔블은 파이프를 통해 기계에서 동력이 필요한 각 지점에 있는 소형 증기 엔진에 증기를 보내는 방식으로 가동됐다. [그림 3-1]에서 나온 것처럼 증기 엔진은 도르래, 드럼, 케이블로 구성된 시스템을 통해 앞쪽으로 퍼올리는 버킷(bucket, 크레인에 매달아서 석탄과 자갈 등을 담아 올려 운반하는 기구)을 작동시킨다. 증기 셔블은 레일 위에 올려져서, 철도 공사

그림 3-1 **오스굿 제너럴**(Osgood General)**이 제조한 케이블 구동 기계 셔블**

출처: 허버트 L. 니콜로스 주니어(Herbert L. Nicholos Jr.),
『*Moving the Earth: The Workbook of Excavation*』(Greenwich, CT: North Castle, 1955년)

나 운하 공사 때 사용됐다. 당시 미국 굴착기 제조업체들은 오하이오주 북부와 위스콘신주 밀워키 근처에 밀집해 있었다.

증기 셔블 제조업체 3곳 중 2곳 이상이 미국에 기반을 두고 있었던 1920년대 초반, 증기 셔블 산업은 중요한 기술적인 변화에 직면하게 됐다. 바로 가솔린 엔진이 증기 엔진을 대체하게 된 것이다.[2] 증기 엔진에서 가솔린 엔진으로의 기술 이전은 헨더슨과 클라크가 급격한 기술 이전이라고 부른 범주에 들어간다. 이제 핵심 구성요소인 엔진의 기본적인 기술이 증기 엔진에서 내연 가솔린 엔진으로 변했으며, 제품의 기본적인 아키텍처도 함께 바뀌었다. 증기 셔블이 증기 압력을 이용하여 여러 개의 증기 엔진에 동력을 제공해 버킷을 움직이는 케이블을 이완시켰다 수축시켰다 하는 반면, 가솔린 엔진은 케이블을 감고 푸는 데 하나의 엔진을 쓰고, 또한 기어, 클러치, 드럼, 브레이크 등 매우 다른 시스템을 이용한다. 그렇지만 기술 변화의 성격이 급격했음에도 가솔린 기술은 기계 굴착기 산업에 존속적인 영향을 미쳤을 뿐이다. 가솔린 엔진은 계약업체들에 가장 큰 증기 셔블을 제외한 다른 증기 셔블들에 비해 더 빠르고, 믿을 만하며, 더 저렴한 비용으로 흙을 운반할 수 있는 힘을 제공했다.

가솔린 엔진 기술의 선도적인 혁신기업들은 부사이러스, 슈(Thew), 매리언(Marion)과 같은 업계의 지배적인 곳들이었다. 가장 큰 증기 셔블 제조업체 25곳 중 23곳은 성공적으로 가솔린 엔진으로 기술을 이전했다.[3] [그림 3-2]처럼 1920년대 가솔린 기술의 선도기업 중에서 진입기업은 별로 없었으며, 기존기업들이 기술 이전을 주도했다.

1928년 무렵 기존 가솔린 엔진 셔블 제조업체들은 급격하지는 않지만

그림 3-2 가솔린 엔진 케이블 셔블 제조업체들(1920〜1934년)

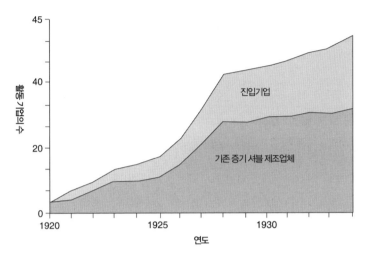

출처: 역사 건설장비 협회(Historical Construction Equipment Association)

중요한 차세대 존속적 기술 이전을 시작했다. 바로 디젤 엔진과 전기 모터로 구동되는 셔블을 사용하기 시작한 것이다. 제2차 세계대전 후에는 아치형 붐(boom, 기중기에서 물건을 달아 올리는 부분) 디자인이 도입돼 추가적인 기술 이전이 이뤄졌는데, 이 디자인으로 인해 버킷의 작업 반경이 넓어졌으며, 크기도 커졌고, 아래쪽으로 움직이는 유연성도 향상됐다. 기존기업들은 이런 혁신들 각각을 존속적으로 포용함으로써 성공을 거뒀다.

굴착 공사 계약업체들은 이 밖에도 실제로 다른 중요한 여러 가지 존속적 혁신들을 선도했다. 그들은 현장에서 장비를 변형시켜 기능이 향상되게 했으며, 나중에는 이런 향상된 기능을 접목시킨 굴착기를 직접 만들어 더 큰 시장에 내다 팔았다.[4]

파괴적 유압기술의 영향

이후에 벌어진 주요 기술 변화는 굴착기 산업 전반에 걸쳐 몰락을 촉진했다. 제2차 세계대전 직후부터 1960년대 후반까지 디젤 엔진이 주요 동력 역할을 하는 동안에 버킷의 작업 반경을 확장시키는 새로운 메커니즘이 등장했다. 유압 시스템이 케이블 구동 시스템을 대체하게 된 것이다. 1950년대에 이르자, 기존 케이블 구동 장비 제조업체 30곳 중에서 인슬레이(Insley), 쾨링(Koehring), 리틀 자이언트(Little Giant), 링크 벨트(Link Belt)만이 변신에 성공함으로써 1970년대까지 계속해서 성공적으로 유압 굴착기 제조업체로 남아 있게 됐다. 일부 기업들은 뒤로 물러나 노천 채굴과 준설작업(dredging, 해저퇴적물을 제거하여 선박의 안전한 항해를 가능케 하는 작업)을 위한 거대한 케이블 구동 드래그라인(dragline)과 같은 장비를 만들면서 생존했다.[5] 그 외에 다른 대부분의 기업들은 몰락했다. 이 시점에서 굴착 장비 산업을 선도한 기업들은 유압기술 세대에 새롭게 진입한 곳들이었다. 이들 진입기업들로는 J.I. 케이스(J.I. Case), 존 디어(John Deere), 드롯(Drott), 포드(Ford), J.C. 뱀포드(J.C. Bamford), 포클레인(Poclain), 인터내셔널 하베스터(International Harvester), 캐터필러(Caterpillar), O&K, 데막(Demag), 라이버(Leibherr), 고마쓰(Komatsu), 히타치(Hitachi) 등이 있다.[6] 왜 이런 일이 발생한 것일까?

기계 굴착기 시장이 요구하는 성능

굴착기는 여러 종류의 토공 장비 중 하나다. 불도저(bulldozer), 로더(loader, 짐 싣는 기계), 그레이더(grader, 땅 고르는 기계), 스크래퍼(scraper, 길 고르는 기계) 등과 같은 일부 장비는 기본적으로 흙을 밀고 고르고 들어올리는 반면 굴착기는 구멍이나 고랑을 파는 데 사용된다.[7] 굴착기는 보통 3가지 시장으로 구분된다. 첫 번째 시장은 가장 크고 일반적인 굴착 작업 시장으로, 여기서는 건물 지하 공간을 만들기 위해 구멍을 파거나 운하 건설 등과 같은 토목 공사 프로젝트에 필요한 땅을 파는 업체들이 활동한다. 두 번째 시장은 하수도 및 파이프 공사 업체로 구성된 시장으로, 이 업체들은 일반적으로 긴 도랑을 파는 일을 한다. 세 번째 시장은 노천 채굴 및 노천 채광 시장이다. 이 각각의 시장에서 업체들은 굴착기의 작업 반경, 그리고 굴착기가 한 번에 파는 흙의 양으로 굴착기의 성능을 측정하는 경향이 있다.[8]

1945년에 하수도와 파이프 공사 계약업체들은 상대적으로 좁은 도랑을 파는 데 최적으로 판명난, 버킷 용량이 1세제곱야드로 된 기계를 이용했다. 반면 일반적인 굴착 작업 계약업체들은 한 번에 2.5세제곱야드의 흙을 팔 수 있는 굴착기를 이용했으며, 채광 계약업체들은 한 번에 약 5세제곱야드를 담을 수 있는 셔블을 사용했다. 이런 각각의 시장에서 사용되는 버킷의 평균 용량은 매년 4퍼센트씩 증가했다. 하지만 이 증가율은 굴착기 사용 시스템 내의 여러 가지 요소들에 의해서 제한됐다. 예를 들어 거대 기계를 전형적인 건설 현장으로 옮기거나 건설 현장으로부터 회수할 때 발생하는 물류에 관련된 문제는 계약업체들이 필요로 하는 증가율을 제한하게 만들었다.

유압 굴착기의 출현과 향상 궤도
최초의 유압 굴착기는 영국 기업 J.C. 뱀포드가 1947년에 개발했다.

이후 1940년대 후반에 몇몇 미국 기업들이 유사한 제품을 개발했으며, 그중에는 캔자스주 토피카에 소재한 헨리컴퍼니(Henry Company), 미시건주 로열오크에 소재한 셔먼 프로덕츠(Sherman Products) 등이 있었다. 이들이 쓴 방법은 유압식 동력전달 장치(Hydraulically Operated Power Take-Off)라는 이름을 얻게 됐다. 그리고 1940년대 후반 유압식 굴착 작업 시장에 세 번째로 진입한 기업의 이름은 이 장치의 영어 이니셜과 같은 홉토(HOPTO)였다.[9]

유압식 굴착기들은 산업용이나 농장용 트랙터의 등(back)에 장착된다는 이유로 백호(backhoe)라고 불렸다. 백호는 삽을 뻗어 땅에 내린 다음, 흙 속으로 굽혀 넣고 구멍에서 흙을 들어올리는 방식으로 굴착 작업을 실행했다.[10] 판매되고 있는 유압 펌프 실(seal)의 힘에 제한이 있기 때문에 초기 기계들의 굴착 성능은 [그림 3–3]에서 표시된 것처럼 4분의 1 세제곱야드밖에 되지 않았다. 초기 기계들의 작업 반경 또한 1.8미터밖에 되지 않았다. 최고의 케이블 구동 굴착기가 트랙 기반으로부터 360도 회전할 수 있는 반면, 백호는 아무리 유연성이 있다고 하더라도 180도밖에 회전할 수 없었다.

유압 굴착기는 작업 용량이 작고, 작업 반경이 좁기 때문에 채광, 일반 작업, 또는 하수도 공사에는 쓸모가 없었다. 이런 공사를 하는 업체들은 최대 4세제곱야드를 담을 수 있는 버킷이 장착된 기계를 요구하고 있었다. 그 결과 진입기업들은 자신들의 제품에 맞는 새로운 응용 프로그램을 개발해야만 했다. 그들은 포드, J.I. 케이스, 존 디어, 인터내셔널 하베스터, 매시 퍼거슨(Massey Ferguson)이 제조한 소형 산업용·농업용 트랙터에 부착이 가능한 굴착기를 판매하기 시작했다. 소형 주택 건

그림 3-3 유압기술이 기계 굴착기 시장에 미친 파괴적인 영향

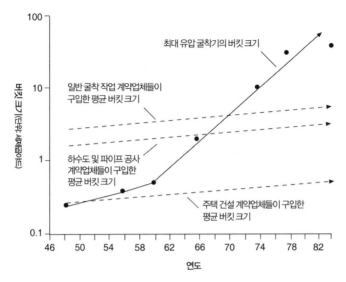

출처: 역사 건설장비 협회

설 업체들은 이런 굴착기를 구입해 하수관이 지날 수 있는 작은 도랑에서부터 공사 중인 주택의 토대가 될 부분에 도랑을 파는 일을 처리했다.

과거에는 크고 부정확하며 케이블로 구동되고 트랙에 따라 움직이는 셔블을 사용해 소규모 작업을 하려면 비용과 시간이 만만치 않게 들었기 때문에 이런 작업들은 항상 수작업으로 진행됐다. 그런데 이동성이 높은 트랙터에 부착된 유압식 백호는 주택 한 채당 1시간 이내로 이런 작업들을 실행할 수 있었다. 백호는 제2차 세계대전과 한국전쟁이 끝난 뒤 발생한 주택 시장 활황기에 교외 주거단지를 건설하는 계약업체들에 의해 엄청난 인기를 끌게 됐다. 초기 백호는 소규모 계약업체들과 거래하는 데 익숙한 트랙터 및 관련 장비 딜러들을 통해 판매됐다.

간단히 말해서 초기 유압 굴착기 사용자들은 규모, 욕구, 유통 채널 면에서 케이블 셔블 제조업체의 주류 고객들과 매우 달랐다. 초기 유압 굴착기 사용자들은 기계 굴착 작업의 새로운 가치 네트워크를 구성했다. 흥미롭게도 소형 아키텍처 디스크 드라이브의 성능이 대형 드라이브의 성능과 다른 측정 방식으로 평가된 것처럼(무게, 견고함, 전력 소비 대 용량, 속도), 첫 번째 백호의 성능 또한 케이블 구동 장비의 성능과 다른 방식으로 측정됐다. 유압식 백호에 대한 초기 제품 관련 책자에서 가장 특징적으로 나타난 측정 방법은 셔블의 넓이(계약업체들이 좁고 얕은 도랑을 파고 싶어했다)와 트랙터의 속도 및 기동성이었다. [그림 3-4]는 셔면 프로덕츠가 유압식 백호인 밥캣(Bobcat)을 위해 배포한 초기 제품 책자에서 발췌한 것으로, 이와 같은 사실을 잘 보여준다. 셔면은 밥캣을 디거(digger)라는 이름으로 불렀으며 아주 좁은 구역에서도 작업할 수 있고 피해를 최소화시키면서 잔디밭 위를 움직일 수 있다고 주장했다. 밥캣은 포드의 트랙터 위에 장착되었고, 포드는 결국 셔면 밥캣 라인을 인수했다. 물론 이런 특성들은 주로 토공 프로젝트를 담당하는 계약업체들과는 전혀 관련이 없었다. 성능 특성들의 순위를 매기는 방법의 차이를 통해 산업 내 가치 네트워크의 경계선이 결정됐기 때문이다.

[그림 3-3]의 실선은 기술자들이 새로운 굴착기 아키텍처에 제공할 수 있었던 버킷의 크기별 향상률을 나타낸다. 최대 버킷 크기는 1955년에는 8분의 3 세제곱야드, 1960년에는 2분의 1 세제곱야드, 그리고 1955년에 2세제곱야드를 기록했다. 1974년에 제작된 유압 굴착기는 10세제곱야드를 들어올릴 수 있었다. 이렇게 모든 굴착기 시장이 필요로 하는 향상률보다 훨씬 더 빨랐던 버킷 크기 향상률의 궤도는 파괴적인 유압기

그림 3-4 셔먼 프로덕츠가 제조한 유압 굴착기 백호

출처: 셔먼프로덕츠의 팸플릿, 1950년대 초반 미시건주 로열오크

술을 최초 시장에서 더 큰 주류 굴착기 시장으로 진출할 수 있도록 해주었다. 1954년, 독일 기업인 데막이 360도 회전할 수 있는 트랙 장착용 모델을 선보이자, 일반 계약 공사 시장에서 유압 굴착기의 사용이 크게 증가했다.

유압 굴착기에 대한
기존 굴착기 제조업체의 반응

시게이트가 3.5인치 드라이브 원형을 개발한 최초의 기업인 것처럼 선도적인 케이블 셔블 제조업체인 부사이러스는 유압식 굴착 기술의 출현에 대해 잘 알고 있었다. 백호가 시장에 등장한 지 2년 후인 1950년, 부사이러스는 새로 설립된 백호 제조업체인 밀워키 하이드로릭스 코퍼레이션(Milwaukee Hydraulics Corporation)을 인수했다. 부사이러스는 유압식 백호를 홍보하면서 시게이트가 3.5인치 드라이브를 마케팅할 때 직면한 것과 정확히 똑같은 문제에 직면했다. 가장 중요한 주류 고객들이 그것을 필요로 하지 않았다는 점이다.

부사이러스는 1951년 하이드로호(Hydrohoe)라는 신제품을 도입하면서 이 문제에 대응했다. 하이드로호는 유압식 실린더 3개를 이용하는 대신 2개만을 이용했는데, 하나는 셔블을 굽혀 흙 속으로 넣기 위한 것이고, 다른 하나는 셔블을 운전실 쪽으로 끌어당기기 위한 것이었다. 따라서 하이드로호는 2가지 기술을 결합한 형태로 출시되었다. 2가지 기술 결합은 돛을 단 초기 해양횡단 증기선을 연상시킨다.[11] 그렇다고 부사이러스의 연구원들이 일종의 케이블 기반 엔지니어링 패러다임에 갇혀 있었기 때문에 하이드로호의 통합형 디자인이 생겨난 것은 아니었다. 오히려 당시 유압기술 상태를 볼 때, 부사이러스 마케팅 담당자들이 하이드로호가 오늘날 고객의 욕구에 어필하기 위해 요구되는 버킷 용량 및 작업 반경을 갖추기를 원했기 때문에, 케이블 구동 메커니즘이 실행 가능한 거의 유일한 방법이었다.

그림 3-5 부사이러스가 제조한 하이드로호

출처: 부사이러스 광고, 1951년 위스콘신주 사우스 밀워키

    [그림 3-5]는 초기 하이드로호 제품의 책자에서 발췌한 것이다. 셔먼의 마케팅 방법과 다른 점에 주목하길 바란다. 부사이러스는 하이드로호를 드래그셔블(dragshovel)이라는 이름으로 명명하고, 야외에서 작업하는 모습을 보여주고 있다. 부사이러스는 하이드로호가 한 번 지날 때마다 상당한 양의 흙을 거둬드릴 수 있다고 주장했다. 이 모든 것은 일반

굴착 공사 계약업체들에 어필하기 위해서였다. 부사이러스는 유압 굴착기의 특성이 중요하게 여겨지는 가치 네트워크에서 파괴적인 기술을 상용화하기보다는 이 기술을 자체의 가치 네트워크에 맞도록 수정하려고 노력했다. 이런 노력에도 하이드로호는 용량이나 작업 반경 면에서 매우 제한적이었기에 부사이러스 고객들에게 잘 팔리지 않았다. 물론 부사이러스는 10년 넘게 하이드로호를 판매하면서 고객들이 수용할 수 있도록 정기적으로 성능을 업그레이드하려고 노력했다. 그렇지만 상업적으로 성공하지 못했고, 결국 부사이러스는 고객이 필요로 하는 케이블 셔블로 돌아가야 했다.

부사이러스는 1948년부터 1961년 사이에 유압 굴착기를 출시한 유일한 케이블 구동 셔블 제조업체였다. 다른 제조업체는 기존 고객들을 대상으로 계속해서 서비스를 잘 제공하면서 번성했다.[12] 사실 부사이러스와 노스웨스트 엔지니어링(Northwest Engineering)과 같은 최대 케이블 구동 굴착기 제조업체들은 1966년까지 기록적인 수익을 올렸다. 1966년은 파괴적인 유압기술이 하수도와 파이프 공사 분야에서 고객의 욕구와 교차한 시점이었다. 이것은 업계가 파괴적 기술에 직면하는 전형적인 사례다. 케이블 기술 면에서 선도적이었던 기업들은 파괴적인 기술이 실제로 주류시장 중간에 들어올 때까지 재정적으로 튼튼한 상태를 유지했다.

1947년부터 1965년 사이 23개 기업들이 유압식 제품을 갖고 기계 굴착기 시장에 진입했다. [그림 3-6]은 유압 굴착기를 판매하며 활동하는 진입기업들의 수와 기존기업들의 수(존재했다가 사라진 기업들의 통계)를 측정한 것으로, 진입기업들이 유압 굴착기 시장을 얼마나 완벽하게 장악

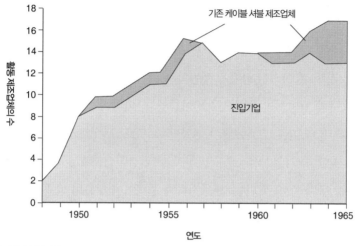

그림 3-6 유압 굴착기 제조업체들(1948~1965년)

기존 케이블 셔블 제조업체

활동 제조업체의 수

진입기업

연도

출처: 역사 건설장비 협회

했는지를 보여주고 있다.

1960년대에 가장 강력한 케이블 셔블 제조업체들 중 일부가 유압식 셔블을 선보였다. 그런데 이 모델들은 거의 모두가 부사이러스의 하이드로호와 같은 통합형이었다. 이 모델들은 일반적으로 버킷을 굽히기 위해 유압식 실린더를 사용하고, 버킷을 뻗거나 케이블을 사용했다. 유압식은 1960년대에 이런 식으로 사용되면서 기존 제조업체들의 제품에 존속적인 영향을 미쳤으며, 기존기업들은 주류 가치 네트워크 내에서 성능을 향상시켰다. 연구원들이 케이블 굴착기에 유압기술을 결합시키기 위해 발견한 방법들 일부는 정말로 독창적인 것이었다. 그렇지만 이런 혁신적인 에너지는 모두 기존 고객을 타깃으로 하고 있었다.

이 시기 동안 굴착기 제조업체들이 채택한 전략은 기업들이 파괴적인 기술 변화에 직면했을 때 선택하게 되는 것이 무엇인지 뚜렷하게 보여준다. 일반적으로 1940년대와 1950년대에 성공적인 진입기업들은 유압기술이 가진 능력을 가리켜 새로운 가치를 창조할 수 있는 시장이면서 동시에 인공적으로 개발된 시장이라고 파악했다. 그리고 일반적으로 기존기업들은 이러한 상황을 상반되는 관점에서 파악했다. 그들은 시장의 요구를 자연스러운 것으로 받아들였다. 따라서 그들은 존속적 기술개발을 통해 기존 고객에게 마케팅할 수 있도록 기술을 채택하거나 개발하려 했다. 기존기업들은 꾸준하게 고객에게 집중해서 혁신과 관련된 투자를 했다. 앞으로 나는 이런 전략적 선택이 대부분의 파괴적 혁신 사례들에서 나타나고 있음을 보여줄 것이다. 기존기업들은 일관성 있게 기존시장에 기술을 밀어넣으려고 하는 반면 성공적인 진입기업들은 기술의 가치를 받아들이는 새로운 시장을 발견한다.

유압기술은 결국 주류 굴착 공사 계약업체의 욕구를 충족시킬 수 있는 시점까지 진보했다. 그렇지만 이런 진보는 진입기업들이 성취한 것이다. 진입기업들은 일단 기술의 초기 역량에 맞는 시장을 발견하고, 그 시장에서 디자인과 제조 경험을 축적한 다음, 상업적인 플랫폼을 활용해서 위쪽에 있는 가치 네트워크를 공격했다. 기존기업들은 이 경쟁에서 패배했다. 인슬레이, 쾨링, 리틀 자이언트, 링크 벨트 등 4개 케이블 굴착기 업체만이 자신들의 시장을 방어하기 위해 유압 굴착기 라인을 늦게나마 성공적으로 도입하여 굴착 공사 계약업체에 경쟁 가능한 업체로 남아 있게 됐다.[13]

그렇지만 주류 굴착기 시장에서 이 4개 기업을 제외한 다른 선도 대형 케이블 기계 제조업체들은 결코 상업적인 면에서 성공하지 못했다. 일부는 버킷을 굽히는 메커니즘에 어느 정도 유압기술을 적용하긴 했지만 유압기술이 주류시장을 공략했을 때 경쟁할 수 있는 디자인 전문 지식이나 생산량 기준 제조비용 면에서 포지션을 점유하지 못했다. 1970년대 초반에 이런 기업들은 모두 진입기업들에 의해 하수도, 파이프 공사, 일반 굴착 시장에서 퇴출됐다. 반면 대부분의 진입기업들은 처음에 소규모 계약업체 시장에서 자신들의 기술적인 역량을 가다듬었다.[14]

변화로부터 이익을 얻는 이러한 대조적인 전략은 파괴적 기술에 영향을 받은 다른 업계 다수에서 진입기업과 기존기업이 각자 선택한 접근법의 특징을 제대로 드러내준다. 특히 디스크 드라이브, 철강, 컴퓨터, 전기자동차 업계에서 이런 대조적인 특성이 드러나고 있다.

케이블과 유압기술 사이의 선택

[그림 3-3]의 궤적도에서 유압기술이 하수도 및 파이프 공사 계약업체의 버킷 크기와 관련된 요구를 해소해줄 수 있게 됐을 때, 업계의 경쟁구도가 바뀌었으며, 주류 굴착 계약업체도 장비 구입의 기준 항목을 바꾸었다. 오늘날에도 케이블 구동 아키텍처는 유압 굴착기에 비해 훨씬 넓은 반경과 훨씬 많은 용량의 작업을 수행할 수 있다. 두 시스템 모두 평행선을 그리면서 기술 발전을 이루었다. 그렇지만 케이블과 유압 시스템 모두 일단 주류시장의 요구조건을 충족시키게 되자 굴착기 계약업자들은 더 이상 장비의 선택 기준을 넓은 작업 반경이나 큰 버킷 용량에 두지 않게 됐다. 이미 두 시스템 모두 충분했으며, 케이블이 더 낫다는

사실이 더 이상 경쟁에서 의미가 없었다.

　문제는 계약업체들이 유압 기계가 케이블 구동 굴착기보다 고장 나는 일이 훨씬 적다는 걸 발견했다는 점이다. 특히 무거운 버킷을 움직이는 동안에 케이블이 끊어져 생명이 위태로웠던 경험을 해본 사람들은 유압 굴착기가 무거운 버킷을 옮길 수 있게 되자마자 신뢰할 만한 유압 굴착기로 곧바로 옮겨갔다. 따라서 두 기술이 시장에서 요구하는 기본적인 성능을 충분히 충족시키게 되자 제품 선택의 기준은 신뢰성으로 바뀌었다. 하수도와 파이프 공사 계약업체들은 1960년대 초반부터 유압식 장비를 신속하게 채택하기 시작했으며, 일반 굴착 공사 계약업체 또한 같은 시기에 유압식 장비를 선택했다.

유압 굴착기 약진의 결과 및 의미

　케이블 구동 굴착기를 제조하는 기업들의 문제점은 무엇이었는가? 지금 시점에서 돌아봤을 때 그들은 분명히 유압식 기계에 투자하고, 조직의 한 부분이 유압식 제품을 필요로 하는 가치 네트워크에서 유압식 제품을 제조하도록 해야 했다. 그렇지만 치열한 경쟁이 벌어지고 있는 당시에는 이 기업들이 일을 잘못하지 않았다는 것이 바로 딜레마가 된다. 유압식 기술은 그들의 고객이 필요로 하지 않았고, 사실 사용할 수도 없었던 기술이었다. 최소 20곳이 넘었던 케이블 셔블 제조업체들은 다른 기업들의 고객을 어떻게든지 빼앗아오려고 노력하고 있었다. 따라서 그들이 고객의 차세대 요구에서 눈을 뗄 경우 기존사업이 위험에 처하게 될 위험이 있었다. 더구나 경쟁기업들로부터 시장점유율을 빼앗기 위해서 더 크고, 더 낫고, 더 빠른 케이블 굴착기를 개발하는 것이 유압식 백호에 뛰어드는 것보다 수익성 높은 성장 기회임이 분명했다. 특히 백호가 등장한 1950년대 이 시장이 얼마나 작았는지를 감안한다면 말이다.

따라서 우리가 앞에서 살펴봤듯이 기술이 없었기 때문에 이 기업들이 실패한 것은 아니었다. 이 기업들이 유압기술에 대한 정보가 부족했거나, 유압기술 사용법을 몰랐기 때문에 실패한 것도 아니다. 사실 케이블 굴착기 업체 중 뛰어난 기업들은 유압기술이 고객에게 도움이 되자마자 그것을 이용했다. 경영진이 게으르거나 거만하기 때문에 기업들이 실패한 것도 아니었다. 유압기술이 처음 시장에 등장했을 때 그들에게는 이 기술이 전혀 의미가 없었기 때문에 실패했다. 유압기술이 의미를 갖게 됐을 때는 이미 너무 늦은 상태였다.

존속적이고 파괴적인 기술 변화에 직면한 기업들 사이에서 우리가 흔히 볼 수 있는 성공과 실패의 패턴은 좋은 경영상의 의사결정에 따른 자연스럽고 체계적인 결과다. 사실 파괴적 기술이 혁신기업에 이러한 딜레마를 제공하는 이유가 바로 좋은 경영 때문이다. 존속적 기술의 경우, 더 열심히 일하고, 더 똑똑하게 대응하고, 더 공격적으로 투자하고, 더 고객의 목소리에 경청하는 것이 새로운 기술이 제기하는 문제들에 대한 해결책이 된다. 그렇지만 이러한 건전한 경영 패러다임은 파괴적 기술을 다룰 때에는 전혀 쓸모가 없으며, 어떤 경우 심지어 비생산적이기까지 하다.

4장

한번 올라가면 내려올 수 없다

::

좋은 경영으로도 해결할 수 없는 문제들

디스크 드라이브와 굴착기 산업의 역사를 통해 가치 네트워크의 경계선이 그 안에 있는 기업들을 완전히 가두지는 못한다는 사실이 분명해졌다. 다른 네트워크로의 상향 이동성이 존재하기 때문이다. 즉, 가치 네트워크가 아주 특별한 힘을 과시하는 이유는 파괴적 기술 때문에 시장에서 하향 이동성이 제한되기 때문이다.

이번 장에서는 다음과 같은 질문들에 답해보기로 한다. 선도기업들이 하이엔드 시장으로는 쉽게 이동할 수 있는 반면, 로엔드 시장으로 움직이는 것이 그토록 어려워 보이는 이유는 무엇인가? 앞으로 살펴보겠지만 합리적인 경영자라면 수익성이 낮고 규모가 작으며 어설프게 규정되어 있는 로엔드 시장에 진출하자는 주장을 결코 설득력 있게 펼칠 수 없기 때문이다. 사실 하이엔드 시장 가치 네트워크에서 성장하고 수익성을 향상시킬 수 있다는 전망은 현재의 가치 네트워크 내에서 진단하는 전망보다 훨씬 더 매력적으로 보인다. 따라서 잘 경영되는 기업들이 높은 가격 지점에서 고객을 탐색하기 위해 기존 고객들을 버리거나 또는 그런 고객들에게 경쟁력을 잃는 경우는 종종 있어왔다. 우량기업들은 하이엔드 시장을 공략해서 높은 이윤을 올릴 수 있는 더 나은 성능의 제품을 생산하자는 제안에 기꺼이 자신들의 자원과 에너지를 집결시킨다.

사실 하이엔드 시장의 가치 네트워크로 진출할 경우 재무성과가 개선될 것이 확실시되기 때문에 우리는 디스크 드라이브와 굴착기 궤적도의 북동쪽 지점에 이익을 향한 거대한 자기력이 형성되고 있음을 감지할 수 있다. 이번 장에서는 디스크 드라이브 산업의 역사에서 드러난 증거를 통해 '북동쪽의 자기력'에 대해 살펴볼 것이다. 그다음 미니밀과 종합제철소 사이의 전쟁에서도 발생한 동일한 현상을 살펴봄으로써 이러한 틀을 일반화할 것이다.

디스크 드라이브 산업의 북동쪽 대이동

[그림 4-1]은 시게이트의 하이엔드 시장 진출을 세부적으로 도식화한 것이다. 사실 시게이트의 전략은 대부분의 디스크 드라이브 제조업체들이 취한 전형적인 전략이었다. 시게이트가 데스크톱 컴퓨터에 맞는 가치 네트워크를 생성한 다음 그것을 지배하게 됐다는 사실을 기억하길 바란다. 시장에서 요구되고 있는 용량과 비교할 때 시게이트의 제품 포지션은 도표에서 수직선으로 표시되고 있는데, 이 수직선은 시게이트의 제품 라인 중 용량이 가장 적은 드라이브에서 용량이 가장 큰 드라이브까지를 표시하고 있다. 이 수직선에 있는 검은색 사각형은 시게이트가

그림 4-1 시게이트 제품의 하이엔드 시장 이동

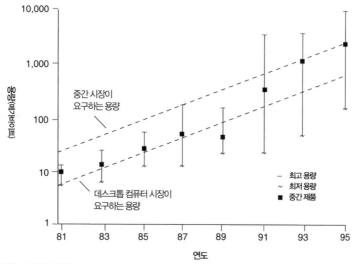

출처:「디스크/트렌드 리포트」

각 해에 도입한 중간 크기의 용량을 나타낸다.

1983년부터 1985년 사이 시게이트 제품 라인의 무게 중심은 데스크톱 컴퓨터 부문이 요구하는 평균 용량과 정확히 일치했다. 파괴적인 3.5인치 드라이브가 데스크톱 컴퓨터 시장을 아래에서부터 공략한 것은 1987년부터 1989년 사이의 일이다. 시게이트는 정면으로 파괴적인 기술과 싸우기보다는 하이엔드 시장으로 후퇴함으로써 이 공격에 대응하고자 했다. 시게이트는 데스크톱 시장이 요구하는 용량의 범위 내에 있는 모델을 계속 제공했지만, 1993년에는 파일 서버나 엔지니어링 워크스테이션과 같은 중간 규모의 컴퓨터 시장으로 에너지의 초점을 전환했다.

사실 파괴적 디스크 드라이브의 각 세대를 최초로 상용화한 기업들이 초기 가치 네트워크에 머물러 있지 않았기 때문에, 파괴적 기술은 매우 치명적인 영향을 미치게 됐다. 이 기업들은 오히려 새로운 세대의 제품을 내놓을 때마다 가능한 한 최고가 시장으로 진출했으며, 결국 그들이 만든 드라이브는 현재 있는 것보다 위쪽에 있는 가치 네트워크에 어필할 수 있는 용량을 가지게 됐다. 파괴적 기술이 기존기업들에 그토록 위험하고 진입기업들에 그토록 매력적인 이유가 바로 이러한 상향 이동성 때문이다.

가치 네트워크와 특징적인 비용구조

이 불균형적인 움직임의 배후에는 무엇이 있을까? 우리가 살펴봤듯이 이러한 움직임을 부추기는 것은 더 높은 이윤과 더 큰 시장을 약속하는 신제품에 자원을 투자하도록 만드는 자원배분 과정이다. [그림 1-7]과 [그림 3-3]처럼 궤적도의 북동쪽 부분은 자원 할당 면에서 남동쪽 부분보다 거의 항상 나은 편이다. 디스크 드라이브 제조업체들은 제품─시장 도표의 북동쪽으로 이동했다. 기업들이 택한 자원 할당 과정이 그들을 북동쪽 코너로 인도했기 때문이다.

우리가 2장에서 살펴봤듯이, 가치 네트워크의 특징은 네트워크 내 기업들이 고객들이 요구하는 제품 및 서비스를 우선적으로 제공하기 위해서 구축해야 하는 특별한 비용구조에 있다. 따라서 디스크 드라이브 제조업체들은 자신들의 가치 네트워크 내에서 점점 커지면서 매우 특별한 경제적인 특성을 개발한다. 바로 연구, 개발, 영업, 마케팅, 행정에 투자하는 노력과 비용을 경쟁기업에서 발생하는 도전사항을 해결하는 데 사용한다는 점이다. 이러한 사업비용 때문에 각 가치 네트워크에서는 총 이윤이 더 성능 좋은 디스크 드라이브 제조업체들이 돈을 벌 수 있는 수준으로 정해지는 경향이 있었다.

또한 이런 특징은 가치 네트워크 내 기업들에 수익성을 향상시킬 수 있는 특정 모델을 제공했다. 일반적으로 기업들은 주류시장에서 공고히 자리를 지키는 동시에 비용을 줄임으로써 수익성을 향상시키는 일이 어렵다는 사실을 깨달았다. 그들의 연구, 개발, 마케팅, 행정비용은 주류 시장에서 경쟁력을 유지하는 데 모두 중요한 요소였다. 하이엔드 시장으로 진출, 다시 말해서 높은 이윤을 약속하는 높은 성능의 제품으로 이동한다는 것은 보통 수익을 향상시킬 수 있는 좋은 길이었다. 저가 시장으로 진출하는 것은 그런 목표와는 전혀 들어맞지 않았다.

수익을 향상시키는 경로는 [그림 4-2]에서 분명히 드러난다. 이 도표에서 왼쪽에 있는 3개의 막대그래프는 1981년 당시 데스크톱 컴퓨터, 미니컴퓨터, 메인프레임 컴퓨터의 가치 네트워크의 크기를 나타내고 있으며, 각각의 네트워크 내에서 디스크 드라이브 제조업체들이 거둔 이윤도 함께 표시돼 있다. 총이윤은 하이엔드 시장에서 분명히 컸으며 제조업체들에 이런 사업들의 특징인 높은 총비용을 보상해주고 있었다.

가치 네트워크 내에서 시장 규모와 각각의 비용구조상 차이는 기업들 사이의 경쟁에 심각한 불균형을 야기했다. 예를 들어 미니컴퓨터 시장을 위해 8인치 드라이브를 제조하는 기업들은 40퍼센트의 총이윤을 요구하는 비용구조를 갖고 있었다. 이들이 공격적으로 저가 시장으로 움직인다면 비용구조를 다듬어 25퍼센트의 총이윤을 기록하려는 경쟁기업들과 싸워야 하는 상황에 부딪칠 것이다. 반면 이들이 고가 시장으로

그림 4-2 기존 디스크 드라이브 제조업체들의 고가시장 및 저가시장 동향

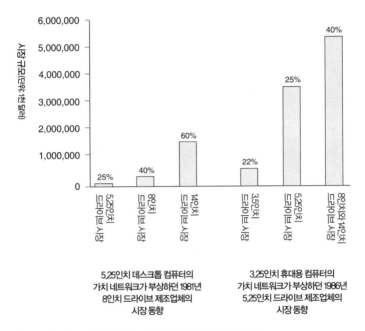

출처: 「디스크/트렌드 리포트」 각 기업의 연간 보고서, 개인 인터뷰 등에서 얻은 여러 데이터
주: 각 막대 위에 적혀 있는 비율은 각 가치 네트워크에서 발생하는 일반적인 이윤

움직일 경우 공급업체들에 60퍼센트의 총이윤을 제공하는 데 익숙한 시장에서 상대적으로 낮아 보이는 자신들의 저비용구조를 활용할 수 있게 됐다. 어느 쪽이 더 낫겠는가? 이와 유사한 불균형 상태가 1986년 5.25인치 드라이브 제조업체에도 발생했다. 당시에 그들은 휴대용 컴퓨터용 3.5인치 드라이브 시장이라는 신생시장에서 입지를 구축하기 위해 자원을 투자해야 할지, 아니면 미니컴퓨터나 메인프레임 컴퓨터 기업으로 탈바꿈해야 할지의 여부를 결정해야 했다.

일반적으로 더 높은 이윤을 올릴 수 있는 좋은 성능의 제품을 출시하

기 위해 자원을 투자할 경우, 더 나은 투자이익을 얻을 수 있었으며 고민할 점들은 그리 많지 않았다. 경영자들은 어떤 신제품 개발 제안에 자금을 지원하거나 지원을 보류할지에 대해 반복적인 결정만 내리면 됐는데, 바로 위쪽에 속한 더 크고 이윤이 높은 시장을 목표로 하여 더 뛰어난 성능의 제품을 개발하자는 제안이 항상 자원을 차지하게 됐다. 다른 말로 하면, 디스크 드라이브 산업의 가치 네트워크 경계선 사이에서 기업들이 위로는 움직이되 아래로는 결코 움직이지 않는 상황의 밑바탕에는 자원 할당 논리가 자리 잡고 있었다.

2장에서 설명한 헤도닉 회귀분석에 따르면, 하이엔드 시장에서는 저장 용량이 점진적으로 증가할수록 가격은 지속적으로 높아졌다. 더 비싸게 판매할 수 있는데 왜 굳이 저렴하게 팔려고 하겠는가? 따라서 디스크 드라이브 기업들이 북동쪽으로 이동한 것은 매우 합리적인 일이었다.

다른 학자들에 따르면 다른 산업에서도 기업들이 위쪽에 있는 시장에서 더 높은 수익을 거두기 위해 파괴적인 기술을 포기하면서 점진적으로 고가 시장에서 경쟁할 수 있는 비용구조를 획득했다는 증거가 발견 됐다.[1] 이것은 하강 불가능이라는 문제를 더욱 심화시켰다.

자원 할당과 상향 이동성

자원이 어떤 식으로 할당되는지 보여주는 서로 다른 모델을 비교해보면, 이러한 가치 네트워크 사이의 불균형적인 이동에 대해 더 많은 정보를 얻을 수 있을 것이다. 첫 번째 자원 할당 모델은 합리적이고, 상의하

달식의 의사결정 과정을 통해 자원 할당이 이뤄진다. 이런 의사결정 과정에서 고위 경영자들은 혁신 투자에 대한 여러 제안들을 놓고 무게를 가늠하면서 기업 전략과 일치하고 최고의 투자 이익을 가져올 수 있는 프로젝트에 자금을 투자한다. 반대로 기업 전략과 일치하지 않거나 투자 이익이 높지 않은 제안들은 사장되게 된다.

자원 할당의 두 번째 모델은 조셉 바우어(Joseph L. Bower)가 발표한 것으로서, 자원 할당 결정이 처음 모델과는 매우 다른 식으로 이뤄진다.[2] 바우어는 대부분의 혁신 제안이 조직의 상부가 아니라 조직 내부의 깊숙한 곳에서 생성된다고 지적한다. 아이디어가 바닥에서 위로 올라가면서, 조직의 중간 경영자들이 이런 프로젝트를 걸러내는 데 숨어서 매우 중요한 역할을 한다. 이런 중간 경영자들은 아이디어가 생길 때마다 그 아이디어를 모두 보기 좋게 포장할 수 없기 때문에 재정적, 경쟁적, 전략적 환경을 감안해 어느 것이 가장 좋고, 어느 것이 성공할 가능성이 가장 높으며, 또한 어느 것이 승인될 가능성이 가장 높은지를 결정해야 한다.

대부분의 조직에서 경영자가 매우 성공적인 프로젝트를 후원하는 데 중심적인 역할을 한 경우 그의 성공 가능성은 크게 향상된다. 그리고 오판을 하거나 불운하게 실패한 프로젝트를 후원할 경우 경력도 완전히 잘못된 길로 들어서게 된다. 물론 중간 경영자들이 모든 실패에 대해 피해를 입는 것은 아니다. 예를 들어 기술이 개발되지 않았기 때문에 실패한 프로젝트는 종종 실패로 간주되지 않는다. 개발 노력에서 많은 것을 배울 수 있으며 일반적으로 기술 개발이 예측 불가능하고 가능성에 근거한 노력으로 간주되기 때문이다. 그렇지만 시장이 없었기 때문에 실패한 프로젝트는 경영자의 평가에 훨씬 심각한 타격을 가져올 수 있다. 이런 실패는 매우 비용이 많이 들고 공개적으로 드러나는 경향이 있다. 그런데 실패는 보통 기업이 제품 디자인, 제조, 엔지니어링, 마케팅, 유통 등이 완벽하게 투자된 이후에 일어난다. 따라서 자신의 이익과 회사의 이익을 위해 활동하는 중간 경영자들은 시장 수요가 가장 확실한 프로젝트를 지원하게 되는 경향이 있다. 그다음 그들은 고위 경영진이 승인할 수 있도록 해당 프로젝트 제안서를 좋게 포장하려고 노력한다. 따라서 고위 경영자들은 자신이 자원 할당 결정을 내리고 있다고 생각할 때, 정말로 중요한 자원 할당 결정 다수는 그들이 참여하기 오래전에 이미 내려져 있는 상태가 된다. 중간 경영자들이 어느 프로젝트를 적극 지원해서 고위 경영진에 제출할 것인지, 그리고 어느 프로젝트를 포기할 것인지 이미 결정을 내린 이후이기 때문이다.

다음과 같은 가설적인 상황을 고려해보자. 다음 사례는 한 성공적인 기업이 최초 가치 네트워크로부터 상향 이동할 때와 하향 이동할 때의 상황을 설명한 것이다. 1주일 내에 존경받고 있는 직원 2명이 경영자에게 신제품에 대한 서로 매우 다른 아이디어들을 각각 제출하고 있다. 한 사람은 마케팅을 담당하고 있고, 다른 한 사람은 엔지니어링을 담당하고 있다. 마케팅 담당자가 먼저 용량이 더 크고 속도가 더 빠른 모델에 관한 아이디어를 갖고 찾아온다. 경영자는 다음과 같이 질문을 시작한다.

"이것을 구입할 대상은 누구죠?"
"워크스테이션 업계 전체입니다. 그들은 매년 6억 달러 이상의 드라이브를 구입하고 있습니다. 우리의 용량이 그렇게 크지 않기 때문에 우리는 워크스테이션 시장에 접근하지 못했습니다. 저는 이 제품이라면 그 시장에 접근할 수 있을 거라고 생각합니다."

"잠재 고객을 대상으로 본인의 아이디어를 시험해본 적이 있나요?"

"예, 저는 지난주에 캘리포니아에 갔습니다. 사람들 모두가 가능하면 빨리 드라이브 원형을 보고 싶다고 말했습니다. 9개월 후에 디자인을 발표할 수 있는 좋은 기회가 올 것입니다. 경쟁업체로부터 우리가 막 고용한 사람에 따르면 구체적인 요구사항을 충족시키는 데 어려움을 겪고 있다고 합니다."

"하지만 엔지니어링 부서에서 우리가 이번 일을 잘할 수 있다고 생각하나요?"

"그들은 무리라고 말하고 있지만, 알다시피 그들은 항상 그렇게 말하죠."

"어떤 식의 이득이 예상되죠?"

"그 부분 때문에 저는 이번 일에 대해 정말로 큰 기대를 하고 있습니다. 우리가 현재 공장에서 그것을 생산할 수 있을 경우 경쟁업체의 가격을 감안할 때 35퍼센트에 가까울 것으로 예상됩니다."

이런 대화와 더 저렴하고, 더 작고 느리며, 더 용량이 적은 파괴적 디스크 드라이브에 대한 아이디어를 제안하는 연구원이 경영자와 나눈 다음과 같은 대화를 비교해보라.

"이것을 구입할 대상은 누구죠?"

"저, 확실하진 않지만 어딘가에 분명 시장이 있을 것입니다. 사람들은 항상 더 작고 더 비용이 싼 것을 원하고 있습니다. 저는 그들이 이 제품을 아마도 팩스나 프린터 등에 사용할 것이라고 생각합니다."

"잠재 고객을 대상으로 이 아이디어를 시험해본 적이 있나요?"

"예, 지난번 무역 박람회에서 우리의 현재 고객 중 한 명에게 제 아이디어를 대충 설명했습니다. 그는 관심이 있다고 말했지만 정말로 어떻게 제품을 사용할지에 대해서는 모르겠다고 대답했습니다. 당분간은 적어도 새로운 용량을 자기들 제품에 사용할 가능성이 없다고 그가 말했습니다. 사실 그의 대답은 놀라운 게 아니었습니다."

"팩스기 쪽은 어떻습니까? 그쪽 담당자들은 어떻게 생각하나요?"

"그들도 잘 모르겠다고 말했습니다. 제 아이디어가 흥미롭긴 하지만 그들은 올해 제품 계획을 전부 세운 상태라서 곤란하다고 했습니다. 게다가 그들은 디스크 드라이브를 사용하지 않는 제품을 양산하고 있습니다."

"이 프로젝트로 돈을 벌 수 있을까요?"

"저는 그렇다고 생각합니다. 물론 우리가 어떻게 가격을 책정하느냐에 달렸겠지만요."

이 말을 들은 경영자가 2가지 프로젝트 중에서 어느 것을 지원할 것 같은가? 개발 자원을 얻기 위한 전쟁에서는 기존 고객의 분명한 요구 또는 기업이 아직 충족시키지 못한 기존 고객의 요구를 겨냥한 프로젝트가 존재하지도 않는 시장을 겨냥한 제품을 개발하겠다는 제안을 항상 이길 것이다. 사실 최고의 자원 할당 체계는 크고, 수익성이 높으며, 수용성이 큰 시장을 발견할 가능성이 없는 아이디어를 알아서 제거하게끔 정교하게 설계되어 있기 때문이다. 개발 자원을 고객의 요구에 맞게 체계적으로 할당하는 방식이 없는 기업은 누구든지 실패할 것이다.[3]

성장과 수익이란 두 마리 토끼를 잡을 수 있는 가장 쉬운 방법은 위쪽에 있지만, 아래쪽으로부터 발생하는 불균형의 문제에 다다른 경영자를 괴롭히는 가장 치명적인 공격은 좋은 경영이 이 문제를 해결하지 못한다는 사실이다. 여기서 좋은 경영이라는 말은 열심히, 그리고 현명하게 일하면서 미래를 잘 예측할 수 있는 시각을 갖고 하는 경영을 의미한다. 자원 할당 과정에는 기업의 시간과 돈의 지출 방법과 관련된 수천 가지의 결정이 수반된다. 일부 결정은 매우 미묘하고, 또 일부 결정은 매우 분명하다. 수백 명이 날마다 이런 결정을 내리고 있다. 고위 경영자가 파괴적 기술을 추구하기로 결정하더라도 조직 내 사람들이 조직이 성공하거나 조직 내 개인들이 성공하기 위해 필요하다고 자신들이 생각하는 모델과 이것이 맞지 않을 경우, 고위 경영자가 내린 결정을 무시하거나 또는 기껏해야 억지로 따르는 척할 가능성이 높다. 잘 경영되는 기업은 경영진의 지시를 무작정 따르도록 배운 '예스맨'으로만 이루어져 있지 않다. 오히려 이런 기업 직원들은 기업에 무엇이 이익이 되고, 기업 내에서 어떻게 성공적인 커리어를 세울 수 있는지를 이해하도록 훈련을 받은 사람들이다. 위대한 기업의 직원들은 고객에게 서비스를 제공하고, 예상 매출과 이익을 달성하기 위한 창의적 활동을 수행한다. 경영자가 이처럼 능력 있는 사람들에게 전혀 말이 안 되는 행동을 열정적으로, 그리고 꾸준하게 따르도록 동기를 부여하기란 매우 어렵다. 디스크 드라이브 사업 역사를 통해, 그러한 직원들의 행위가 기업에 미치는 영향에 대해 알아보기로 하자.

1.8인치 디스크 드라이브 산업

디스크 드라이브 기업들의 경영자들은 내가 이 책에서 다루고 있는 문제를 연구하는 데 많은 도움을 줬다. 연구 성과가 결실을 맺으면서 1982년에는 그간 요약한 논문들을 발표했던 방식으로 각 기업에 피드백을 제공했다. 나는 특히 [그림 1–7]에 요약한 틀이 기업들의 1.8인치 드라이브 관련 결정에 영향을 미칠 것인지 여부에 관심이 있었다. 당시 1.8인치 드라이브가 업계의 파괴적 기술로 막 등장하고 있던 시절이었다. 물론 업계 외부 관측자들은 다음과 같이 분명한 결론을 내렸다. "이런 일이 얼마나 더 일어나야 사람들이 정신을 차릴까? 두말할 필요 없이 기업들은 그것을 실행해야 한다." 기업들은 사실 뭔가를 배웠다. 1993년 말에 선도적 드라이브 제조업체들은 각자 1.8인치 모델을 개발했으며, 시장이 개발될 경우 이를 출시할 준비를 하고 있었다.

1994년 8월, 나는 디스크 드라이브 업체 한 곳의 CEO를 인터뷰하며 1.8인치 드라이브에 대해 어떻게 생각하고 있는지 물어봤다. 내 질문은 분명 그의 심기를 건드린 것이 분명했다. 그는 사무실에 있는 선반을 가리켰다. 그곳에는 1.8인치 드라이브 샘플이 놓여 있었다. "저것이 보이시나요?" 그가 물었다. "저것이 우리가 개발한 4세대 1.8인치 드라이브입니다. 매번 세대교체를 할 때마다 용량을 추가했습니다. 그렇지만 전혀 팔지 못했습니다. 우리는 시장이 존재할 경우를 대비해서 준비를 해놓고 싶었습니다. 그렇지만 아직 시장이 존재하지 않고 있습니다."

나는 그에게 매우 평판이 좋은 시장조사 간행물이면서, 내가 연구를 하면서 많은 자료를 참고했던 「디스크/트렌드 리포트」가 1993년 1.8인치 드라이브의 시장 가치가 4천만 달러에 이른다고 추산했으며, 1994년 매출은 8천만 달러, 1995년 생산량은 1억 4천만 달러에 이를 것이라고 예상했다는 사실을 주지시켰다.

"나는 그들이 그렇게 생각한다는 걸 이미 알고 있습니다." 그가 대답했다.

"하지만 그들은 틀렸습니다. 시장은 존재하지 않습니다. 우리는 1년 6개월 동안 카탈로그에 1.8인치 드라이브를 집어넣었습니다. 우리가 그 제품을 갖고 있다는 사실을 모두가 알고 있지만 아무도 그것을 원하지 않고 있습니다. 시장이 존재하지 않기 때문입니다. 우리가 시장을 앞서 갔던 것이죠."

나는 그 경영자에게 내 관점을 주장할 만한 다른 근거를 갖고 있지 않았다. 그는 내가 만난 경영자 중에 가장 기민한 사람 중 하나였다. 그래서 우리의 대화는 다른 문제로 옮겨갔다.

한 달 후 나는 하버드 MBA 프로그램 중 기술 및 생산관리 과정에서 학생들을 대상으로 혼다의 엔진 개발 사례에 대한 토론을 진행하고 있었다. 강의를 듣던 학생 중 한 명은 과거에 혼다의 연구개발팀에서 일한 적이 있었다. 나는 그 학생에게 혼다에서 일한 경험을 발표해줄 것을 요청했다. 그는 혼다에서 대시보드 매핑(dashboard mapping, GPS처럼 운전자를 안내하는 지도 서비스)과 내비게이션 시스템 작업을 했다고 말했다. 나는 그의 발표를 잠깐 멈추게 한 다음, 다음과 같은 질문을 던졌다. "그 모든 지도 데이터를 어떻게 저장했나요?"

그 학생은 다음과 같이 대답했다. "우리는 작은 1.8인치 디스크 드라이브에 데이터를 저장했습니다. 정말 괜찮은 장비였습니다. 매우 견고했으며, 헐거운 부분도 거의 없었습니다. 매우 튼튼한 장비였죠."

"어디에서 그것을 구입했나요?" 내가 물었다.

"좀 우스운 일이었습니다." 그가 대답했다. "큰 디스크 드라이브 업체에서는 이런 디스크를 구입할 수 없었습니다. 그래서 콜로라도주 어딘가에 있는 신생 중소기업에서 디스크를 구입했습니다. 이름은 기억나지 않습니다."

나는 지난달에 대화를 나눴던 기업의 CEO가 이처럼 시장이 존재하고 있는데도 왜 1.8인치 시장이 없다고 고집스럽게 주장했는지, 그리고 내 학생이 왜 큰 드라이브 제조업체들이 1.8인치 드라이브를 판매하려고 하고 있음에도 그렇지 않다고 말했는지에 대해 고민했다. 그 대답은 북동쪽–남동쪽 문제에 놓여 있었다. 또한 그 대답은 좋은 회사 내 훈련을 잘 받은 수백 명의 의사결정자들이 기업에 최고의 성장과 수익을 가져올 것이라고 스스로 인식하는 프로젝트에 자원과 에너지를 집중시키도록 하는 역할에 있다. CEO는 회사가 차기 파괴적 기술 흐름을 미리 잡아야 한다고 결정했으며 그 프로젝트를 인도해 성공적이고 경제적인 디자인을 만들도록 이끌었다. 그렇지만 직원들이 수십억 달러의 성장 및 수익 문제를 해결하는 데 8천만 달러 규모의 저가 시장을 활용해야 한다는 생각을 가질 리가 없었다. 특히 능력 있는 경쟁기업들이 수십억 달러를 벌게 해주는 고객을 빼앗으려고 최선을 다하고 있는 상황이었다(사실 이런 매출 수치는 과장된 측면이 없잖아 있었다). 그리고 영업사원들도 1994년 목표치를 달성하는 문제를 해결하기 위해서 1.8인치 드라이브 원형을 자동차 회사에 공급한다는 생각을 해보지 않았다. 그들의 연락 대상이나 전문 지식이 컴퓨터 업계에만 굳게 기반을 두고 있었기 때문이다.

조직이 신제품 출시처럼 복잡한 일을 잘하기 위해서는 논리, 에너지, 추진력이 동시에 뒷받침되어야 한다. 따라서 기존기업이 고객의 요구 때문에 발목이 잡히는 이유가 단순히 고객 때문만은 아니다. 기존기업들은 또한 경쟁 시장의 가치 네트워크 내에 내재돼 있는 재무 구조와 조직 문화에도 포로로 잡혀 있다. 그렇기 때문에 그들은 파괴적인 차기 기술 흐름에 적시에 투자할 수 있는 합리적 근거를 찾지 못한다.

가치 네트워크와 시장의 가시성

한 기업의 고객들이 고가 시장으로 움직일 경우 고가 시장으로 진출하려는 추진력이 힘을 얻게 된다. 이런 상황에서 디스크 드라이브와 같은 중간 부품 공급업체들은 유사한 움직임을 경험하는 경쟁업체들과 고객들에 묻혀서 자신들이 북동쪽으로 움직이고 있다는 사실을 느끼지 못할 수도 있다.

이런 면에서 우리는 8인치 디스크 드라이브 선도 제조업체들인 프라임, 퀀텀, 슈가트가 5.25인치 드라이브 세대의 등장을 간과하기가 얼마나 쉬웠는지 이해할 수 있다. 예를 들어 그들의 핵심 고객인 디지털 이큅먼트, 프라임, 데이터 제너럴, 왕, 닉스도프 중 어느 곳도 성공적으로 데스크톱 컴퓨터를 도입하지 못했다. 대신 각각의 기업들은 시장에서 성능이 높은 시장으로 움직이면서 과거에 메인프레임을 이용했던 고객들로부터 사업을 따내려고 노력했다. 마찬가지로 14인치 드라이브 제조업체 고객인 유니백, 버로우즈, NCR, ICL, 지멘스(Seimens), 암달과 같은 메인프레임 제조업체들은 과감하게 저가 시장인 미니컴퓨터 시장으로 이동해서 그곳에서 탄탄한 입지를 구축하지 못했다.

다음과 같은 3가지 요소가 하향 이동성을 막는 강력한 장애물 역할을 한다. 바로 고가 시장의 이윤 약속, 기업 고객 다수의 동시적인 고가 시장 이동, 수익성 있게 저가 시장으로 진출하기 위한 비용 절감의 어려움 등이다. 따라서 신제품 개발 자원 할당에 대한 내부적인 논쟁에서 파괴적인 기술을 추구하려는 제안은 종종 고가 시장으로 진출하려는 제안에 밀리게 된다. 사실 수익이 낮을 가능성이 현저한 신제품 개발 활동을 근절하는 행동은 기업들의 주요 임무 중 하나로 여겨진다.

합리적인 고가 시장 진출 패턴이 갖는 중요한 전략적 의미는 이로 인해서 로엔드 가치 네트워크에 공백이 생겨 이곳에서의 경쟁에 더 적합한 기술과 비용구조를 갖춘 진입기업들이 들어오게 된다는 점이다. 이러한 강력한 저가시장 공백 중 하나가 철강 산업에서도 발생했다. 파괴적인 미니밀 제철 기술을 채택한 진입기업들은 로엔드 시장에서 교두보를 쌓으면서 진입했으며, 로엔드 시장에서 입지를 굳힌 다음에 가차 없이 고가 시장을 공략했다.

종합제철소 기술의 북동쪽 이동

미니밀 제철 기술은 1960년대 중반에 처음으로 상용화가 가능하게 됐다. 미니밀에서는 보편적으로 알려진 익숙한 기술과 장비를 이용해서 전기로에서 고철을 녹이고, 이것을 빌릿(billet, 소강편이라고도 불림)이라고 불리는 반제품으로 연속 주조한 다음, 다시 이것을 압연해 막대(bar), 봉(rod), 보(beam), 판(sheet) 등을 만든다. 이런 시설을 '미니밀'이라고 부르는데, 그 이유는 용강(molten steel)을 처음부터 생산하는 데 필요한 규모가, 비용 면에서 경쟁 관계에 있는 고로(blast furnace)와 순산소전로(basic oxygen furnace)에서 철광석으로 용강을 생산하는 일관제철소에 필요한 규모의 10분의 1도 되지 않기 때문이다(일관제철소는 철광석, 석탄, 석회석을 최종 철강 모양으로 변형시키는 일관 과정 또는 통합 과정(integrated process)에서 그 이름을 따온 것이다). 일관제철소와 미니밀은 연속 주조하고 압연하는 과정 면에서 거의 유사하게 보인다. 유일한 차이점은 규모에 있다. 일관제철소의 주조 및 압연 공정이 미니밀의 주조 및 압연 공정보다 훨씬 더 나아야만 일관제철소 고로의 생산량이 미니밀의 생산량과 같아진다.

북미의 철강 미니밀은 세계에서 가장 효율적이고 가장 저렴한 제철소다. 1995년에 가장 효율적인 미니밀은 철강 1톤당 0.6노동시간을 필요로 했다. 한편 최고의 일관제철소는 2.3노동시간을 필요로 했다. 경쟁 제품 항목에서 평균적인 미니밀은 총비용을 기준으로 볼 때, 동등한 품질의 제품을 생산하는 데 평균적인 일관제철소에 비해 비용이 15퍼센트 정도 적게 든다. 1995년에 비용 면에서 경쟁적인 철강 미니밀을 설치하는 데 약 4억 달러가 들었으며, 일관제철소를 건설하는 데에는 약 60억 달러가 들었다.[4] 제철 용량 기준 1톤당 자본 비용 면에서 일관제철소를 건설하는 데 미니밀에 비해 4배 이상 많이 든 셈이다.[5] 결과적으로 북미 시장에서 미니밀의 점유율은 1965년 0퍼센트에서 1975년 19퍼센트, 1985년 32퍼센트, 1995년 40퍼센트로 증가했다.[6] 미니밀은 사실상 봉, 막대, 보 등에서 북미 시장을 점유하고 있었다.

그렇지만 지금까지 세계의 주요 일관제철 기업들 중 미니밀 기술을 채택하고 있는 제철소를 세운 곳은 하나도 없다. 왜 어떤 기업도 이렇게 합리적인 선택을 하지 않는 것인가? 특히 미국 내 비즈니스 관련 언론들이 가장 자주 제시하는 설명은 일관제철 기업 경영자들이 보수적이고, 수구적이며, 위험을 싫어하고, 능력이 없기 때문이라는 것이다. 다음과 같은 비난을 생각해보자.

> 작년에 US스틸은 15곳의 공장을 폐쇄하면서 스스로 비경쟁적이 됐다고 주장했다. 13년 전 베들레헴 스틸(Bethlehem Steel)은 필라델피아주 존스타운과 뉴욕주 라카와나에 있는 주요 공장 대부분의 문을 닫았다. 이런 주요 철강 시설을 폐쇄하는 것은 오늘날 CEO들이 경영이 제 몫을 다하지 못했다는 사실을 마침내 극적으로 인정하는 일이었다. 이것은 단기간 그럴듯하게 보이기 위해 수익을 최대화했던 관행의 결과다.[7]

미국 철강업계가 문제 하나당 펼치는 수많은 논리만큼 노동시간당 생산 면에서 생산적이었다면 최고의 성과를 올렸을 것이다.[8] 이렇게 비난을 받는 건 어느 정도 타당하다. 그렇지만 북미 일관제철소가 철강업계 상당 부분을 미니밀이 잠식하는 것을 막지 못한 완벽한 이유가 경영적 무능은 될 수 없다. 한국의 포항제철(현 포스코), 일본의 니폰(Nippon), 가와사키(Kawasaki), NKK, 유럽의 브리티시 스틸(British Steel), 후고벤스(Hoogovens) 등 많은 전문가들에 의해서 가장 경영이 잘되고 있으며, 가장 성공적이라 평가받는 세계적 일관제철 철강기업들 중에서 미니밀 기술에 투자한 기업은 하나도 없다. 미니밀이 세계에서 가장 비용이 저렴한 기술임이 드러났음에도 말이다.

동시에 지난 10년 동안 일관제철 기업의 경영진은 제철소 효율성을 향상시키기 위해 공격적인 조치를 취했다. 예를 들어 USX(US스틸의 새로운 이름으로, 1991년에 개명)는 1980년 생산된 철강 1톤당 9노동시간 이상에서 1991년 철강 1톤당 3노동시간 미만으로 제철 공정의 효율성을 향상시켰다. USX는 공격적으로 노동력 규모를 축소시킴으로써 직원 수를 1980년 9만 3천 명에서 1991년 2만 3천 명으로 줄이고, 공장 및 장비를 현대화하는 데 20억 달러 이상을 투자했다. 그렇지만 이러한 공격적인 경영은 모두 전통적인 제철 방식을 목표로 삼고 있었다. 왜 그랬을까?

미니밀 제철 방법은 파괴적 기술이다. 1960년대에 미니밀이 처음 등장했을 때는 철강 품질이 별로 좋지 않았다. 제품의 특성은 고철의 야금 성분 및 불순도에 따라 매우 다양했다. 따라서 미니밀 업체들이 접근할 수 있는 유일한 시장은 콘크리트 보강용 철근인 리바(rebar) 시장이었다. 리바는 품질, 비용, 이윤 면에서 시장의 바닥에 위치하고 있었다. 이 시장은 기존 철강기업들이 서비스를 제공하고 있는 고객들에게 매력이 가장 적은 시장이었다. 그리고 이윤이 낮을 뿐만 아니라 고객 충실도 또한 최저 상태였다. 고객들은 자유자재로 공급업체를 바꿨으며, 최저 가격을 제공하는 기업들과만 거래하려 했다. 일관제철 철강업체들은 리바 사업을 포기한 것에 대해 오히려 안도하기까지 했다.

그렇지만 미니밀 업체들은 리바 시장을 완전히 다른 식으로 파악했다. 미니밀은 일관제철소와는 매우 다른 비용구조를 갖고 있었다. 미니밀은 감가상각비가 낮고, 연구개발 비용이 없었으며, 영업비용(대부분이 전화료)이 낮으며, 경영상 총경비가 얼마 안 되는 비용구조를 갖고 있었다. 미니밀은 사실상 모든 철강을 전화 한 통으로 수익성 있게 판매할 수 있었다.

일단 미니밀 업체들이 리바 시장에서 기반을 구축하게 되자 가장 공격적인 미니밀 업체, 그중 특히 뉴코어(Nucor)와 채퍼럴(Chaparral)은 전체 철강 시장에 대해 일관제철 기업들이 갖고 있던 것과 완전히 다른 관점을 개발했다. 일관제철 경쟁업체들은 미니밀 업체들이 점유하고 있는 저가 리바 시장을 매력이 없다고 단정한 반면, 미니밀 업체들은 고가 시장을 더 높은 수익과 더 많은 매출 기회가 자신들의 위쪽에 존재한다는 식으로 파악하고 있었다. 미니밀 업체들은 이러한 목표를 바탕으로 제품의 금속적인 품질 및 일관성을 향상하려 노력했으며, 보다 큰 제품을 제조하기 위해 장비에 투자했다.

[그림 4-3]의 궤적도에서 나왔듯이 미니밀은 위쪽에 있는 더 큰 막대, 봉, 앵글 시장을 공략했다. 1980년에 미니밀은 리바 시장의 90퍼센트를 점유했으며 막대, 봉, 앵글 시장의 30퍼센트가량을 차지했다. 미니밀의 공격이 진행되고 있을 때 막대, 봉, 앵글은 일관제철소의 제품 라인에서 가장 낮은 이윤을 기록하고 있었다. 그 결과 일관제철 철강업체들은 다시 이 사업에서 손을 뗀 데 대해 안도하고 있었으며, 1980년대 중반에 이 시장은 미니밀의 차지가 됐다.

미니밀은 막대, 봉, 앵글 시장에서 확보한 입지가 안정적으로 보이기 시작하자 계속 고가 시장으로 나아갔는데, 이번에는 보 시장을 노렸다. 뉴코어는 아칸소주에 있는 새로운 미니밀 공장에서, 채퍼럴은 텍사스주에 있는 첫 번째 미니밀 공장 옆에 세운 새로운 미니밀 공장에서 공격을 개시했다. 미니밀은 보 시장에서도 일관제철소를 밀어냈다. 1992년

그림 4-3 파괴적인 미니밀 철강 기술의 진보

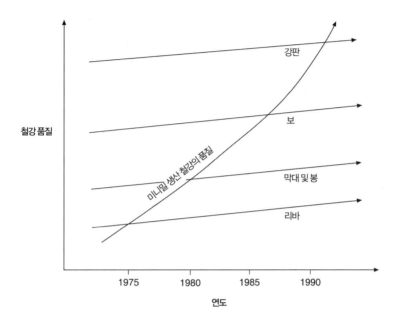

USX가 사우스시카고에 있는 보 전문 제철소를 폐쇄하자 베들레헴이 북미의 유일한 보 제조업체로 남게 됐다. 베들레헴은 1995년 최후의 보 제조공장을 폐쇄했으며, 이 시장을 완전히 미니밀에 넘기게 됐다.

이 이야기에서 중요한 부분은 1980년대 동안 일관제철 기업들은 미니밀에 막대와 보 시장을 넘겨주면서도 극적일 만큼 수익성 향상을 경험하고 있었다는 점이다. 기업들은 비용을 줄이려고 노력했으며, 이윤이 가장 낮은 제품을 버리고 점점 더 고품질 압연 강판에 초점을 맞추고 있었다. 압연 강판 시장에서는 캔, 자동차, 가전제품과 같은 품질에 민감한 제품을 생산하는 제조업체들이 표면에 결함이 없으며 금속 성분이 고른 강철을 구하기 위해서 많은 비용을 지불하고 있었다. 사실 1980

년대 일관제철소 투자의 상당 부분은 캔, 자동차, 가전제품 시장에 있는 가장 까다로운 고객들에게 최고 품질의 제품을 수익성 있게 공급하는 능력을 향상시키는 데 모아졌다. 강판은 부분적으로 미니밀과의 경쟁을 피할 수 있기 때문에 일관제철소에는 매력적인 시장이었다. 비용 면에서도, 경쟁적인 최첨단 강판 압연 공장을 설치하는 데 약 20억 달러가 들었다. 이런 설비투자 금액은 최대 미니밀 업체들에도 감당하기 어려운 큰 금액이었다.

일관제철소 투자자들은 일관제철소가 프리미엄 시장을 타깃으로 정하자 만족해했다. 예를 들어 베들레헴의 시가총액은 1986년 1억 7천500만 달러에서 1989년 24억 달러로 치솟았다. 이것은 이 시기에 베들레헴이 연구 개발과 공장 및 장비에 13억 달러를 투자해서 매우 매력적인 수익을 거뒀다는 것을 의미했다. 「비즈니스 위크(Business Week)」는 이렇게 공격적이고 제대로 된 투자를 긍정적으로 평가했다.

베들레헴의 CEO인 월터 윌리엄스(Walter Williams)는 경이로운 일을 해냈다. 지난 3년 동안 그는 기본 철강 사업의 품질과 생산성을 향상시키기 위해 매우 노력했다. 베들레헴의 제품은 미국의 주요 경쟁기업들을 능가했다. 현재 경쟁기업들은 전체적으로 일본 경쟁기업보다 낮은 비용으로 생산을 하고 있으며, 품질 면에서 격차를 줄이고 있다. 고객들도 차이를 깨닫고 있다. "거의 기적이나 다름없다." 캔 식품 생산업체 캠벨 수프(Campbell Soup)의 강판 구매 담당 직원이 말했다.[9]

다른 분석가도 유사한 논평을 했다.

사람들이 관심을 보이지 않을 때 기적에 가까운 일이 발생했다. USX가 조용하게 컴백을 하고 있었다. USX의 게리 웍스(Gary Works) 공장에서 연간 300만 톤의 용강을 생산하고 있다. 이것은 북미 최고 기록이다. 노사로 구성된 문제 해결팀이 사방에서 움직이고 있다. 게리는 모든 모양과 모든 크기의 철강을 만드는 대신 가치가 높은 평판 압연 제품에 거의 모든 것을 집중했다.[10]

사람들은 이런 놀라운 회복이 좋은 경영의 결과라는 점에 동의할 것이다. 그렇지만 철강 산업이라는 '장르(genre)'에서 좋은 경영이 결국 기업들을 어디로 이끌었는지 살펴볼 필요가 있다.

미니밀의 박 슬래브 강판 주조

일관제철소가 명성을 회복하기 위해 바쁘게 움직이는 동안 새로운 파괴적 기술이 부상하기 시작했다. 1987년 철강업계에 장비를 보급하는 독일 업체 슐레만 지마그(Schloemann-Siemag)가 소위 '박 슬래브 연속 주조' 기술을 개발했다고 발표했다. 이 기술은 강철을 주조해 용강 상태에서 길고 얇은 슬래브(slab)로 만드는 것으로, 슬래브를 냉각하는 일이 없이 직접 압연기로 보낼 수 있도록 한다. 매우 뜨겁고 이미 얇은 강철 슬래브를 압연해 두꺼운 코일 형태로 만드는 방법은 두꺼운 주괴나 슬래브를 재가열하고 압연해 판을 만드는 일관제철소의 전통적인 방법보다 훨씬 단순한 것이었다. 더욱 중요한 사실은 비용 면에서 경제적인 박 슬래브 연속 주조 및 압연기는 설치하는 데 2억 5천 달러밖에 들지 않는다는 점이다. 이것은 전통적인 강판 시설 자본비용의 10분의 1에 해당하며 미니밀 제철업체에는 상대적으로 관리 가능한 투자금액이었다. 이런 규모이기에 전기로는 용강 요구량을 쉽게 공급할 수 있었다. 더구나 박 슬래브 주조는 강판을 만드는 전체 비용을 최소한 20퍼센트 이상 줄일 수 있었다.

이런 가능성 때문에 강철업계의 주요 기업들은 모두 박 슬래브 주조 기술을 조심스럽게 평가했다. USX와 같은 일부 일관제철소는 박 슬래브 시설 구축을 정당화하기 위해 매우 열심히 노력했다.[11] 그렇지만 결국 박 슬래브 주조 기술로 과감하게 이동한 것은 일관제철소가 아니라 미니밀 업체인 뉴코어 스틸이었다. 이유가 무엇이었을까?

처음부터 박 슬래브 주조법은 일관제철소의 주류 고객인 캔, 자동차, 가전제품 업체들이 필요로 하는 부드럽고 결함이 없는 표면 처리 서비스를 제공해줄 수 없었다. 따라서 이 기술의 유일한 시장은 지하 수로, 파이프, 조립 주택 등 건설용 갑판 재료나 강철 골판 등과 같은 곳뿐이었다. 이 시장의 사용자들은 표면의 오점보다는 가격에 더욱 민감했다. 박 슬래브 주조법은 파괴적인 기술이었다. 더구나 규모가 크고 능력이 있으며 돈에 굶주려 있는 일관제철 경쟁기업들은 상대 기업의 수익성 높은 사업을 가로채기 위해 바쁘게 움직이고 있었다. 따라서 그들이 수익성이 가장 낮고, 가격 경쟁력은 가장 크며, 소모품과 같은 사업 영역에 위치하고 있는 박 슬래브 주조법에 자본을 투자하는 것은 말이 되지 않았다. 사실 1987년과 1988년 사이에 베들레헴과 USX는 모두 약 1억 5천만 달러의 투자비용이 예상되는 박 슬래브 주조 기술에 투자할지 여부를 진지하게 고민한 후에 전통적인 두꺼운 슬래브 연속 주조기에 계속해서 투자하기로 결정했다. 이 주조기 비용은 2억 5천만 달러였으며, 기업들은 주류 고객들과 거래함으로써 수익성을 계속 확보하려고 했다.

놀라운 일은 아니지만, 뉴코어는 이런 상황을 다른 식으로 파악했다. 강판 사업에서 수익을 가져다주는 고객들의 요구에 굴하지 않고, 업계 바닥에 구축된 비용구조부터 파헤치기 시작했다. 뉴코어는 1989년 인디애나주 크로포즈빌에 세계 최초의 박 슬래브 연속 주조 시설을 설치했다. 뉴코어는 1992년 아칸소주 힉맨에 두 번째 제철소를 건설했다. 뉴코어는 1995년 두 시설의 용량을 80퍼센트 증가시켰다. 분석가들은 뉴코어가 1996년까지 거대한 북미 강판 시장 중 7퍼센트를 장악했다고 추정하고 있다. 뉴코어의 성공에는 일관제철 기업의 특별한 기술이 필요 없었으며, 수익성이 가장 낮은 생산 라인에 제한되어 있었기 때문에 일관제철 기업들은 걱정을 하지 않아도 될 정도였다. 물론 뉴코어는 신축 제철소로부터 더 나은 품질의 제품을 생산해 이윤이 높은 사업을 따내려는 목표로 이미 강판 표면의 품질을 크게 향상시킨 상태였다.

따라서 일관제철 기업들이 강철 업계에서 수익성 높은 북동쪽 코너로 행진한 것은 공격적인 투자, 합리적인 의사결정, 주류 고객에 대한 깊은 관심, 기록적인 수익과 연결된다. 디스크 드라이브와 기계 굴착기 선도 기업들을 혼란에 빠뜨린 것은 바로 혁신기업의 딜레마로, 건전한 경영 결정이 오히려 업계 리더십을 빼앗기게 된 근원이다.

2

파괴적 기술 변화 관리

지금까지 밝힌 서로 관련이 없는 3가지 산업에서 막강한 힘을 발휘했던 많은 기업들이 흔들리거나 실패한 이유를 찾는 과정은 다른 일반적인 연구결과에 의혹을 던지고 있다. 다시 말해서 선도기업의 연구원들은 특정한 기술 패러다임에 집착하지 않았고, 자신의 회사에서 개발된 것이 아니라고 해서 다른 회사의 혁신을 무시하지도 않았다. 강력한 기업들의 실패 원인은 새로운 기술 분야에서 부적절한 역량을 구축했거나, 그들이 활동하는 산업의 기술적 흐름에서 우위를 점할 수 있는 능력이 부족했기 때문만은 아니었다. 물론 이러한 문제들도 기업들에 일부 영향을 미친다. 그렇지만 일반적으로 봤을 때 고객들의 욕구를 해소하는 데 새로운 기술이 필요했을 때, 이들 기존기업들이 효율적이면서도 경쟁력 있게 지식과 자본, 하청업체와 에너지, 논리를 만들 수 있었다는 증거는 매우 명백하다. 이것은 급진적이거나 점진적인 발전 모두에서, 몇 달 내지는 10년 이상이 걸리는 프로젝트에서, 빠르게 변하는 디스크 드라이브 산업에서나 천천히 변하는 기계 굴착 산업과 프로세스 집중적인 강철 산업에서도 마찬가지였다. 아마도 문제를 정의하기 위한 이러한 시도가 낳은 가장 중요한 결과는 더 이상 부실한 경영을 기업 실패의 근본원인으로 여기지 못하게 만들었다는 사실일 것이다.

그렇다고 좋은 경영과 나쁜 경영이 기업의 운명을 좌우하는 데 핵심적인 요소가 아니라고 말하려는 건 아니다. 그러나 대체로 이 책의 연구 대상인 기업 경영자들은 소비자들의 욕구를 이해하고, 이를 해소하는 데 필요한 기술을 파악하며, 그러한 기술을 개발하고 실행하기 위해 투자하는 데 뛰어난 성과를 보였다. 다만, 그들이 실패한 건 파괴적 기술에 직면했을 때였다. 따라서 왜 좋은 경영자들이 파괴적 기술 변화에 직면했을 때 계속해서 그릇된 결정을 내리는지 그 이유가 있어야 한다.

그 이유는 좋은 경영 그 자체였다. 경영자들은 으레 그렇게 해야 한다는 식으로 기업들을 경영했던 것이다. 기존기업의 성공에 핵심적인 역할을 했던 의사결정과 자원배분 프로세스(고객들의 말을 주의 깊게 경청하고, 경쟁자가 취한 조치를 면밀히 주시하고, 고성능에다가 높은 이익을 내는 고품질 제품을 설계하고 제작하는 데 자원을 투자하는 등)가 바로 파괴적 기술을 거부하는 프로세스이다. 위대한 기업들은 이러한 프로세스에 집착하다가 파괴적 기술 변화에 직면했을 때 흔들리거나 실패했다.

성공기업들은 그들이 갖고 있는 자원을 고객들의 욕구를 해소하고, 고수익을 약속하며, 기술적으로 용이하고, 풍요로운 시장에서 활동할 수 있게 도와주는 활동에 집중적으로 투자할 수 있기를 바란다. 그러나 이와 같은 일들을 성취하게 해주는 프로세스들이 파괴적 기술을 육성하는 것과 같은 일을 해줄 걸로 기대한다는 것은, 다시 말해 고객들이 거부하고, 낮은 수익만을 약속하고, 기존 기술의 성능을 저하시키고, 하찮은 시장에서만 판매가 가능한 활동들에 집중한다는 뜻이기도 하다. 그리고 이런 행동은 날기 위해 겨드랑이 아래에 날개를 묶어놓고 퍼덕이는 행동과 다를 바 없다. 그러한 기대는 성공기업들이 일하는 방법과 그들의 성과 측정 방법을 근본적으로 뒤집어야 한다는 걸 의미하기 때문이다.

이 책의 2부는 파괴적인 기술 변화에 맞서서 성공한 소수의 기업들과 실패한 다수의 기업들에 대한 구체적인 사례로 이루어져 있다. 기본적인 자연 법칙을 이해하고, 그것을 이용하거나 수용할 수 있게 되자 인간이 마침내 나는 법을 알게 됐다는 앞서 설명했던 비유와 마찬가지로 2부에 나오는 사례 연구들은 성공한 기업의 경영자들은 실패한 기업의 경영자들과 매우 다른 규칙을 따라서 경영하는 경향을 보였다는 걸 보여주고 있다. 실제로 성공한 기업들의 경영자들이 지속적으로 인식하고 이용한 기본적인 자연 법칙으로는 5가지가 있다. 파괴적 기술과의 싸움에서 패배한 기업들은 이 원칙들을 무시한 곳이다. 원칙들은 다음과 같다.

1. 자원 의존성: 잘 경영되는 기업에서는 고객들이 자원 배분 패턴을 효율

적으로 통제한다

2. 소규모 시장은 대기업들의 성장 욕구를 충족시키지 못한다

3. 파괴적 기술의 궁극적인 활용이나 적용 방법을 사전에 알 수가 없다. 실패는 성공을 향해 가다가 직면하는 본질적인 단계이다

4. 조직들은 그 안에서 일하는 사람들의 능력과는 무관한 다른 능력을 갖고 있다. 각 조직의 능력은 그들의 프로세스와 가치에 존재한다. 또한 현재 사업 모델 내에 존재하는 그들의 핵심 역량을 구성하는 바로 그 프로세스와 가치들은 파괴적 변화에 직면했을 때 기업들이 보여주는 무능력을 규정한다

5. 기술은 고급시장의 수요와 일치하지 않을지 모른다. 기존시장에서 파괴적 기술의 매력을 떨어뜨리는 특성들은 신생시장에서 최대의 가치를 드러낼 때가 종종 있다

성공적인 경영자들은 이러한 원칙들을 어떻게 자신들에게 유리하게 활용했을까?

1. 그들은 고객들이 필요로 하는 파괴적 기술을 조직 내에서 개발하고 상용화하기 위한 프로젝트에 착수했다. 경영자들이 파괴적 혁신을 적절한

고객들에 맞게 추진할 수 있게 되자 고객의 수요가 늘었고, 혁신에 필요한 자원도 추가적으로 확보할 수 있었다

2. 그들은 조그만 기회와 승리에 흥분할 수 있을 만큼 충분히 규모가 작은 조직 내에서 파괴적 기술을 개발하는 프로젝트를 추진했다

3. 그들은 파괴적 기술에 맞는 시장을 물색하는 과정에서 처음에는 적은 비용이 드는 계획을 세웠다. 그들은 시장이 일반적으로 시행착오를 거치면서 배우는 걸 반복하면서 제 모양을 갖추기 시작한다는 걸 알았다

4. 그들은 파괴적 변화를 추진하기 위해서 조직 내의 주요 자원 중 일부를 동원했지만, 그것의 프로세스와 가치를 과도하게 활용하지 않도록 주의를 기울였다. 그들은 조직 내에서 가치와 비용구조가 당면한 파괴적 업무에 맞게 고쳐진 기존과 다른 업무 방식을 창조했다

5. 파괴적 기술을 상용화하면서 그들은 파괴적 제품이 주류시장의 존속적 기술과 경쟁할 수 있도록 기술적 돌파구를 찾기보다는 파괴적 제품의 특성들이 갖는 가치를 존중하는 새로운 시장을 찾아내거나 개발했다

2부의 5장에서부터 9장까지는 경영자들이 이 4가지 원칙을 어떻게 규정하고 이용할 수 있는지 구체적으로 설명하겠다. 각 장에서는 어떻게 이러한 원칙들을 활용하거나 무시하는 행동이 파괴적 기술이 등장했을

때 디스크 드라이브 기업들의 운명에 어떤 영향을 미쳤는지를 검토하면서 시작하겠다.[1] 그런 다음 매우 다른 성격을 가진 산업을 검토하면서 그곳에서 어떻게 동일한 원칙들이 기업의 성공과 실패를 좌지우지했는지를 보여주려 한다.

이번 연구의 결론은 다음과 같다. 파괴적 기술은 전혀 다른 성격을 지닌 산업들의 역학을 바꿔놓을 수 있지만, 그러한 기술에 직면한 산업들의 성공이나 실패를 좌우하는 동인은 산업들 전반에 걸쳐 일관적이라는 것이다.

10장에서는 특히 까다로운 기술인 전기자동차에 대한 사례 연구를 통해서 경영자들이 이 원칙들을 어떻게 적용하고 있는지를 보여줌으로써 원칙들을 활용할 수 있는 방법들을 소개하겠다. 이어 11장에서는 이 책에서 찾아낸 중요한 결과들을 검토해보겠다.

5장

파괴적 기술을 필요로 하는 조직에
책임도 함께 주어라

::

존속적 기술과 파괴적 기술의 공존

대부분의 경영자들은 자신들이 조직에 대한 책임을 맡고 있으며, 중대한 결정을 내릴 수 있고, 자신이 명령을 내린다면 직원들이 즉시 나서서 그 일을 한다고 믿고 싶어한다. 5장에서는 앞서 소개했던 것처럼 고객들이 실제로 기업이 할 수 있고 할 수 없는 일을 효율적으로 통제한다는 견해를 더욱 구체적으로 설명해보겠다.

디스크 드라이브 산업에서 보았듯이 기업은 고객이 원하는 것이 무엇인지 분명해지면 기꺼이 기술적으로 위험한 프로젝트에도 엄청난 자원을 투자하려고 했다. 그러나 기업들은 기존의 높은 수익을 올려주는 고객들이 원하지 않는다면 훨씬 더 단순한 파괴적 프로젝트라 하더라도 이를 위해 자원을 동원할 수는 없었다.

이와 같은 관찰 결과는 다소 논란을 불러일으키고 있는 자원 의존성이란 이론을 뒷받침하고 있다.[1] 이 이론은 소수의 경영학자들이 주장하고 있는데, 기업 행동의 자유는 자신들이 살아남는 데 필요한 자원을 제공해주는 고객들과 투자자들의 욕구를 만족시키는 정도로 제한된다는 것이다. 생물학적 진화론에 의존하고 있는 자원 의존성 이론가들은 "조직은 직원과 시스템이 고객과 투자자들이 요구하는 제품과 서비스, 이익을 제공하면서 그들의 욕구를 만족시켜야 생존하고 번성할 수 있다"고 주장한다. 이렇게 할 수 없는 조직들은 궁극적으로 생존하는 데 필요한 수익을 낼 수가 없기 때문에 망한다는 것이다.[2] 따라서 이와 같은 적자생존 메커니즘을 겪으면서 활동 분야에서 두각을 나타내는 기업들은 직원과 프로세스가 고객들에게 원하는 것을 주는 데 철저히 맞춰진 곳들이라는 것이다.

이 이론과 관련된 논란은 이 이론의 주창자들이 "경영자들은 고객이 원하는 것과 다른 방향으로 기업들의 경로를 바꿀 수 없다"라는 결론을 내렸을 때 시작됐다. 경영자가 자신이 경영하는 기업을 지금과 아주 다른 방향으로 이끌 만큼 대담한 비전을 갖고 있어도 경쟁적 환경 속에서 생존에 잘 적응하기 어렵다. 어떤 기업에서나 고객에 집중하는 사람들과 프로세스들이 갖는 힘은 방향을 바꾸려는 경영자의 시도를 무산시킨다는 것이다. 고객들이야말로 기업이 의존하고 있는 자원을 제공해주기 때문에 사실상 기업이 해야 할 일을 결정하는 건 경영자가 아니라 고객들이라는 것이다. 이처럼 자원 의존성을 주장하는 이론가들은 기업의 경로를 결정하는 건 기업 바깥에 존재하는 힘이라고 주장한다. 그들은 생존에 적합한 기업들을 이끄는 경영자의 진정한 역할은 단순히 상징적인 역할에 머문다는 결론을 내렸다.

기업들을 경영해봤거나, 경영진에게 컨설팅을 해봤거나, 아니면 미래의 경영자들을 가르쳐본 적이 있는 사람들은 자원 의존성 이론이 매우 듣기 거북하다. 경영자들은 회사를 경영하고, 변화를 이끌며, 전략을 구상하여 실천하고, 성장을 촉진하며, 재무제표를 개선하기 위해서 회사를 경영한다. 그런데 자원 의존성 이론은 경영자들의 존재 이유 자체를 무시한다. 그렇지만 이 책에 소개된 연구결과는 자원 의존성 이론을 놀라우리만큼 뒷받침해준다. 특히 성공적인 기업에서 목격되는 고객 중심의 자원 배분과 의사결정 과정들은 경영자들의 결정보다 기업의 투자 방향을 결정하는 데 훨씬 더 강력한 영향을 준다는 생각을 뒷받침한다.

분명 고객들은 기업의 투자 방향을 결정하는 데 엄청난 힘을 발휘한다. 따라서 경영자들은 고객이 원하지 않는 파괴적 기술을 접했을 때 어떻게 대처해야 할까? 우선 장기적인 전략으로 내다보았을 때, 파괴적 기술이 중요하다는 것을 직원들에게 인지시켜 이를 추구해야 한다고 확신을 심어주는 방법이 있다. 또 다른 방법은 독립적인 조직을 만들어서, 파괴적 기술을 필요로 하는 새로운 고객들에게 그것을 소개하는 것이다. 2가지 방법 중에서 어떤 것이 더 효과적일까?

첫 번째 방법을 선택하는 경영자들은 '고객이 기업의 투자를 결정한다'는 조직이 가지고 있는 힘의 원리에 맞서 싸워야 한다. 이와 달리 두 번째 방법을 선택하는 경영자들은 강력한 힘에 맞서 싸우기보다는 그 힘을 이용하여 조직적 성향에 맞게 스스로를 조율해나갈 수 있다. 5장에서 제시할 사례는 두 번째 방법이 첫 번째 방법보다 훨씬 더 성공 확률이 높다는 걸 보여주는 강력한 증거가 될 것이다.

혁신과 자원 배분

고객들이 기업의 투자를 통제하는 데 쓰는 메커니즘은 자원 배분 과정과 유사하다. 이것은 어떤 활동이 똑똑한 직원과 돈을 얻는 데 유리하고, 어떤 활동이 그렇지 못한지를 결정하는 과정을 말한다. 자원 배분과 혁신은 동전의 양면과 같다. 적절한 자금과 인력 및 경영진의 관심을 확보하는 새로운 제품 개발 프로젝트만이 성공 기회를 얻는다. 반면, 자원이 부족한 프로젝트들은 소멸하고 만다. 따라서 기업의 혁신 패턴은 자원이 할당되는 패턴과 밀접한 관계를 가지게 된다.

좋은 자원 배분 프로세스는 고객들이 원하지 않은 제안을 제거하기 위한 목적으로 설계된다. 이러한 의사결정 프로세스가 좋은 효과를 낸다고 가정하면, 고객들이 어떤 제품을 원하지 않을 경우 그 제품은 자금 지원을 받지 못한다. 반대로 고객들이 그 제품을 원할 경우 제품은 자금 지원을 받게 된다. 이것이 위대한 기업들이 돌아가는 방식이다. 위대한 기업들은 고객이 원하는 것에 투자할 것이며, 그들이 이러한 식의 투자에 능숙할수록 더 큰 성공을 거둔다.

4장에서 살펴봤듯이 자원 배분은 위에서 아래로 내려오는 의사결정과 그에 따른 실행의 문제 차원을 벗어난다. 일반적으로 조직 내 낮은 레벨에 있는 다수의 사람들이 어떤 유형의 프로젝트 제안들을 하나로 묶어서 승인을 요청할지, 어떤 프로젝트들이 그럴 만한 가치가 없다고 생각하는지를 결정한 다음에, 고위 경영자들은 어떤 프로젝트에 자금을 지원할지 여부를 결정해달라는 요청을 받는다. 고위 경영자들은 일반적으로 아래에서 이미 한차례 걸러진 혁신적 아이디어들의 일부만을 보게

될 뿐이다.[3]

그리고 고위 경영자들이 특정 프로젝트에 대한 자금 지원을 승인한 후라도 그것으로 끝난 것은 아니다. 다른 중요한 자원 배분 결정들은 다양한 프로젝트들과 제품들을 대상으로 중간급 관리자들이 우선순위를 결정하고, 협력업체를 정한 후, 프로젝트를 승인한 다음에야(사실상 프로젝트가 출범한 이후에) 내려진다. 경영자 출신 학자인 체스터 바너드(Chaster Barnard)는 이를 가리켜 다음과 같이 말했다.

상대적인 중요성을 따져봤을 때 경영자들이 내리는 결정에 제일 먼저 관심을 집중해야 한다. 그러나 종합적인 중요성을 따져봤을 때는 중요한 관심을 쏟아야 하는 건 조직 내에서 경영자가 아니라 경영에 참여하지 않는 사람들이 내리는 결정이다.[4]

그렇다면 경영에 참여하지 않는 사람들은 자원 배분 결정을 어떤 식으로 하는가? 그들은 우선 어떤 종류의 고객과 제품이 가장 높은 수익을 안겨줄지 이해한 다음, 이를 기초로 어떤 프로젝트를 경영진에게 제안할 것인지, 어떤 프로젝트에 우선순위를 둘지를 결정한다. 이때 우선순위 문제와 밀접한 관계를 갖는 것이 또 하나 있다. 바로 여러 제안 가운데 자신이 어떤 것을 후원하느냐에 따라서 자신의 경력이 달라질 수 있다는 것이다. 이것은 고객이 원하는 것과 더 많은 수익을 내기 위해 회사가 어떤 종류의 제품을 더 많이 팔아야 하는지에 대한 이해와 밀접하게 관련되어 있다. 사람들의 경력은 그들이 고도로 수익성이 높은 혁신 프로그램을 후원할 때 크게 좋아진다. 따라서 대부분의 기업들의 고객들이 자원 배분 과정과 그에 따라서 혁신 패턴에 중요한 영향력을 행사하는 건 기업의 이윤과 개인적 성공을 추구하는 이러한 메커니즘을 통해서이다.

파괴적 기술을 이용한
디스크 드라이브 사업의 성공

그러나 기업은 이처럼 고객이 통제하는 시스템에서도 벗어날 수 있다. 디스크 드라이브 산업의 역사에서 보았던 여러 사례들은 경영자들이 파괴적 기술을 갖고 어떻게 강력한 시장 포지션을 개발할 수 있었는지 보여준다. 처음 2가지 사례는 경영자들이 자원 의존성에 맞서 싸우기보다는 그것을 이용한 경우를 보여주고 있다. 다시 말해 그들은 파괴적 기술을 상용화하기 위해서 독립 기업들을 분사시켰다. 마지막 사례에서 경영자는 이러한 힘에 맞서서 싸웠으나 겨우 프로젝트를 살려내는 정도에 그치고 말았다.

퀀텀과 플러스 디벨롭먼트
앞서 살펴봤듯이 1980년대 초기, 미니컴퓨터 시장에서 팔리는 8인치 드라이브 산업의 선도기업인 퀀텀은 5.25인치 드라이브의 출현을 간과했다. 퀀텀은 5.25인치 드라이브가 시장에 출시된 이후 근 4년이 지나서야 첫 번째 5.25인치 드라이브를 출시했다. 5.25인치를 처음 출시한 업체들이 하위 시장인 미니컴퓨터 시장을 공략하기 시작했을 때 퀀텀의 매출은 감소하기 시작했다.

1984년에 몇 명의 퀀텀 직원들은 IBM의 XT와 AT군 데스크톱 컴퓨터의 확장 슬롯에 들어가는 3.5인치 드라이브 시장에서 또다른 가능성을 찾았다. 이 드라이브는 퀀텀의 매출 절반을 차지했던 OEM 미니컴퓨터 제조업체가 아니라 개인용 컴퓨터 제조업체에 팔 수 있었다. 퀀텀의 직원들은 회사를 떠나 자신들의 아이디어를 상용화할 새로운 회사를 설립하기로 결심했다.

그러나 퀀텀의 경영자들은 그들을 그냥 보내주지 않았다. 대신 그들은 퀀텀 직원들이 분사해서 만든 벤처회사인 플러스 디벨롭먼트 코퍼레이션(Plus Development Corporation)의 지분 80퍼센트를 확보한 후 이 신생 기업이 퀀텀과 다른 시설을 갖출 수 있게 해주었다. 이것은 완전히 독립적인 별개의 조직이었고, 독립적인 회사에서 요구되는 실무 직원들과 모든 기능적 능력들을 갖추고 있었다. 플러스는 성공을 거두었다. 플러스는 자체 드라이브를 설계하고 마케팅했지만 제조는 일본의 마쓰시타 고토부키 일렉트로닉스(MKE, Matsushita Kotobuki Electronics)에 맡겼다.

1980년대 중반에 이르자 퀀텀의 8인치 드라이브 라인 매출은 감소하기 시작했지만, 반대로 하드카드(Hardcard) 제품의 매출로 상쇄될 수 있었다. 1987년이 되자 퀀텀의 8인치와 5.25인치 제품들은 사실상 아무런 수익을 올리지 못했다. 그러자 퀀텀은 플러스의 남은 지분 20퍼센트를 획득한 후 기존의 조직을 버리고 플러스의 경영자들을 퀀텀의 최고위직에 임명했다. 플러스는 3.5인치 제품을 애플과 같은 OEM 데스크톱 컴퓨터 제조업체들에 어필할 수 있게 다시 변형했다. 얼마 지나지 않아 [그림 1-7]에 나온 디스크 드라이브 궤적도에서 봤던 것처럼 3.5인치 드라이브의 성능 벡터가 데스크톱 시장을 공략하는 현상이 벌어졌다. 이렇게 해서 3.5인치 드라이브 제조업체로 변신에 성공한 퀀텀은 존속적인 부품 기술 혁신을 단행하면서 엔지니어링 워크스테이션을 향해 고급 시장으로 움직였고, 더불어 2.5인치 드라이브로 존속적인 아키텍처 혁신을 성공적으로 접목시켰다. 1994년이 되자 새롭게 변신한 퀀텀은 세계 최대의 디스크 드라이브 생산업체가 되었다.[5]

오클라호마의 컨트롤 데이터

컨트롤 데이터도 플러스와 같은 자기 변신을 추구했다. 컨트롤 데이터는 1965년과 1982년 사이 OEM 시장의 14인치 드라이브 시장에서 독보적 위치를 점유했다. 당시 컨트롤 데이터의 시장점유율은 60퍼센트 사이였다. 그러나 1970년대 후반에 8인치 아키텍처가 등장했을 때 컨트롤 데이터는 3년이나 이 시장을 놓치고 말았다. 컨트롤 데이터는 8인치 시장의 일정 부분 이상을 확보하지 못했고, 그나마 팔 수 있었던 8인치 드라이브도 거의 전적으로 메인프레임 컴퓨터 제조업체들의 기존 고객 기반을 지키기 위해서만 팔았다. 자원과 경영상의 문제 때문이었다. 미니애폴리스에 있는 회사의 주력 공장에서 일하는 연구원들과 마케팅 담당자들은 컨트롤 데이터의 주류 고객들을 위해서 차세대 14인치 제품 출범과 관련된 문제들을 해결하느라 8인치 제품 개발에 착수하지 못한 것이었다.

컨트롤 데이터는 시게이트가 선도적인 제품을 처음으로 선보인 후 2년이 지난 1980년에야 첫 5.25인치 모델을 선보였다. 그러나 이때 컨트롤 데이터는 오클라호마시티에 5.25인치 제조 공장을 설립했다. 당시 상황에 대해서 컨트롤 데이터의 한 고위 간부는 "컨트롤 데이터의 미니 애폴리스 엔지니어링 문화로부터 벗어나기 위해서라기보다는 5.25인치 제품 그룹을 회사의 주류 고객들로부터 별도로 분리시키기 위해서" 제조공장을 설립했다고 말했다. 시장 진출이 늦었고, 예전과 같은 주도적인 포지션을 확보하지는 못했지만 컨트롤 데이터의 5.25인치 시장은 수익성이 높았고, 당시 이 회사는 고성능 5.25인치 드라이브 시장에서 20퍼센트의 점유율을 올렸다.

마이크로폴리스: 경영진의 힘에 의한 변화

8인치 드라이브 시장에서 선도를 달리던 마이크로폴리스는 파괴적 기술을 통해 성공적으로 혁신을 이룬 유일한 업체였다. 그러나 이 회사는 퀀텀과 컨트롤 데이터가 효과를 봤던 분사 전략을 쓰지는 않았다. 그 대신 주류 회사 내에서 변화를 추구하기로 결정했다. 그러나 이와 같은 예외적인 전략을 썼더라도 고객들이 강력한 영향력을 발휘한다는 규칙은 여전히 유효하다.

마이크로폴리스는 1982년부터 변화를 단행하기 시작했다. 당시 이 회사의 창립자이자 CEO인 스튜어트 마본(Stuart Mabon)은 직관적으로 [그림 1-7]에 나온 시장의 수요와 기술의 경로를 명확히 인식하고, 회사가 5.25인치 드라이브 제조업체로 변신해야 한다고 결정했다. 그는 마이크로폴리스가 5.25인치와 차세대 8인치 드라이브 시장에서 모두 안착할 수 있도록 일류 연구원들을 5.25인치 프로그램 개발에 매진하게 했다.[6] 마본은 "회사가 자체 메커니즘에 따라서 고객들이 존재하는 8인치 드라이브에 자원을 할당했기 때문에 5.25인치 프로그램에 적절한 자원을 계

그림 5-1 마이크로폴리스의 기술 이전과 시장 포지션

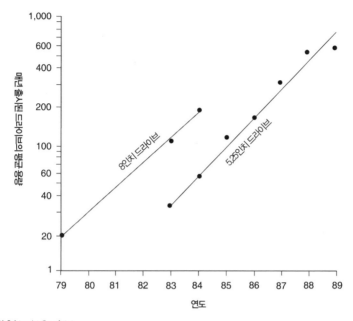

출처:「디스크/트렌드 리포트」

속해서 집중하기 위해 18개월 동안 내가 가진 시간과 에너지를 100퍼센트 투자했다"고 회상했다.

1984년, 마이크로폴리스는 디스크 드라이브용 미니컴퓨터 시장에서 경쟁에 뒤처지기 시작했고, 남아 있는 8인치 모델을 철수시켰다. 그러나 엄청난 노력 끝에 5.25인치 프로그램에서는 성공을 거두었다. [그림 5-1]은 왜 이런 문제가 생겼는지를 보여준다. 마이크로폴리스는 변화를 모색하는 과정에서 완전히 다른 차원의 기술적 경로를 밟았다. 이 회사는 모든 주요 고객들로부터 벗어나서 잃어버린 수익을 완전히 다른 그룹의 데스크톱 컴퓨터 제조업체에 새로운 제품 라인을 판매하면서 올린 수익으로 대체해야 했다. 마본은 당시 경험이 그가 살아오면서 겪은 가장 힘든 경험이라고 말할 정도였다.

마이크로폴리스는 마침내 1993년에 이르러서야 3.5인치 제품을 출시했다. 그때 3.5인치 제품은 1기가 이상의 용량을 저장할 수 있는 수준까지 발전해 있었다. 그 정도 수준이라면 마이크로폴리스는 3.5인치 드라이브를 기존 고객들에게도 판매할 수 있었다.

파괴적 기술과 자원 의존성

앞서 설명한 시게이트의 판매 시도와 주요 고객들에게만 하이드로호를 팔려고 한 부사이러스의 사례는 자원 의존성이 파괴적 기술에 어떻게 적용 가능한지 보여준다. 두 사례에서 시게이트와 부사이러스는 업계에서 파괴적 제품들을 처음으로 개발했다. 그러나 파괴적 기술을 소개하자는 고위 경영진의 결정에도 관련 제품을 공격적으로 적절한 가치 네트워크에 출범시키기 위해서 요구되는 힘이나 조직의 에너지가 충분하지 않았다. 적어도 고객들이 그 제품들을 원할 때까지는 그랬다.

그렇다면 '경영진은 무기력한 인간에 불과하다'는 자원 의존성을 주장하는 학자들의 주장을 받아들여야 할까? 반드시 그런 건 아니다. 서론에서 하늘을 나는 법을 배우는 방법을 설명하면서 나는 사람들이 기본적인 자연의 법칙을 무시하는 한 그들이 실패할 수밖에 없었다는 사실을 지적했다. 그러나 중력과 베르누이의 원칙 및 양력과 추력과 저항력에 대한 개념에 관련된 법칙들이 이해되기 시작하고, 그러한 법칙들을 따르거나 이용하는 비행 기계들이 설계되자 사람들은 아주 성공적으로 비행할 수 있었다. 퀀텀과 컨트롤 데이터도 같은 길을 걸었다. 이 두 기업의 경영진은 생존을 위해 고객에 의존하면서 완전히 다른 가치 네트워크 내에 독립적 조직들을 깊숙이 배치시킴으로써 강력한 자원 의존성의 힘을 활용했다. 마이크로폴리스의 CEO는 고객에게 맞서 싸웠지만, 결국 드물면서도 값비싼 승리를 거머쥐었다.

파괴적 기술은 디스크 드라이브와 기계 굴착기와 철강 산업 외에도 다른 많은 산업에 상당한 영향을 미쳤다.[7] 이제부터는 컴퓨터, 소매업, 프린터와 같은 산업에서의 파괴적 기술의 영향력을 간단히 정리해보겠다. 파괴적 기술로 강력한 시장 입지를 구축했던 기업들이 퀀텀과 컨트롤 데이터가 했듯이, 자원 의존성과 싸우기보다는 어떻게 이를 이용했는지를 조명해보겠다.

디지털 이큅먼트, IBM, 그리고 개인용 컴퓨터

컴퓨터 산업과 디스크 드라이브 산업의 역사는 아주 자연스럽게 보조를 같이하고 있다. 그 이유는 디스크 드라이브 산업의 가치 네트워크가 컴퓨터 산업의 가치 네트워크에 뿌리를 내리고 있기 때문이다. 실제로 [그림 1-7]에 나온 디스크 드라이브의 궤적에서 묘사됐던 축과 교차 경로를 컴퓨터 관련 용어로 대체할 경우 컴퓨터 산업의 선도적 업계들의 실패도 설명할 수 있다. 이 업계에서 가장 잘나가던 IBM은 자사의 메인프레임 컴퓨터를 대기업의 중앙 연산 및 데이터 처리 부서에 팔아왔다.

그런데 미니컴퓨터의 등장은 IBM에는 파괴적 기술을 의미했다. IBM의 고객들은 미니컴퓨터가 필요하지 않았다. 최초의 미니컴퓨터 시장은 더 높기는커녕 더 낮은 이윤을 약속했으며, 규모도 상당히 작았다. 결과적으로 메인프레임 제조업체들은 수년 동안 미니컴퓨터를 무시하면서 디지털 이큅먼트, 데이터 제너럴, 프라임, 왕, 닉스도프 같은 일련의 신생기업들이 미니컴퓨터 시장을 만들어서 지배하도록 내버려뒀다. 결국 IBM도 미니컴퓨터 제품을 내놓았지만, 주로 방어적 차원일 뿐이었다. 그러나 이미 때는 미니컴퓨터의 성능이 IBM 고객들이 원하는 성능을 달성하는 시점까지 발전되어 있었다.

이와 마찬가지로 미니컴퓨터 제조업체들 중에 누구도 데스크톱 컴퓨터 시장에서 중요한 역할을 하지 않았다. 그 이유는 이들 업체들에 데스크톱 컴퓨터는 파괴적 기술이었기 때문이다. 개인용 컴퓨터 시장은 애플, 코모도어, 탠디, IBM을 비롯한 다른 신생업체에 의해 만들어졌다. 미니컴퓨터 제조업체들은 놀라울 정도로 번성하면서 투자자들과 경제지, 좋은 경영 방식의 추종자들에 의해 인정받았다. 적어도 1980년대 후반에 데스크톱 컴퓨터의 기술적 경로가 과거 미니컴퓨터를 구매했던 사람들이 요구했던 성능과 교차했던 때까지는 그랬다. 아래에서 올라온 데스크톱 컴퓨터의 전광석화 같은 공격은 모든 미니컴퓨터 제조업체들에 깊은 상처를 입혔다. 그들 중 몇몇은 무너졌다. 기존 기업들은 아무도 데스크톱 컴퓨터 가치 네트워크에서 생존 가능한 입지를 구축하지 못했다.

이와 유사한 일련의 사건들이 포터블 컴퓨터 업계에서도 일어났다. 이 시장은 도시바, 샤프, 제니스 등 일련의 신생업체들에 의해서 만들어지고 지배되었다. 데스크톱 제조 분야의 선도적 업체인 애플과 IBM은 포터블 컴퓨터의 성능 경로가 고객 요구와 교차하고 나서야 포터블 컴퓨터를 출시했다.

아마도 이러한 기업들 가운데 디지털 이큅먼트만큼 파괴적 기술로 인해서 깊은 상처를 입은 곳은 없을 것이다. 독립형(stand-alone) 워크스테이션과 네트워크로 연결된 데스크톱 컴퓨터가 미니컴퓨터에 대한 고객 대부분의 욕구를 거의 하루아침에 없애버리자 잘나가던 디지털 이큅먼트는 불과 몇 년 만에 쇠락의 길을 걷고 말았다.

물론 디지털 이큅먼트도 나름대로 생존을 위해 안간힘을 썼다. 1983년부터 1995년 사이에 디지털 이큅먼트는 일반 소비자들을 겨냥한 개인용 컴퓨터 제품군을 선보였다. 이것은 디지털 이큅먼트의 미니컴퓨터에 비해서 기술적으로 훨씬 더 단순했다. 그러나 디지털 이큅먼트는 회사 내에서 수익성이 높다고 여겨졌던 이 가치 네트워크 내에서 자리를 잡는 데 실패했다. 디지털 이큅먼트는 4차례에 걸쳐서 개인용 컴퓨터 시장에서 물러났다.

왜 그랬을까? 디지털 이큅먼트는 4차례의 시장 공략을 모두 주류 회사 내부에서 시작했다.[8] 지금까지 설명했던 모든 이유 때문에 경영진들은 개인용 컴퓨터 사업을 밀어주기로 했지만, 회사 내에서 일상적인 자원 할당 결정을 내리는 사람들은 그들의 고객이 원하지 않았던 낮은 이윤을 내는 개인용 컴퓨터 제품에 필요한 돈과 시간과 에너지를 투자한다는 게 이해가 가지 않았다. 따라서 자원 할당을 담당하는 담당자들은 디지털 이큅먼트의 초고속 알파(Alpha) 마이크로프로세서와 알파와 메인프레임 컴퓨터 통합과 같은 높은 이윤을 약속하는 고성능 분야의 활동에 주요 자금을 지원했다.

디지털 이큅먼트는 조직 내에서 데스크톱 컴퓨터 사업으로 진출을 모색하다가 서로 다른 가치 네트워크에 존재하는 서로 다른 비용구조에 양다리를 걸칠 수밖에 없는 상황에 처하게 됐다. 디지털 이큅먼트는 로엔드 개인용 컴퓨터 분야에서 경쟁력을 확보하는 데 필요한 간접비를 빼내올 수가 없었다. 고성능 제품 분야에서 경쟁력을 계속해서 유지하는 데에도 이 돈이 필요했기 때문이다.

그러나 개인용 컴퓨터 시장에서 IBM이 초기 5년 동안 거둔 성공은 다른 메인프레임과 미니컴퓨터 제조업체들이 파괴적인 데스크톱 컴퓨터의 물결을 제대로 따라가지 못한 실패와 완전한 대조를 이룬다. IBM은 어떻게 그렇게 했던 것일까? IBM은 뉴욕에 있는 본사와 멀리 떨어져 있는 플로리다에 자율적인 조직을 설립했다. 이 조직은 뉴욕의 본사와는 별개로 부품들을 조달하고, 자체 유통 채널을 통해서 제품을 판매하며, 개인용 컴퓨터 시장의 기술과 경쟁적 차원의 요구사항에 적절한 비용구조를 자유롭게 만들 수 있었다. 이 조직은 또한 개인용 컴퓨터 시장에 적절한 성공 매트릭스를 따라서 자유롭게 성공할 수 있었다. 사실상 어떤 사람들은 IBM이 내린 결정 중에서 개인용 컴퓨터 사업부를 주류 조직과 더 밀접하게 연계시키기로 한 것이 개인용 컴퓨터 업계에서 IBM이 수익성과 시장점유율을 유지하는 데 어려움을 겪었던 중요한 요인이라고 주장했다. 이처럼 2가지 비용구조와 2가지 수익 구조를 하나의 회사 내에서 평화롭게 공존시킨다는 건 매우 어려워 보인다.

하나의 조직이 주류시장에서 경쟁력을 유지한 상태에서 파괴적 기술을 유능하게 추구하기 어렵다는 결론은 '뭐든지 할 수 있다'는 마음가짐인 경영자들의 심기를 불편하게 만든다. 또한 사실상 대부분의 경영자들은 마이크로폴리스와 디지털 이큅먼트가 했던 것과 같이 주류시장에서 경쟁력을 강화하는 동시에 파괴적 기술을 추구하려고 노력하고 있다. 그렇지만 그러한 노력은 좀처럼 성공하기가 힘들다. 적절한 가치 네트워크들 내에서 존재하는 별도 조직이 각자 개별적 고객을 추구하지 않을 경우 시장에서의 입지가 흔들릴 것이기 때문이다.

크레스지, 울워스, 그리고 할인점

할인점들이 전통적인 백화점과 다양한 매장들의 시장을 빼앗은 소매업만큼 파괴적 기술의 영향이 광범위하게 느껴지는 산업은 거의 없다. 할인 소매점은 전통적인 업체들과는 달리 파괴적 성격을 가졌다. 그 이유는 할인점들이 제공하는 서비스의 질과 넓은 선택범위는 기존 업체들의 품질 경영 방식에 큰 타격을 주었기 때문이다. 이에 덧붙여서 할인 소매업 분야에서 수익성 있게 경쟁하는 데 필요한 비용구조는 백화점들이 자체 가치 네트워크 내에서 경쟁하기 위해서 개발했던 비용구조와는 근본적으로 달랐다.

최초의 할인점은 코베트(Korvette)였다. 코베트는 1950년대 중반에 뉴욕에서 할인점을 운영하던 회사였다. 코베트와 이 회사를 모방한 업체들이 소매업 제품 라인의 로엔드 분야에서 활동하면서 전국에서 백화점에서 팔리는 가격보다 최대 40퍼센트 정도 낮은 가격에 일반 소비재를 팔았다. 그들은 소비자들이 사용법을 알고 있어 '알아서 팔리는' 제품을 파는 데 초점을 맞췄다. 이러한 할인점들은 제품의 가치와 품질을 알리는 박식한 영업사원을 둘 필요가 없었다. 그들은 또한 주류 소매업체들에 거의 매력을 느끼지 못하는 소비자 집단에 초점을 맞췄다. 바로 어린 이들을 키우는 블루칼라 계층에 속하는 젊은 기혼여성들이었다.[9] 이는 백화점들이 품격 있는 소매판매를 홍보하고, 수익성을 제고하기 위해서 전통적으로 사용해왔던 고소득층을 대상으로 했던 원칙들과 대조를 이루었다.

그러나 할인점들이 전통적인 소매업체들보다 더 낮은 수익을 감수했다는 뜻은 아니었다. 할인점들은 단지 그들과 다른 원칙을 통해서 수익을 올렸을 뿐이다. 백화점은 상품에 40퍼센트의 이윤을 붙였고, 1년에 재고를 4차례 회전시켰다. 다시 말해서 그들은 연간 4회에 걸쳐 각 분기별로 40퍼센트의 수익을 내며 총 160퍼센트의 수익을 올렸다. 잡화점은 백화점에서 사용한 것과 유사한 방법을 썼지만 백화점보다는 수익률이 낮았다. 할인점은 백화점과 유사한 재고투자 수익률을 올렸지만 수익모델은 달랐다. 즉, 백화점에 비해서 할인점의 총이윤은 낮았지만, 재고회전율은 높았다. [도표 5-1]은 잡화점과 백화점과 할인점의 수익 경로를 요약해서 보여주고 있다.

도표 5-1 **3가지 상이한 수익 경로**

소매업 유형	기업	총이윤	재고 회전율	재고투자 수익률*
백화점	메이시	40%	4회	160%
잡화점	울워스	36%	4회	144%
할인점	K마트	20%	8회	160%

주 : 재고투자 수익률은 이윤×회전을 통해 계산했다. 다시 말해서 매년 존속적인 재고회전을 통해서 얻은 총이윤이다
출처: 각 기업의 연간 보고서

그림 5-2 할인점의 시장점유율 확대(1960~1966년)

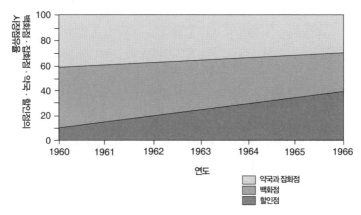

백화점·전문점·약국·할인점의 시장점유율

약국과 잡화점
백화점
할인점

연도

출처:「디스카운트 머천다이저(*Discount Merchandiser*)」

    할인점의 역사는 미니밀 철강 제조의 역사를 생생하게 떠올려준다. 미니밀과 마찬가지로 할인점들은 비용구조의 이점을 십분 활용해 놀라운 속도로 고급시장으로 진출하여 경쟁 관계에 있는 전통 소매업체들이 차지하고 있던 시장을 차지했다. 할인점들은 처음에는 로엔드 시장에서, 하드웨어, 소형 집기, 수하물 등과 같은 소비재 시장에서 시작해서 나중에는 가정용품과 의류 시장으로 판매 영역을 확장했다. [그림 5-2]는 할인점들이 얼마나 멋지게 시장을 공략했는지를 보여준다. 1960년에 10퍼센트에 불과했던 시장점유율이 불과 6년 만에 40퍼센트 가까이 상승했다.

    디스크 드라이브와 굴착 업계에서 그랬던 것과 마찬가지로 크레스지(S.S. Kresge), 울워스, 데이턴 허드슨(Dayton Hudson)과 같은 몇몇 선도적인 전통적 소매업체들은 파괴적 영업 방식의 도래를 간파하고, 조기에 투자를 했다. 시어스, 몽고메리 워드(Motgomery Ward), J.C. 페니(J.C. Penney), 메이시(R.H. Macy)를 포함한 다른 주요 소매 체인점들은 할인점 사업에 진출하려는 시도를 심각하게 해보지 않았다. K마트 체인을 가진 크레스지와 타깃 체인을 가진 데이턴 허드슨은 모두 성공했다.[10] 두 기업은 모두 그들의 기존 사업과 별개인 소매 할인 전문 조직을 만들었다. 그들은 자원 의존성을 인식하고 이용했다. 이와 대조적으로 울워스는회사 내에서 벤처기업인 울코(Woolco)를 출범시키려다가 실패했다. 아주 유사한 위치에서 시작한 크레스지와 울워스의 접근방법에 대한 구체적인 비교는 왜 파괴적 기술을 추구하기 위해 독립 조직을 만드는 게 성공의 필요조건일 수밖에 없는지 더 많은 통찰력을 제공해준다.

당시 거대한 체인인 크레스지는 1957년부터 할인점에 대한 연구를 시작했다. 당시 할인점은 초기 단계에 불과했다. 1961년에 크레스지의 경쟁사이자 세계 최대의 잡화점 운영업체였던 울워스는 할인점 진출 계획을 발표했다. 양사는 1962년에 3개월의 시차를 두고 할인점을 열었다. 그러나 그들이 출범한 울코와 K마트의 이후 영업성과는 서로 크게 달랐다. 10년 뒤, K마트의 매출은 35억 달러까지 증가한 반면, 울코의 매출은 9억 달러 인근에서 허덕였다.[11]

크레스지는 할인점에 전력을 가하면서 잡화점 사업에서는 완전히 손을 떼기로 결정했다. 1959년에 크레스지는 해리 커닝엄(Harry Cunningham)을 새로운 CEO로 임명했다. 그가 CEO로서 맡은 유일한 임무는 크레스지를 할인점 업계의 강자로 탈바꿈시키는 것이었다. 커닝엄은 완전히 새로운 경영 시스템을 도입해, 1961년까지 영업 부사장과 지점장, 부지점장, 지점의 상품 담당자 중에서 새로 일을 맡게 되지 않은 사람이 단 한 명도 없을 정도였다.[12] 1961년에 커닝엄은 새로운 잡화점을 여는 대신 크레스지의 기존 잡화점 수를 매년 약 10퍼센트 정도씩 줄여나가는 프로그램에 착수했다. 이는 회사가 할인점 영업에 전력하기로 했다는 것을 의미했다.

반면 울워스는 파괴적 할인점에 투자하는 동시에 핵심 잡화사업 내 기술과 시설과 능력의 존속적 개선을 도모하는 프로그램을 후원했다. 울워스의 잡화점 경영성과 개선의 책임을 맡은 경영자들은 또한 '미국에서 가장 큰 할인점 체인'을 구축하는 책임도 맡게 되었다. CEO인 로버트 커크우드(Robert Kirkwood)는 "울코는 기존에 해오던 잡화점 사업의 성장과 팽창 계획이 갈등을 일으키지 않을 것이다"라면서 "어떤 기존 잡화점들도 할인점 형태로 바뀌지 않을 것이다"라고 단언했다.[13] 실제로 1960년대에 할인점이 놀라울 정도로 팽창해가는 동안에도 울워스는 1950년대와 비슷한 속도로 신규 할인점들을 개설했다.

그러나 예상대로 울워스는 하나의 조직 내에서 잡화점과 할인점의 성공을 위해서 필요했던 서로 다른 문화와 다른 수익 모델을 유지할 수 없다는 것을 증명한 꼴이 되었다. 1967년에 울워스는 모든 울코의 광고에서 '할인'이라는 단어를 빼버리고, 그 대신 '판촉 백화점'이라는 말을 집어넣었다. 울워스는 처음에 울코 사업에 별도의 관리직들을 임명했지만 1971년에는 좀 더 이성적이면서 비용에 민감한 사람들이 울코 사업을 관리했다.

울코와 울워스 사업에서 모두 매출을 증진시키기 위해 두 사업의 영업을 지역에 기초해서 통합시켰다. 회사의 관리들은 사무실, 유통시설, 경영진까지 통합시킨 전략이 더 좋은 상품을 더 효율적인 방식으로 판매할 수 있다고 생각한다. 울코는 울워스의 구매 자원과 유통시설 및 특산품 매장을 개발하는 데 필요한 부가적 전문지식들을 이용할 수 있을 것이다. 이에 대신해서 울워스는 10만 평방피트가 넘는 대형 매장들의 입지 선정, 설계, 홍보 및 운영에 관한 노하우를 얻게 될 것이다.[14]

이와 같은 비용 절감을 위한 통합의 결과는 어떻게 됐을까? 이 결과는 2가지 수익 창출 모델은 단일 조직 내에서 평화롭게 공존할 수 없다는 또 다른 증거를 제시해줬을 뿐이다. 통합이 마무리된 후 1년 만에 울코는 가격을 크게 올림으로써 회사의 총이윤을 약 33퍼센트까지 올렸고, 이는 할인 업계 중에서 가장 높은 수준이었다. 이러한 과정에서 울코는

그림 5-3 울코가 수익 창출을 위해 벌인 F.W. 울워스와의 통합 영향

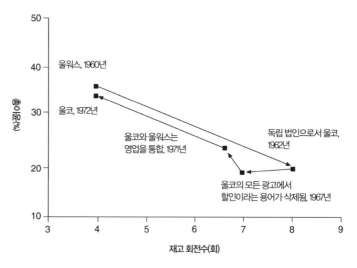

출처: 울워스의 연간 보고서 및 「디스카운드 머천다이즈」

재고 회전수를 원래 달성했던 7회에서 4회로 줄였다. [그림 5-3]에서 볼 수 있듯, 울워스를 오랫동안 지탱시켰던 수익 원칙(4차례의 재고 회전에 35 퍼센트의 이익 내지는 140퍼센트의 재고투자 수익률)이 궁극적으로 울코에도 요구됐다. 울코는 더 이상 명목상으로나 실제로 할인점이 아니었다. 당연하게도 울워스의 할인점 사업으로의 진출은 실패했다. 울워스는 1982년에 마지막 울코 매장 문을 닫았다.

파괴적인 할인점에서 성공하기 위한 울워스의 조직적 전략은 개인용 컴퓨터 사업을 출범하기 위한 디지털 이큅먼트의 전략과 일치했다. 양사는 주류 조직들 내에서 신규 벤처들을 세웠고, 따라서 모두 주류 가치 네트워크에서 성공하기 위해서 요구됐던 비용구조와 수익 모델을 달성하는 데 실패했다.

자살에 의한 생존:
휴렛패커드의 레이저젯과 잉크젯 프린터

휴렛패커드가 개인용 컴퓨터 사업에서 겪은 경험은 독립적 조직의 분사를 통해서 파괴적 기술을 추구하는 기업의 노력이 결과적으로 또 다른 사업을 죽일 수 있다는 걸 보여준다.

개인용 컴퓨터용 프린터 제조분야에서 휴렛패커드가 올린 성공은 버블젯이나 잉크젯과 같은 기술 출현을 이 회사가 주도했다는 점에서 더욱 분명하게 드러난다. 1980년대 중반부터 휴렛패커드는 레이저젯 프린트 기술 사업에서 엄청난 성공을 구가하기 시작했다. 레이저젯은 앞서 개인용 컴퓨터 프린터 기술을 주도했던 도트 매트릭스 프린팅(dot-matrix printing)과는 차원이 다른 기술이었으며, 휴렛패커드는 이 기술을 통해서 선도적 기업으로서의 입지를 유지했다.

디지털 신호를 종이 위에 이미지로 변환하는 잉크젯 기술이 처음 등장했을 때 레이저젯이나 잉크젯이 개인용 프린터 분야에서 주도적인 디자인으로 등장할지의 여부를 놓고 뜨거운 논쟁이 벌어졌다. 전문가들은 '그렇다'와 '아니다'로 파를 갈라서 논쟁을 벌이면서 휴렛패커드에 결과적으로 세계 데스크톱 시장에서 어떤 기술의 프린터가 선택될지 여부에 대해서 광범위한 조언을 제공했다.[15]

당시 논쟁이 벌어지던 때에는 제대로 인식되지 못했지만 잉크젯 프린터는 파괴적 기술이었다. 이것은 레이저젯 프린터에 비해서 속도가 떨어졌으며, 해상도도 나빴지만, 비용은 레이저젯 프린터에 비해서 훨씬 더 높았다. 그러나 프린터 자체는 레이저젯 프린터에 비해서 훨씬 더 작고, 가격도 더욱 낮았다. 이러한 낮은 가격 때문에 잉크젯 프린터는 레이저젯 프린터에 비해서 한 대당 총이윤이 훨씬 더 낮았다. 따라서 잉크젯 프린터는 레이저젯 프린터 사업과 비교해서 고전적인 파괴적 상품이었다.

휴렛패커드는 '모 아니면 도' 식으로 2가지 기술 중 하나에 전적으로 의존하지 않았다. 또 기존 프린터 사업부 내에서 파괴적 잉크젯 사업을 상용화하는 대신 워싱턴주에 완전히 자율적인 조직을 하나 만들었다. 이 조직은 잉크젯 프린터를 성공적 사업으로 만드는 책임을 맡았다. 이어 휴렛패커드는 잉크젯과 레이저젯 사업부가 서로 경쟁하게 만들었다. 각 사업부는 고전적으로 행동했다. [그림 5-4]에 나와 있듯이 레이저젯 프린터 사업부는 14인치 드라이브와 메인프레임 컴퓨터, 그리고 통합

그림 5-4 잉크젯과 레이저젯 프린터의 속도 향상

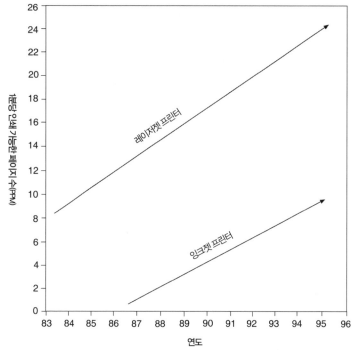

출처: 휴렛패커드 제품 팸플릿

철강 공장과 같은 방법으로 고급시장에 진출했다. 휴렛패커드의 레이저
젯 프린터는 아주 선명하면서도 빠른 프린트가 가능했으며, 수백 가지
글자체와 복잡한 그래픽을 소화해냈고, 양면 인쇄가 가능했으며, 네트
워크를 통해서 여러 명의 사용자들이 동시에 사용 가능했다. 이 프린터
들은 또한 물리적으로도 크기가 더 커졌다.

잉크젯 프린터는 레이저젯 프린트만큼 성능이 좋지는 않고, 또 앞으
로도 그럴 가능성이 낮았다. 그러나 여기서 중요한 질문은 과연 잉크젯

프린터가 개인용 데스크톱 컴퓨터 시장이 요구하는 것만큼 좋은 프린터가 될 수 있느냐 여부이다. 잉크젯 프린터의 해상도와 속도는 여전히 레이저젯 프린터에 비해서 열악하지만 그래도 이제 많은 학생들과 교수들 및 다른 네트워크로 연결해서 컴퓨터를 쓰지 않는 데스크톱 컴퓨터 사용자들이 쓰기에 충분히 무리가 없는 수준이다.

휴렛패커드의 잉크젯 프린터 사업은 이제 레이저젯 프린터 시장을 많이 잠식하고 있다. 궁극적으로 레이저젯 프린터 사업부가 지향하는 고성능 시장 사용자들의 숫자는 줄어들고 있다. 휴렛패커드의 2가지 사업들 가운데 하나가 궁극적으로 다른 하나를 죽일지 모른다. 그러나 휴렛패커드가 잉크젯 프린터 사업을 별도 법인으로 세우지 않았다면 잉크젯 기술은 주류 레이저 사업 내에서 쇠퇴했을 것이다. 이렇게 되면 현재 잉크젯 프린터 분야에서 휴렛패커드와 치열한 경쟁을 벌이고 있는 회사 중에 하나인 캐논(Canon)과 같은 기업들이 휴렛패커드의 프린터 사업에 심각한 위협을 초래했을지도 모른다. 레이저 사업도 계속 추진함으로써 휴렛패커드는 고급시장 공략을 계속하는 동시에 IBM의 메인프레임 사업과 통합 강철 사업에 뛰어들어서 많은 돈을 벌었다.[16]

6장

조직의 크기를 시장의 크기에 맞춰라

::

파괴적 기술과 리더십의 상관관계

    파괴적 기술 변화에 직면한 경영자들은 파괴적 기술을 상용화하는 데 있어 추종자가 아니라 리더여야 한다. 상용화를 위해서는 상대하는 시장과 규모 면에서 일치하는 상업용 조직 내에서 파괴적 기술을 개발하는 프로젝트를 심어놓아야 한다. 이러한 주장은 다음과 같은 핵심적인 연구결과에 바탕을 두고 있다. 하나는 리더십이 존속적 기술 때보다 파괴적 기술을 상대할 때 훨씬 더 중요하며, 두 번째는 새로 생겨나는 소규모 시장은 대형 기업들의 단기적인 성장과 수익 창출에 필요한 요구사항을 감당할 수 없다는 사실이다.

    새로운 시장을 창조하는 것은 자리를 잡고 있는 경쟁사들에 맞서 기존시장에 진입하는 것보다 위험은 덜하면서 보상은 훨씬 더 크다. 그러나 기업의 규모가 더 커지고, 더 많은 성공을 거둘수록 빠른 시간 내에 새로운 시장에 진입하기는 훨씬 더 어려워진다. 성장하는 기업들은 매년 원하는 수준의 성장률을 유지하기 위해서 대규모 신규 수익을 점점 더 많이 창출해야 하기 때문에, 소규모 시장들이 이와 같은 대규모 수익을 낼 수 있는 매개체로 간주되는 가능성이 점점 더 줄어든다. 앞으로 살펴보겠지만 이러한 난관을 단도직입적으로 해결하는 가장 좋은 방법은 파괴적 기술 상용화를 목표로 하는 프로젝트를 작은 조직에 심어놓는 것이다. 또한 시장을 선점하고 있는 회사가 성장하고 있더라도 정기적으로 그렇게 해보는 것도 필요하다.

선구자들은 진정으로 등에 화살을 맞은 사람들인가?

혁신에 있어 리더가 되는 것이 중요한지, 추종자가 되기로 받아들이는 게 중요한지는 기업이 선택해야 하는 중요한 결정 중 하나다. 선구자들의 이점에 관해서는 무수히 많은 책들이 존재한다. 또 이와 반대로 혁신가의 중요한 위험이 선구적인 기업들에 의해서 해결될 때까지 먼저 나서기보다는 기다리는 지혜를 담은 책들도 역시 만만치 않게 많이 쓰였다. 예전 경영자들 사이에서 유행했던 격언 중에 "선구자가 누구인지 우리는 항상 알 수 있다. 그들은 먼저 나가 등에 화살을 맞은 사람들이다"라는 말이 있다. 경영에 관한 이론을 놓고 벌이는 대부분의 의견충돌들과 마찬가지로 선구자건 추종자건 항상 옳은 건 아니다. 실제로 디스크 드라이브 산업에 대한 몇몇 연구결과들은 언제 리더십이 중요하고, 또 언제 팔로우십이 더 타당한지에 대해서 통찰력을 제시해주고 있다.

존속적 기술에선 리더십이 필수적이 아니다

디스크 드라이브의 기록 밀도를 향상시킨 속도에 영향을 준 획기적인 기술들 가운데 하나는 박막 읽기-쓰기 헤드다. 1장에서 우리는 이 기술이 개발비만 1억 달러에 달할 뿐만 아니라 개발 기간도 5년에서 15년 정도 걸린다고 말하면서, 이는 기존 기술들과 급진적으로 다르다고 언급했다. 이 기술은 핵심 역량을 파괴하는 성격을 갖고 있지만 이 기술을 주도한 기업들은 선도적인 기존 디스크 드라이브 제조업체들이었다는 것도 보여주었다.

기술 개발에 수반된 위험과 그것이 업계에 미칠 파장 때문에 경제 언론들은 1970년대 후반에 어떤 기업이 박막 헤드 분야를 주도할 것인지를 추측하기 시작했다. 기존의 페라이트 헤드 기술을 얼마나 더 지속될 수 있을까? 디스크 드라이브 제조업체들이 새로운 헤드 기술에 늦거나 또는 잘못된 투자를 하면서 업계의 경쟁에서 뒤처지게 되는 건 아닐까? 그러나 어떤 기업이건 이와 같은 혁신을 주도하건 추종하건 간에 그들이 경쟁 위치에서 큰 차이를 느끼지는 않았다는 게 드러났다. 이러한 사실은 [그림 6-1]과 [그림 6-2]를 통해 확인할 수 있다.

[그림 6-1]은 선도적 기업들이 박막 헤드 기술을 이용하여 초기 모델을 출시했던 때를 보여준다. 수직축은 드라이브의 기록 밀도를 나타낸다. 각 회사 밑에 그어진 선의 하단은 회사별로 박막 헤드를 가진 모델을 출시하기 전에 달성했던 최대 기록 밀도를 나타낸다. 그리고 각 선의 상단은 각 회사가 박막 헤드 기술을 통해서 출시한 첫 번째 모델의 기록 밀도를 나타낸다. 기업들이 신기술을 출시해야 한다는 걸 느꼈던 지점에서의 큰 차이를 주목하길 바란다. IBM은 1제곱인치당 3메가바이트

그림 6-1 박막 기술이 선도적 제조업체들에 의해 채택된 지점들 vs 변화 시점에 페라이트/옥사이드 기술 성능 비교

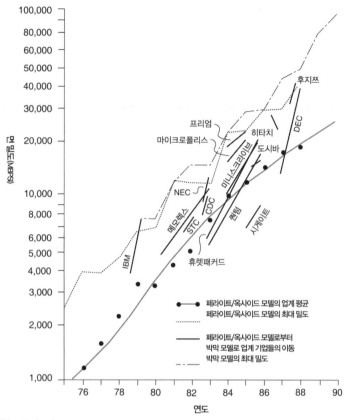

출처:「디스크/트렌드 리포트」

의 밀도를 달성했을 때 새로운 헤드를 출시하면서 업계의 선두로 나섰다. 메모렉스와 스토리지 역시 이 기술을 이용하여 업계 선두 자리를 차지했다. 다른 끝에 위치한 후지쯔와 히타치는 박막 기술에서 리더보다는 추종자가 되기로 한 후에 기존 페라이트 헤드의 성능을 IBM이 최초로 선보였던 기술 수준의 10배 가까운 수준까지 끌어올렸다.

이와 같은 기술 분야에서 선두로 나선다는 것은 어떤 이점을 줄까? 리더가 추종자에 비해서 어떤 중요한 경쟁우위를 얻었다는 증거는 없다. 박막 기술 분야에서 선두에 나섰던 기업들 가운데 누구도 선두에 나섰다는 이유로 인해서 많은 시장점유율을 확보하지는 못했다. 게다가 고밀도 수준을 얻기 위해 초기에 선도했던 기술을 보상받을 만큼 학습 이점을 얻지 못했다. 이러한 추정의 증거는 [그림 6-2]에 잘 나타나 있다. 수평축은 기업들이 박막 헤드 기술을 도입한 순서를 나타낸다. IBM이 최초였고, 메모렉스가 두 번째, 그리고 후지쯔는 15번째였다. 수직축은 1989년 현재 각 회사가 마케팅을 하는 모델의 기록 밀도의 순위를 나타낸 것이다. 박막 헤드를 처음으로 도입한 기업들이 후발주자들에 비해 어느 정도 경험상 이점을 얻었다면 우리는 이 차트에 표시된 지점들이 좌 상단에서 우 하단으로 기울어져 있으리라고 짐작할 수 있다. 그렇지만 이 차트를 보면 박막 헤드와 이후의 기술적 우위 면에서 리더십과 팔로우십 사이에 아무런 관련이 없다는 걸 알 수 있다.[1]

디스크 드라이브 업계 역사에 등장하는 다른 존속적 기술들도 모두 이와 유사한 그림을 보인다. 존속적 기술을 개발하고 채택한 선두 기업들 가운데 어떤 곳도 추종 기업에 비해 눈에 띄게 경쟁우위를 확보했다는 증거를 찾을 수가 없다.[2]

파괴적 기술을 통한 리더십은 엄청난 가치를 창조한다

역사적으로 존속적 기술을 선도하는 것이 디스크 드라이브 분야의 선도 업체들에는 별다른 이점이 되지 못했다는 걸 보여주는 증거와 달리 파괴적 기술에서 앞서나간다는 건 매우 중요했다는 걸 보여주는 강력한

그림 6-2 박막 기술 채택 순서와 1989년 고성능 모델의 면 밀도 사이의 관계

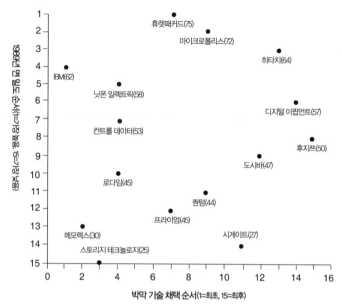

출처: 클레이튼 M. 크리스텐슨, "Exploring the Limits of the Technology S-Curve. Part I: Component Technologies", 「제조·생산관리」1, 4(1992년 가을), 347.

증거가 존재한다. 디스크 드라이브가 생겨난 후 2년 내에 이러한 파괴적 드라이브 세대에 의해서 새로운 가치 네트워크에 진입한 기업들은 이후에 진입한 기업들에 비해서 성공할 확률이 6배 이상 높았다.

　1976년과 1993년 사이에 83개 기업들이 디스크 드라이브 산업에 진입했다. 업체 중 35곳은 다른 컴퓨터 주변기기나 기타 자기 기록 제품들을 만든 메모렉스, 앰펙스, 3M, 그리고 제록스와 같이 다각적 사업을 벌이는 기업들이었다. 나머지 48곳은 독립적인 신생 기업들로서 이중 다수는 벤처 자본에 의해서 자금을 조달받았고, 업계 내 다른 기업들에서 과거 일한 적이 있는 사람들이 이 기업을 경영했다. 이와 같은 숫자들은 실제 판매여부에 상관없이 하드 드라이브 설계에 실제로 관여했거나 아니면 그러한 계획을 발표한 것으로 알려진 기업들의 모든 명단을 나타낸다. 이것은 어떤 유형의 회사에 우호적이거나 아니면 적대적인 기준에 의거해서 만든 통계적인 기업 샘플과는 거리가 멀다.

이러한 기업들이 각자 취했던 진입 전략은 [도표 6-1]의 축을 따라서 설명할 수 있다. 수직축은 기술 전략을 의미한다. 여기서 아래에 있는 기업들은 자신들의 초기 제품에 입증된 기술만을 사용한 기업들이며, 위에 있는 기업들은 하나 이상의 새로운 부품 기술을 사용한 기업들이다.[3] 수평축은 시장 전략을 차트화한 것이다. 왼쪽에 속한 기업들은 기존의 가치 네트워크에 들어간 기업들이고, 오른쪽에 있는 기업들은 새로 생겨나는 가치 네트워크에 진입한 기업들이다.[4] 이와 같은 매트릭스를 설명하는 또 다른 방법은 진입 초기에 존속적 혁신을 개발해서 채택하는 데 적극적인 기업들은 맨 위 2개의 좌우 상자에 모두 등장하는 것 같다. 반면 진입 초기에 새로운 가치 네트워크를 창조하는 데 앞장섰던 기업들은 오른쪽에 있는 상자 2개에 등장하는 것과 같다. 오른쪽 상자에 속한 기업들은 모두 새로운 가치 네트워크 창조를 시도한 곳들이다. 다만 여기서 말하는 네트워크에는 충분한 시장으로 구체화되지 못한 것들까지(제거가 가능한 하드 드라이브처럼) 포함한다.

각각의 4분면은 각 분면을 대표하는 전략을 사용하면서 진입한 기업들의 숫자를 보여준다. 성공(S)에는 후에 실패했을지는 몰라도 적어도 1년 동안에 1억 달러의 매출을 성공적으로 올린 기업들의 숫자가 들어 있다. 실패(F)에는 1억 달러 매출 문턱을 넘지 못해서 결과적으로 업계에서 퇴출당한 기업들의 숫자가 들어 있다. 이 밖에 해당 없음(N)은 1994

도표 6-1 1년 동안 연매출 1억 달러를 올린 디스크 드라이브 기업들(1976~1994년)

새로운 기술

기업 유형	S	F	N	T	성공기업 비율 (단위:%)	매출 (단위:억 달러)
신생기업	0	7	3	10	0	235.3
관련기술	0	1	0	1	0	0.0
관련시장	0	3	0	3	0	1.4
향후 통합체	0	1	0	1	0	0.0
총계	0	12	3	15	0	236.7

진입시 기술전략

기업 유형	S	F	N	T	성공기업 비율 (단위:%)	매출 (단위:억 달러)
신생기업	3	11	4	18	18	2,485.7
관련기술	0	4	0	4	0	191.6
관련시장	0	12	0	12	0	361.2
향후 통합체	0	3	0	3	0	17.7
총계	3	30	4	37	8	3,056.2

임존된 기술 / 기존시장

기업 유형	S	F	N	T	성공기업 비율 (단위:%)	매출 (단위:억 달러)
신생기업	3	18	7	28	11	2,721.0
관련기술	0	5	0	5	0	191.6
관련시장	0	15	0	15	0	362.6
향후 통합체	0	4	0	4	0	17.7
총계	3	42	7	52	6	3,292.9

신규시장

기업 유형	S	F	N	T	성공기업 비율 (단위:%)	매출 (단위:억 달러)
신생기업	3	4	1	8	37	16,379.3
관련기술	0	0	0	0	—	—
관련시장	0	0	0	0	—	—
향후 통합체	0	0	0	0	—	—
총계	3	4	1	8	37	16,379.3

시장진입 전략

기업 유형	S	F	N	T	성공기업 비율 (단위:%)	매출 (단위:억 달러)
신생기업	4	7	2	13	31	32,043.7
관련기술	4	2	0	6	67	11,461.0
관련시장	1	4	0	5	20	2,239.0
향후 통합체	0	0	0	0	—	—
총계	9	13	2	24	36	45,743.7

기술 전략과 관계없이 모든 기업들의 통계

기업 유형	S	F	N	T	성공기업 비율 (단위:%)	매출 (단위:억 달러)
신생기업	7	11	3	21	33	48,423.0
관련기술	4	2	0	6	67	11,461.0
관련시장	1	4	0	5	20	2,239.0
향후 통합체	0	0	0	0	—	—
총계	12	17	3	32	37	62,123.0

S=성공(Success), F=실패(Failure), N=해당 없음(No), T=총계(Total)

출처: 「디스크/트렌드 리포트」

년 현재 활동하면서 아직까지 매출 1억 달러에 도달하지 못하여 판단을 내리기 어려운 기업들의 숫자가 들어 있다. 끝으로 총계(T)에는 이 범주에 들어간 기업들의 숫자가 적혀 있다.[5] '몇 퍼센트의 성공'이라고 적힌 가로줄은 1억 달러의 매출을 올린 회사 숫자 비중을 의미한다. 끝으로 매트릭스 아래에 적힌 건 위 2분면에 나와 있는 데이터의 합계다.

매트릭스 아래 숫자는 기존시장에 진입한 51개 기업들(6퍼센트) 가운데 불과 3곳만이 1억 달러 매출 기준에 도달했다는 걸 보여주고 있다. 이와 대조적으로 [도표 6-1]의 우측에 나온 것처럼 파괴적 기술 혁신에서 선도적이었던 기업들(생겨난 지 2년이 채 안 된 시장에 진입한 기업들) 중 37퍼센트는 1억 달러의 매출을 달성했다. 해당 기업이 신생기업이건 다변화 기업이건 1억 달러 매출 달성 성공률에는 거의 영향을 미치지 못했다. 중요한 건 기업 조직의 형태라기보다는 기업이 파괴적 상품을 도입하고, 그러한 상품이 팔리는 시장을 창조하는 데 선도적이었느냐의 여부였다.[6]

존속적 부품 기술 분야를 이끌면서 진입한 기업들 가운데 불과 13퍼센트(매트릭스 상단)가 성공한 반면, 이들 기업들을 뒤따라 들어간 기업 가운데 20퍼센트가 성공을 거두었다. 분명히 말해서 4분면 하단 우측은 성공에 가장 비옥한 토양 역할을 하고 있다.

각 4분면의 가장 오른쪽에 나와 있는 매출액 숫자 누계는 각 전략을 추구하는 모든 기업들이 올린 누적 매출을 의미한다. 이 숫자는 매트릭스 아래에 요약되어 있다. 그런데 이 결과는 놀라울 정도다. 함께 파괴적 상품 개발을 추진하는 데 앞장섰던 기업들은 1976년에서 1994년 사이에 총 620억 달러의 누적 매출을 달성했다.[7] 그들이 활동한 시장이 자리를 잡은 다음에 뒤늦게 이 시장에 진출한 기업들이 같은 기간 동안에 올린 총매출은 33억 달러에 불과했다. 이것이 바로 혁신기업이 가진 딜레마다. 소규모 신생시장에 진입함으로써 성장을 모색했던 기업들이 더 큰 시장에서 성장을 모색한 기업들이 올린 매출보다 20배가 넘는 수준의 매출을 올린 것이다. 기업 간 매출의 차이는 이보다 훨씬 더 크다. 파괴적 기술을 사용해서 시장에 뒤늦게 진출한 기업들의 평균 누적 매출은 기업당 총 6,450만 달러였다. 왼쪽에 속한 기업들은 손해 보는 거래를 한 것 같다. 그들은 파괴적 기술의 신생 시장이 전혀 개발되어 있지 않은 상태일지 모르기 때문에 생기는 위험인 '시장의 위험(market risk)'을 기존 경쟁사들에 맞서면서 시장에 진입하는 데 따른 위험인 '경쟁 위험(competitive risk)'으로 맞바꿨다.[8]

기업의 크기와 파괴적 기술의 리더십

파괴적 혁신에서 리더의 자리를 유지할 경우 그에 따른 많은 보상이 뒤따른다는 증거가 명확한데도 기존기업들은 종종 파괴적 기술에서 리더의 자리에 오르지 못했다. 기존기업의 고객이 조직을 장악한 상태에서 합리적이면서도 이미 잘 기능하고 있는 자원 할당 프로세스를 통해서 기존기업들이 파괴적 기술을 상용화하지 못하도록 방해하고 있기 때문이다. 성장세를 유지하기 위해서 노력하는 기존기업들에 타격을 주는 또 다른 잔인한 요소는 그들이 더 커지고 성공할수록 반드시 진입해야만 하는 초기 단계의 신생시장에 진입하는 데 필요한 명분을 모으기가 더 어렵게 된다는 사실이다.

좋은 경영자들은 다음과 같은 많은 이유들 때문에 자신이 속한 조직을 계속해서 성장시켜야겠다는 동기를 부여받는다. 첫째, 기업의 성장률은 주가에 강력한 영향을 준다. 기업의 주가가 미래의 이익 흐름에 대한 예측을 현재 가격에 반영하고 있기 때문에, 주가가 오르건 내리건 간에 주가 수준은 전망되는 이익 성장률의 변화에 따라서 움직이게 된다.[9] 다시 말해서 기업의 현재 주가가 20퍼센트의 이익 성장률을 반영하고, 시장의 이익 성장률에 대한 합의가 13퍼센트로 하향 조정될 경우 회사의 매출과 이익이 여전히 건전한 수준으로 증가하고 있더라도 회사의 주가는 하락할 공산이 크다. 물론 강력하게 상승하는 주가는 기업이 유리한 조건으로 자본을 조달할 수 있는 길을 열어주며, 행복한 투자자들은 기업에 위대한 자산 역할을 한다.

주가가 상승하면 스톡옵션은 핵심 직원들이 더 열심히 일할 수 있게 만드는 저렴한 인센티브이자 좋은 보상 수단 역할을 한다. 주가가 정체를 보이거나 하락할 때는 이러한 스톡옵션 가치도 하락한다. 더불어 기업의 성장은 경영진으로 하여금 좋은 성과를 내는 직원들이 각자 맡은 책임 범위를 넓힐 수 있는 여지를 만들어준다. 반면 기업들이 성장을 멈출 경우 승진 기회가 줄어들 걸로 생각하는 많은 미래의 리더들은 회사를 떠나기 시작할 것이다.

끝으로 성장하는 기업들은 성장을 멈춘 기업들에 비해서 신제품과 프로세스 기술에 투자할 명분을 찾기가 훨씬 더 쉽다.[10] 그런데 불행하게도 성공한 기업들은 성장을 유지하는 게 점점 더 어려워진다는 걸 깨닫게 된다. 원리는 간단하다. 총수익이 4천만 달러인 기업이 주가와 조직의 활력을 뒷받침하기 위해서 매년 20퍼센트의 매출 신장을 필요로 할 경우 첫해에는 800만 달러를 추가적으로 벌어야 하고, 다음 해에는 960만 달러를 더 벌어야 한다. 반면 총수익이 4억 달러인 기업이 역시 20퍼센트의 매출 신장 목표를 맞추기 위해서는 첫해에 8천만 달러를 벌어야 하고, 다음 해에는 9,600만 달러를 벌어야 한다. 그리고 총수익이 40억 달러인 기업이 역시 마찬가지로 20퍼센트의 매출 신장 목표를 세울 경우 첫해에는 8억 달러를 더 벌어야 하고, 다음 해에는 9억 6천만 달러를 벌어야 하는 식이다. 이런 식으로 해가 갈수록 전년도에 비해서 수익을 더 늘려가야 한다.

이와 같은 문제는 특히 파괴적 기술에 직면한 대기업들에 심각하게 느껴진다. 파괴적 기술은 새로운 시장의 탄생을 용이하게 만드는데, 8억 달러짜리 신생시장이란 존재하지 않는다. 그러나 신생시장 규모가 작을 때, 즉 대규모로 새로운 수익을 올리려는 대기업들에 덜 매력적으로 보일 때 바로 그런 시장에 진입하는 게 정말로 중요하다.

성공한 기업의 경영자가 파괴적 변화에 직면했을 때 규모와 성장에 대한 이러한 현실들을 잘 다룰 수 있을까? 나는 이러한 문제에 대해 연구한 끝에 다음과 같은 3가지 방법을 찾아냈다.

1. 신생시장의 성장률에 영향을 주도록 노력한다. 이 시장이 대기업의 이익과 매출 성장 궤도에 의미 있는 영향을 줄 만큼 충분히 크고, 빠르게 성장하게 만드는 게 목적이다

2. 시장이 생겨나서 그 시장이 성숙할 때까지 기다린다. 그런 다음에 시장이 대기업이 흥미를 가질 만큼 충분히 커졌을 때 진입한다

3. 업무성과가 초창기 파괴적 사업으로부터 나오는 매출과 이익과 소규모 주문들에 의해서 의미 있는 영향을 받게 될 정도로 충분히 규모가 작은 조직에 파괴적 기술을 상용화하는 책임을 맡긴다

다음 사례 연구가 보여주듯이, 이 방법에는 문제가 있다. 하지만 앞의 사례들보다는 좀 더 성공 가능성이 많다.

사례 연구 1: 신생시장의 성장률을 끌어올리기

휴대용 컴퓨터 및 개인용 휴대용 정보 단말기(PDA) 시장에 조기 진입한 애플의 사례는 대기업들이 소규모 시장에서 직면하게 되는 어려움들을 명확히 보여준다.

애플은 1976년에 애플 I 을 출시했다. 이 제품은 기껏해야 제한된 기능만을 가진 예비 제품 정도에 불과했으며, 애플은 이 제품을 시장에서 철수시키기 전에 1대당 666달러를 받고 총 200대를 팔았다. 그러나 애플 I 은 재정적으로 실패한 제품이 아니었다. 애플은 이 제품의 개발에 많은 돈을 쓰지 않았지만 애플과 애플의 고객들은 데스크톱 컴퓨터의 잠재적 활용 방안에 대해서 많은 것을 배웠다. 애플은 이렇게 배운 것을 애플 II 개발에 활용했다. 애플은 시장에 출시한 지 불과 2년 만에 애플 II 컴퓨터를 4만 3천 대 팔았으며, 이 제품의 성공으로 애플은 개인용 컴퓨터 산업에서 선도업체로 발돋움할 수 있었다. 애플 II의 성공을 밑거름

삼아 애플은 1980년에 주식시장에 상장하기에 이른다.[11]

애플 II 를 처음 출시한 후 10년 만에 애플은 50억 달러 규모의 기업으로 성장했고, 다른 모든 성공 기업들과 마찬가지로 주식 가치와 조직의 활력을 유지하기 위해서 매년 많은 양의 수익을 올려야 하는 처지에 놓였다. 1990년대 초에 PDA 시장이 새로 생겨나자, 애플은 이곳에서 새로운 성장 동력을 찾을 수 있다고 생각했다. 많은 면에서 PDA 시장의 기회는 1978년 애플 II 로 인해 생긴 기회와 유사했으며, 애플에는 아주 잘 들어맞는 것처럼 보였다. 애플의 독자적인 디자인 분야 전문지식은 사용자 친화적인 제품에 잘 들어맞았는데, 사용자 친화성과 편리성은 PDA 개념의 기초였다.

그렇다면 애플이 이번 기회에 어떻게 접근했을까? 애플은 공격적으로 접근하기로 결정했다. 애플은 PDA 개발 프로젝트 이름을 뉴턴 (Newton)으로 정하고 이에 수천만 달러를 투자했다. 뉴턴은 기업 역사상 가장 철저하게 준비된 시장조사 활동 중 하나였다. 다시 말해서 소비자들이 PDA를 통해 어떤 것들을 구현하고 싶어하는지 알아보기 위해서 온갖 종류의 조사를 실시했다. PDA는 파괴적 컴퓨터 기술의 많은 특성들을 갖고 있었으며, 애플의 당시 CEO인 존 스컬리(John Sculley)는 PDA의 잠재적 문제들을 인식하고, 뉴턴 프로젝트 개발을 개인적으로 제일 우선순위에 두었다. 그는 또한 PDA 제품을 다양하게 홍보하면서 PDA 개발 노력이 그에 필요한 기술적, 재정적인 자원을 확보할 수 있게 노력했다.

1993년, 뉴턴PDA를 시장에 출시한 지 불과 2년 만에 애플은 이 PDA를 14만 대 팔았다. 물론 대부분의 전문가들은 뉴턴을 커다란 실패로 간주했다. 기술적으로 봤을 때 이 PDA의 필기 인식 능력은 실망스러웠고, 무선 통신 때문에 가격은 올라갔다. 그러나 가장 비난을 받았던 사실은 이 제품이 애플의 핵심 산업이었음에도, 판매는 전체 매출의 1퍼센트 정도에 불과했다는 것이다. 그렇게 많은 노력을 기울였음에도 뉴턴은 애플의 새로운 성장 욕구를 거의 해소하지 못했다.

그렇다면 뉴턴은 실패작이었을까? 뉴턴이 휴대용 컴퓨터 시장에 진입했던 시기는 애플Ⅱ가 데스크톱 컴퓨터 시장에 진입했던 시기와 거의 비슷했다. 이것은 자기 자신뿐만 아니라 애플도 모르는 욕구를 갖고 있는 규정하기 힘든 사용자들을 대상으로 한 파괴적 제품으로서, 애플은 시장을 스스로 창조해야 했다. 이러한 사실을 감안했을 때 뉴턴의 매출은 애플 임원들에게 즐거운 놀라움으로 느껴졌어야 한다. 뉴턴은 출시 첫 2년 동안 애플Ⅱ보다 3배 이상 잘 팔렸다. 그렇지만 4만 3천 대를 팔았다는 사실은 1979년 규모가 더 작았던 애플에는 기업공개(IPO) 자격을 부여하는 승리로서 간주됐겠지만, 1994년 덩치가 커진 애플에는 뉴턴을 14만대를 팔았어도 실패로 간주됐던 것이다.

7장에서 나오겠지만 파괴적 기술은 종종 과거에는 불가능하다고 여겨졌던 무언가가 가능할 때가 종종 있다. 그렇기 때문에 파괴적 기술이 처음 생겨날 때 제조업체들이나 소비자들은 파괴적 제품들이 어떻게 또는 왜 사용될지 모르기 때문에 그 제품의 어떤 구체적인 특징들이 궁극적으로 가치를 인정받고, 또 인정받지 못할지를 모른다. 그러한 시장을 만들기 위해서는 고객들과 제조업체들의 공동 발견 과정이 필요한데, 여기에는 단순히 시간이 걸릴 따름이다. 예를 들어 애플이 데스크톱 컴퓨터를 개발할 때 애플Ⅰ은 실패했고, 최초의 애플Ⅱ도 미적지근한 반응을 얻었으며, 애플Ⅱ⁺는 다소 성공했다. 애플Ⅲ는 품질 문제 때문에 시장의 실패작이었고, 이어 나온 리사(Lisa) 역시 실패작이었다. 매킨토시 컴퓨터도 처음 2세대는 고전을 면치 못했다. 애플과 애플의 고객들은 마침내 3세대 매킨토시가 나온 다음에야 제품에 관심을 가졌고, 제품의 편리하고 사용자 친화적인 컴퓨팅 표준에 나머지 업계가 궁극적으로 순응할 수밖에 없었다.[12]

그러나 애플은 뉴턴을 출시하면서 제품과 시장을 정의하는 데 필요한 종합적인 과정을 최대한 단축하기 위해서 필사적으로 노력했다. 애플은 자신들이 원하는 게 무엇인지 정확하게 알기 위해 아주 공격적인 투자에 나섰다(다음 장에 나오지만 그런 일은 불가능하다). 그런 다음에 고객들에게 그들이 원한다고 생각하고 있는 것을 주기 위해서 불확실한 역할을 맡을 수밖에 없었다. 애플은 휴대용 데이터 커뮤니케이션과 필기 인식 기술 수준을 현존 기술 수준 이상으로 끌어올리기 위해서 거액을 쏟아부었다. 그리고 마침내 사람들에게 애플이 디자인한 제품을 매력적으로 보이게 하기 위해서 역시 공격적으로 돈을 썼다.

신생시장은 말 그대로 규모가 크지 않기 때문에 이곳에서 경쟁하는 조직들은 소규모로 싸워야 수익성을 확보할 수가 있다. 수익성이 있고 성공적이라고 인식되는 조직이나 프로젝트는 모기업들과 자본시장들로부터 재정적, 인적 자원을 계속해서 끌어올 수 있기 때문에 이것은 중요한 문제다. 실패한 것으로 간주되는 계획들은 그런 자원을 가져오는 데 애를 먹는다. 그런데 불행하게도 애플이 PDA 시장의 탄생을 서두르기 위해서 뉴턴에 쏟아부은 투자 규모는 오히려 뉴턴이 매력적인 수익을 확보하기 매우 어렵게 만들었다. 따라서 뉴턴은 전반적으로 실패작으로 간주되었던 것이다.

다른 대부분의 실패작들이 그렇듯이 후에 다시 생각해보면 애플의 뉴턴 프로젝트의 실패 원인들이 밝혀진다. 그러나 나는 애플이 실패한 근본 원인은 부적절한 경영 방식 때문이 아니었다고 생각한다. 임원들이 취한 행동은 더 큰 문제를 보여준 증세에 불과했다. 다시 말해 소규모 시장은 대기업의 단기적인 성장 관련 요구사항들을 충족시킬 수 없다.

사례연구 2: 시장이 충분히 커질 때까지 기다리기

많은 대기업들이 파괴적인 기술의 덫에 대응해온 두 번째 방법은 그들이 진입하기 이전에 신생시장들이 흥미를 끌 만큼 충분히 커질 때까지 기다리는 것이다. 1981년에 IBM이 데스크톱 컴퓨터 사업을 적기에 진출했듯이 이런 전략이 가끔은 들어맞는다. 그러나 이것은 역효과를 낼 수 있는 유혹적인 주장일 뿐이다. 새로운 시장을 창조하는 기업들은 종종 시장의 요구사항에 철저히 부합되어 후발 진입기업들이 복제하기 어려운 능력을 개발할 때가 있기 때문이다. 디스크 드라이브 업계에서 2가지 사례들이 이와 같은 문제를 잘 보여준다.

1978년 진입 후 미니컴퓨터 제조업체들에 팔았던 8인치 드라이브 시장의 주도 기업 자리까지 올랐던 프라이엄은 시장에서 2년 주기로 드라이브를 개발할 수 있는 능력을 갖추었다. 이러한 신제품 출시 속도는 고객인 미니컴퓨터 제조업체들이 시장에 신제품을 출시하는 주기와 일치했다.

1980년도에 새로 부상하는 데스크톱 컴퓨터 시장에 출시된 시게이트가 처음 만든 5.25인치 드라이브는 미니컴퓨터 시장에서 프라이엄이 만든 드라이브의 성능에 비해서 대단히 속도가 늦었다. 그러나 1983년이 되자 파괴적인 5.25인치 기술을 실행하는 데 앞장섰던 시게이트와 다른 기업들은 그들이 활동하는 시장에서 1년마다 신제품을 출시했다. 시게이트와 프라이엄이 새로운 세대의 제품을 출시할 때마다 속도에서 비슷한 비율의 개선을 이루어냈기 때문에 시게이트는 1년 주기로 새로운 세대의 제품을 출시함으로써 프라이엄의 성능 우위를 빠르게 따라잡을 수 있었다.

프라이엄은 1982년에 첫 5.25인치 드라이브를 출시했다. 그러나 프라이엄이 5.25인치 후속 모델들을 출시하는 주기는 미니컴퓨터 시장에 맞춘 2년 주기였지, 데스크톱 컴퓨터 시장에서 경쟁하는 데 필요한 1년 주기가 아니었다. 결과적으로 프라이엄은 데스크톱 컴퓨터 제조업체로부터 단 1건의 주문도 확보할 수 없었다. 이 회사는 신제품들을 변변히 알릴 수조차 없었다. 그런데 시게이트는 프라이엄보다 훨씬 더 많은 단계를 앞서감으로써 그들 사이에 있었던 성능의 격차를 줄일 수 있었다. 결국 1990년에 프라이엄은 문을 닫았다.

두 번째 사례는 그다음 파괴적 세대에서 일어났다. 1984년 시게이트는 업계에서 두 번째로 3.5인치 드라이브 개발에 성공했다. 한때 전문가들은 시게이트가 이르면 1985년에 3.5인치 드라이브를 출시할 수 있을 것으로 추측했었다. 그리고 실제로 시게이트는 1985년 가을에 열린 컴퓨터 제품 전시회인 컴덱스에서 10메가바이트 모델을 선보였다. 시게이트가 1986년 후반까지도 3.5인치 드라이브를 선보이지 못하자 이 회사의 CEO인 앨 슈가트(Al Shugart)는 "아직까지 3.5인치 드라이브 시장이 충분히 크지 않기 때문이다"라고 말했다.[13] 1987년에 3.5인치 시장이 16억 달러 규모로 커지자 이 시장은 누가 보기에도 '흥미로울 만큼 충분히 큰 시장'이 되었다. 시게이트는 마침내 3.5인치 드라이브를 출시했다. 1991년에 시게이트는 이미 3.5인치 드라이브를 충분히 생산했지만 아직 휴대용 컴퓨터 제조업체에 단 하나의 드라이브를 파는 데도 성공하지 못했다. 시게이트의 모델들은 모두 데스크톱 컴퓨터 시장에 팔리면서 5.25인치 드라이브 시장을 크게 잠식하기 시작했다. 왜 이런 일이 벌어진 걸까?

이러한 현상이 생긴 가장 개연성 있는 이유는 휴대용 컴퓨터 제조업체들에 3.5인치 드라이브를 파는 데 앞장서며 선두 자리를 유지했던 코너 페리퍼럴스가 드라이브 제조업체들의 휴대용 컴퓨터 시장 접근 방식을 근본적으로 바꿔놓았기 때문이다. 코너 페리퍼럴스의 한 임원은 이렇게 설명했다.

OEM 디스크 드라이브 산업의 초창기 때부터 제품 개발은 3단계에 따라 이루어졌다. 우선 드라이브를 디자인했다. 그런 다음에 드라이브를 만들었다. 그리고 드라이브를 팔았다. 우리는 이러한 순서에 도전장을 내밀었다. 우리는 처음에 드라이브를 팔고, 다음에 드라이브를 디자인하고, 그 다음에 드라이브를 만든다.[14]

다시 말해서 코너는 휴대용 컴퓨터 시장에서 파는 드라이브가 주요 고객들을 위해서 맞춤 설계되는 패턴을 만들었다. 그리고 이 회사는 그러한 패턴에 맞춰서 마케팅, 엔지니어링, 제조 공정에서 일련의 능력들을 가다듬었다.[15] 또 다른 코너의 임원은 이렇게 말했다. "시게이트는 휴대용 컴퓨터 시장에서 어떻게 드라이브를 팔아야 할지 전혀 알 수 없었다. 그들은 그 방법을 절대 이해하지 못했다."[16]

사례 연구 3:
작은 조직에 작은 기회를 주기

모든 혁신은 어렵다. 그러나 혁신 프로젝트가 대부분의 사람들이 왜 실행하고 있는지 계속해서 의문을 제기하는 조직 내에서 추진될 때 이 어려움은 측정하기 힘들 정도로 어려워진다. 혁신 프로젝트가 중요한 고객들이 원하는 것을 해결해줄 경우, 성장과 이윤에 대한 조직의 욕구에 긍정적인 영향을 줄 경우, 그리고 프로젝트 참가로 재능 있는 직원들의 도전 기회가 확대될 경우에 한해 사람들은 이를 납득하게 된다. 어떤 프로젝트가 이러한 특성들을 갖지 못할 때 프로젝트 관리자들은 왜 이것이 자원에 유익한지를 정당화하느라 많은 시간과 에너지를 소비해야 하기 때문에 프로젝트를 효율적으로 관리하는 게 불가능하다. 그러한 경우 종종 최고의 인재는 이런 프로젝트에 관여하는 걸 원하지 않는다. 여건이 좋지 못할 때 불필요하다고 간주되는 프로젝트들은 가장 먼저 취소되거나 연기되기 때문이다.

따라서 임원들은 프로젝트의 성공 가능성을 높이는 가장 좋은 방법은 프로젝트 담당자가 자신의 프로젝트를 중요하게 여기는 점이라는 것을 알아야 한다. 이러한 환경 속에서 어쩔 수 없는 실망, 예상치 못한 문제, 일정 차이가 생길 때 조직은 문제를 해결하는 데 필요한 모든 조치를 강구할 방법을 찾을 가능성이 높다.

앞에서도 살펴봤듯이 소규모 신생시장에서 파괴적 기술을 상용화하기 위한 프로젝트는 대규모 기업의 성공에 꼭 필요한 것으로 보일 가능성이 매우 낮다. 소규모 시장들은 대기업들의 성장 문제를 해결해주지 못하기 때문이다. 대기업들은 모든 사람들에게 소규모 파괴적 기술이 언젠가 중요하게 될 것이라거나 그것이 적어도 전략적으로 중요하다고 확신하는 작업을 지속적으로 하기보다는 차라리 생긴 지 얼마 안 된 파괴적 기술에 의해서 생긴 기회를 보고 실행 동기를 부여받을 만큼 충분히 작은 조직을 통해 프로젝트를 실행할 수 있는 방법을 모색해야 한다. 이것은 독립적인 조직을 분사하거나 아니면 적절히 작은 규모의 기업을 인수함으로써 가능하다. 규모도 작고 제대로 정의되지도 않은 시장을 목표로 한 파괴적 프로젝트에 대규모 조직의 성취 지향적 직원들이 자원, 관심, 에너지를 총동원할 것으로 기대한다는 건 팔을 펄럭이며 하늘로 날기를 바라는 것과 같다. 그런 기대는 조직의 작동 메커니즘의 원칙을 부정하는 것이다.[17]

대기업이 독립 조직을 분사하거나 소규모 기업을 인수하는 방법을 써서 성공한 사례들은 많이 있다. 예를 들어 결과적으로 8인치 디스크 드라이브 세대를 놓친 컨트롤 데이터는 5.25인치 드라이브를 상용화하기 위해서 오클라호마시티로 한 그룹을 보냈다. 이 회사는 주요 고객들이 가진 힘에서 벗어나야 할 필요가 있었을 뿐만 아니라 조직 규모가 기회의 크기에 잘 맞는 조직을 창조하고 싶었다. 회사의 한 관리자는 당시 상황에 대해서 이렇게 말했다. "우리는 불과 5만 달러짜리 주문을 보고도 기뻐할 수 있는 조직이 필요했다. 메인프레임 시장에서 14인치 드라이브를 팔아서 근 10억 달러를 벌 수 있었던 미니애폴리스에서는 다른 사람들의 관심이라도 끌려면 100만 달러짜리 주문은 있어야 했다." 결국 컨트롤 데이터의 오클라호마시티 진출은 상당한 성공을 거두었다.

조직의 크기를 기회의 크기에 맞추는 또 다른 방법은 파괴적 기술을 낳을 수 있게 소규모 기업을 인수하는 것이다. 수십 년 동안 밀워키를 본거지로 하고 있는 앨런 브래들리 컴퍼니(Allen Bradley Company)는 모터 산업에서 리더 자리를 굳게 지키고 있었다. 이 회사는 과부하와 전류 급증으로부터 모터를 보호해주는 튼튼하면서도 섬세한 스위치를 만들어왔다. 앨런 브래들리의 고객들은 기계 도구와 크레인 제조업체들, 상업용 난방, 통기, 공기조절(HVAC, Heating, Ventilating Air Conditioning) 시스템에 들어갈 팬과 펌프를 설치하는 하청업체들이었다. 모터 조절기는 가정용 조명 스위치와 같은 원칙에 따라서 움직이지만 크기는 훨씬 더 큰 전기 기계 장비였다. 복잡한 기계 도구와 공기조절 시스템에서 전기 모터와 모터의 조절기는 특정한 순서와 상황에 따라서 끄고 켤 수 있게 전기기계 릴레이 스위치를 통해서 연결되어 있을 때가 자주 있었다. 통제하는 장비 자체가 고가이고, 장비가 가동을 중단하면 엄청난 비용이 들기 때문에 조절기는 수백만 번 켜고 끌 수 있어야 했고, 조절기가 사용되는 환경에서 일반적으로 나타나는 충격과 먼지를 감당할 수 있도록 엄격하게 제작되어야 했다.

1968년에 신생기업인 모디콘(Modicon)은 프로그램이 가능한 전기 모터 조절기를 판매하기 시작했다. 전기 조절기를 사용하고 있던 주류 고객들이 보기에 이것은 파괴적인 기술이었다. 텍사스 인스트루먼츠(Texas Instruments)가 곧바로 자체적으로 전기 조절기를 개발해서 이 시장에 뛰어들었다. 초기 전기 조절기는 앨런 브래들리에서 만드는 크고 튼튼한 조절기보다 견고함과 내구성이 실질적으로 부족했기 때문에 모디콘과 텍사스 인스트루먼츠는 그들의 제품을 주류 기계도구 제조업체들과 공기조절 시스템을 만드는 하청업체에 판매할 수 없었다. 주류시장에서는 성능을 기준으로 제품을 평가했는데, 전기모터 조절기는 일반적인 조절기보다 성능이 떨어졌고, 이런 조절기가 가진 자유로운 프로그램 기능을 필요로 하는 주류 고객들은 거의 없었다.

결과적으로 모디콘과 텍사스 인스트루먼츠는 프로그램이 가능한 조절기를 팔 수 있는 신생시장을 개척할 수밖에 없었다. 그곳은 바로 공장 자동화 시장이었다. 이러한 신생시장의 고객들은 장비 제조업체들이 아니라 자동차 장비 통합 작업을 이제 막 시작하고 있던 포드와 제너럴 모터스와 같은 장비 사용업체들이었다.

전기 모터 조절장치를 주로 제조하던 앨런 브래들리, 스퀘어 D(Square D), 커틀러 해머(Cutler Hammer), 제너럴 일렉트릭(GE, General Electric), 웨스팅하우스(Westinghouse) 중에 앨런 브래들리만이 견고함 면에서 개선된 프로그램이 가능한 전기 조절기에서 강력한 시장 입지를 유지하면서, 핵심 모터 조절 시장을 공략하기 시작했다. 앨런 브래들리는 모디콘이 진출한 지 불과 2년 만에 전기 조절기 시장에 진출해서 오래된 전기기계 제품들에 있는 강점을 갖고 몇 년 내에 신기술 분야에서 시장 선도적인 위치에 올라섰다. 이 회사는 이어 공장의 자동화에 맞는 전기 조절기 주요 납품업체로서 변신을 시도했다. 이와 달리 다른 기업들은 훨씬 더 늦게 전기 조절기를 출시했고, 결과적으로 조절기 사업에서 손을 떼거나 아니면 시장의 입지가 크게 약화됐다. 성능 측면에서 따져봤을 때 이것은 놀라운 결과가 아닐 수 없다. 그 이유는 제너럴 일렉트릭과 웨스팅하우스는 당시 마이크로전자 공학 기술에서 상당히 전문적인 지식을 갖고 있었기 때문이다. 이와 달리 앨런 브래들리는 그러한 기술에 체계적인 경험을 쌓은 적이 없었다.

앨런 브래들리가 어떤 면에서 그렇게 달랐던 것일까? 1969년에 모디콘이 시장이 진출한 지 불과 1년 만에 앨런 브래들리의 임원들은 프로그램이 가능한 조절기를 생산하는 신생기업인 인포메이션 인스트루먼츠 (Information Instruments)의 지분 25퍼센트를 인수했다. 그다음 해에 이 회사는 프로그램이 가능한 전기 통제기와 신생시장에 초점을 맞춰왔던 벙커 라모(Bunker Ramo)의 새 사업부를 즉시 인수했다. 앨런 브래들리는 이렇게 인수한 곳들을 하나의 단위로 묶어서 그것을 밀워키에 있는 주력 제품 생산 회사와는 다른 별도의 회사로 만들어서 유지했다. 시간이 지나면서 앨런 브래들리의 한 사업부가 다른 사업부를 공격하고 있는 가운데 전기 제품들이 전기기계 조절기 사업을 크게 잠식해 들어오고 있었다.[18] 이와 달리 다른 4곳의 회사들은 각기 주류 전기 사업부 내에 있는 전기 조절기 사업들을 관리하기 위해서 애썼다. 전기기계 사업부의 고객들은 애초부터 전기 조절기를 필요로 하지 않거나 원하지 않았다. 각 사업부마다 새로운 기술 분야에서 생존 가능한 입지를 개발하는 데 실패했다.

존슨앤존슨(Johnson & Johnson)은 내시경 수술 장비와 일회용 콘택트렌즈와 같은 파괴적 기술을 상대함에 있어 앨런 브래들리와 유사한 전략을 세워 아주 큰 성공을 거두었다. 존슨앤존슨의 전체 매출은 200억 달러가 넘지만 이 회사는 160개의 자율적으로 경영되는 기업들로 이루어져 있다. 이 기업들은 대규모 맥네일(MacNeil)과 얀센(Janssen) 제약회사에서부터 연매출이 2천만 달러 미만인 소규모 회사에 이르기까지 다양하다. 존슨앤존슨의 전략은 본래 그럴 목적으로 인수한 초소형 기업들을 중심으로 파괴적 기술 제품들을 출시하는 것이다.

요약

성장과 경쟁우위를 추구하는 경영자들이 운영하는 모든 사업 분야에서 리더가 누구인가는 중요하지 않다. 사실상 존속적 기술 분야에서 나온 증거는 기존 기술들의 성능을 확대하는 데 초점을 맞추었고, 새로운 기술을 받아들이는 데 뒤처진 기업들은 강력하고 경쟁적으로 남을 수 있다는 것을 암시해주고 있다. 그러나 이것은 파괴적 기술이 주는 혜택과는 거리가 멀다. 처음에 파괴적 기술이 사용되는 신생시장에 조기 진출하게 되면 엄청난 수익과 1차 진출자로서의 강력한 이점이 있다. 파괴적 기술을 상용화하는 데 주도한 디스크 드라이브 제조업체들은 파괴적 기술을 추종한 기업들에 비해서 훨씬 더 빠른 속도로 성장했다.

파괴적 기술을 상용화하는 데 주도적으로 나서는 것이 중요하다는 걸 보여주는 증거가 있음에도 혁신기업들조차 그러한 리더의 자리를 추구하면서 심각한 딜레마에 빠진다. 대규모 성장 지향적인 기업들이 고객의 힘을 무시하지 못하는 것과 같이 소규모 시장은 기업의 단기적인 성장을 뒷받침할 저력이 부족하다. 파괴적 기술에 의해서 출현이 가능한 시장들은 모두 작은 시장에서 시작됐다. 이러한 시장에서 선도기업들이 받은 첫 주문의 규모는 매우 작았다. 이러한 요소들은 각기 소규모 조직에서 파괴적 기술을 상용화시키는 프로젝트를 가동하자는 정책의 추진 명분이 된다. 소규모 기업들은 이 프로젝트를 기업의 주류 사업에서 벗어나는 게 아니라 기업을 성장과 성공에 이르게 하는 중요한 길로 여길 것이다.

물론 이러한 권고가 새로운 것은 아니다. 이미 많은 다른 경영학자들이 혁신에서는 규모가 작고 독립적인 기업들이 확실한 우위를 얻을 수 있다는 주장을 해왔다. 5장과 6장이 왜, 그리고 어떤 환경 속에서 이러한 전략이 적절한지 깊이 있는 통찰을 제공한다.

7장

새로운 시장의 발견

::

기존 기업에서의 예측 불가능성과 하향 이동 불가능성

존재하지 않는 시장은 분석할 수 없다. 공급업체와 고객이 함께 그 시장을 발견해야만 한다. 파괴적 기술의 경우 개발 시기에 그 기술을 시장에 적용시킬 수 있는지가 알려져 있지 않을 뿐만 아니라 알 수도 없다. 따라서 경영자들이 파괴적 기술 변화에 직면해 적용할 전략 및 계획은 실행 계획이 아니라 학습 및 발견의 계획이어야 한다. 스스로 시장의 미래를 알고 있다고 믿는 경영자들은 시장의 불확실성을 인식하는 사람들과는 매우 다른 식으로 계획을 세우고 투자를 할 것이기 때문에 이런 사항은 매우 중요하다.

대부분 경영자들은 혁신을 존속적 기술의 맥락에서 학습한다. 기존기업들이 개발한 대부분의 기술이 본질적으로는 존속적이기 때문이다. 이론적으로 그런 혁신들은 고객의 욕구가 이해되고 있는 기존 시장을 대상으로 하고 있다. 이런 환경이라면 혁신적인 제품을 평가, 개발, 마케팅하기 위해 계획 및 연구하는 방법이 현실적으로 가능할 뿐만 아니라 성공에도 매우 중요하다.

그렇지만 이것은 성공적인 기업의 최고 경영자들이 혁신 관리에 대해 학습한 것들은 파괴적 기술과는 관련이 없다는 사실을 의미한다. 예를 들어 마케팅 담당자 대부분은 대학이나 직장에서 고객의 말에 경청하는 중요한 기법을 오랫동안 학습했을 뿐, 아직 존재하지 않는 시장을 발견하는 법에 대해 이론적이거나 실제적인 훈련을 학습한 적이 거의 없다. 이런 일방적인 경험 기반 때문에 존속적 혁신을 통해 학습한 분석 및 의사결정 과정을 가능화 기술(enabling technology)이나 파괴적 기술에 적용할 때 기업에 치명적인 결과를 가져오게 된다. 이런 과정을 위해서는 정보가 없는데도 엄청나게 많은 정보가 필요하며, 매출이나 비용을 알 수 없는데도 재정적인 수익에 대한 정확한 예상치가 필요하고, 공식화할 수 없는 자세한 계획 및 예산을 기반으로 한 경영이 필요하다. 좋은 기업들이 부적합한 마케팅, 투자, 경영을 적용할 경우, 가능화 기술이나 파괴적 기술이 처음으로 사용될 신규 시장을 구축할 수 없게 된다.

이번 장에서는 디스크 드라이브 산업 전문가들이 정확하게 존속적 기술 시장을 예상할 수 있었음에도 파괴적 기술을 위한 신규 시장의 출현을 파악하고 규모를 예상하는 데 어째서 큰 어려움을 겪었는지에 대해 살펴볼 것이다. 오토바이와 마이크로프로세서 산업 역사를 추가적인 사례로 활용해, 파괴적 기술 또는 가능화 기술의 활용에 대한 불확실성을 증명해 보이기로 한다. 되돌아볼 경우 그런 기술의 출현은 너무나 분명해 보인다.

존속적 기술 시장 vs 파괴적 기술 시장 예측

디스크 드라이브 산업에서는 특이할 정도로 산업 초기에서부터 많은 시장 정보를 구할 수 있다. 그 업계를 연구할 경우 풍부한 통찰력을 얻을 수 있는 이유가 바로 거기에 있다. 우선 데이터 출처인 「디스크/트렌드 리포트」는 1975년부터 현재까지 세계 각 기업에서 판매된 모든 디스크 드라이브 모델을 나열하고 있다. 이 자료는 정확히 몇 년 몇 월에 각 모델이 처음으로 시장에 선보였는지 보여주고, 각 드라이브 성능의 세부 사항을 나열하며, 사용된 부품 기술을 자세하게 정리하고 있다. 또한 세계의 모든 제조업체들은 제품 유형별 매출 정보를 제공하고 있으며, 어떤 유형의 고객들이 어떤 드라이브를 구입했는지에 대한 정보 또한 알려주고 있다. 「디스크/트렌드 리포트」의 편집자들은 이런 정보들을 통합해 좁게 정의된 시장의 크기를 도출해내고, 주요 경쟁업체들의 점유율을 나열하고 있다. 한편 기업 기밀과 관련된 데이터는 모두 보호하고 있다.

매년 「디스크/트렌드 리포트」는 지난 1년 동안 각 시장 부분의 생산량 및 달러로 환산한 실제 매출을 발표하며, 각 카테고리에 대한 향후 4년 동안의 연간 예상치를 제공한다. 「디스크/트렌드 리포트」가 20년 동안 전적으로 업계 데이터에 가장 가까이 접근했기 때문에 시간이 흐른 뒤에 과거 예상치가 정확했는지 여부를 가늠해볼 수 있다. 전체적으로 「디스크/트렌드 리포트」는 기존시장의 미래를 예상하는 데에는 놀라울 정도로 정확했지만 파괴적 디스크 드라이브 기술로 가능해진 신규 시장의 크기를 정확하게 추정하는 데에는 어려움을 겪었다.

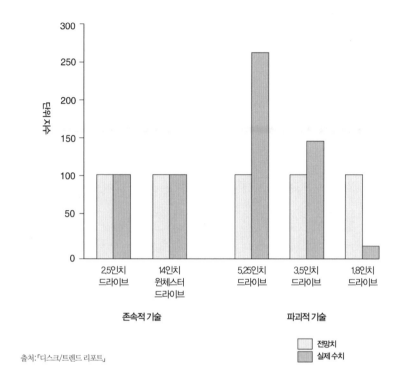

그림 7-1 **첫 번째 상업적 선적 후 4년 동안의 존속적 기술 대 파괴적 기술**

단위지수 (y축)

300
250
200
150
100
50
0

2.5인치 드라이브 / 14인치 원체스터 드라이브 / 5.25인치 드라이브 / 3.5인치 드라이브 / 1.8인치 드라이브

존속적 기술   파괴적 기술

□ 전망치
■ 실제 수치

출처: 「디스크/트렌드 리포트」

그 증거는 [그림 7-1]에 요약되어 있다. [그림 7-1]은 새로운 디스크 드라이브가 4년 동안 판매될 것이라고 「디스크/트렌드 리포트」가 예상한 전체 생산량과 그 기간 동안 실제로 선적된 전체 생산량을 비교하고 있다. 쉽게 비교할 수 있도록 예상 선적 수치를 나타내는 막대그래프의 높이를 100으로 표준화시켰으며 실제 선적량은 예상치 기준 퍼센티지로 표시했다. 「디스크/트렌드 리포트」에서 예상치를 구할 수 있는 5가지 신규 아키텍처 중에서 14인치 원체스터와 2.5인치 세대가 존속적 혁신이었다. 이 제품들은 이전 드라이브 세대와 같은 가치 네트워크에서 판매

된 제품들이다. 나머지 5.25인치, 3.5인치, 1.8인치 드라이브는 새로운 가치 네트워크의 등장을 가져온 파괴적 혁신이었다. 「디스크/트렌드 리포트」는 8인치 드라이브에 대해 별도의 예상치를 발표하지 않았다.

존속적인 2.5인치와 14인치 윈체스터 기술에 대한 「디스크/트렌드 리포트」의 예상치가 업계가 실제 판매한 수치에 비해 오차가 각각 8퍼센트, 7퍼센트 이내였다는 점에 주목하길 바란다. 그렇지만 5.25인치의 경우 265퍼센트, 3.5인치 드라이브의 경우 35퍼센트(사실 꽤나 근접한 수치다) 오차를 기록했으며, 1.8인치 드라이브의 경우는 550퍼센트나 됐다. 특히 「디스크/트렌드 리포트」가 크게 차이가 나는 예상치를 발표한 1.8인치 드라이브는 컴퓨터가 우선순위가 아닌 시장에서의 첫 번째 세대 드라이브였다.

「디스크/트렌드 리포트」 직원들은 존속적 아키텍처 예상치를 계산하는 방법을 파괴적 기술에도 사용했다. 즉, 그들은 주요 고객과 업계 전문가 인터뷰, 경향 분석, 경제 모델 등을 활용했다. 그렇지만 그들은 존속적 기술에 적용했을 때 특별히 잘 통했던 기법을 아직 존재하지 않는 시장에 적용하면서 크게 실패하고 말았다.

휴렛패커드 1.3인치 키티호크 드라이브를 위한 시장 찾기

예측 가능성 면에서 존속적 기술과 파괴적 기술의 차이는 휴렛패커드가 혁명적이고 파괴적인 1.3인치 키티호크(Kittyhawk) 디스크 드라이브를 위한 시장을 구축하려는 노력에 상당한 영향을 미쳤다.[1] 1991년 아이다호주 보이지에 기반을 두고 있는 휴렛패커드의 디스크 메모리 디비전(DMD, Disk Memory Division)은 매출 규모가 200억 달러에 달했으며, 디스크 드라이브 생산을 통해 6억 달러 가량의 매출에 기여했다. 그해에 디스크 메모리 디비전은 소형 1.3인치 20메가바이트 드라이브를 착안했으며 코드네임을 키티호크라고 정했다. 사실 이 프로젝트는 과격한 프로그램처럼 보였다. 디스크 메모리 디비전이 이전에 제조한 최소형 드라이브는 3.5인치짜리였으며, 휴렛패커드는 업계에서 3.5인치를 도입한 최후의 기업 중 하나였다. 1.3인치 키티호크는 상당한 도약이나 다름없었으며 휴렛패커드가 파괴적 기술을 주도하려는 첫 번째 시도였다는 점에서 주목할 만하다.

세계적 기업으로 성장하고 싶었던 휴렛패커드의 경영진은 3년 안에 키티호크 매출을 1억 5천 달러까지 올리라는 지시를 내렸다. 키티호크 제안자들에게 다행스러운 일은 이 소형 드라이브를 위한 상당한 크기의 시장인 초소형 컴퓨터와 PDA 시장이 등장하고 있었다는 점이다. 키티호크의 후원자들은 단말기 시장의 미래를 연구한 다음 자신들에게 정해진 매출 목표를 달성할 수 있다는 결론을 내렸다. 그들은 시장조사 업체에 의뢰했으며, 그 업체는 키티호크의 시장이 긍정적이라는 휴렛패커드의 믿음을 확인했다.

휴렛패커드의 마케팅 담당자들은 모토로라, ATT, IBM, 애플, 마이크로소프트, 인텔 등 컴퓨터 업계 주요 기업들 및 덜 알려진 여러 신생기업들의 경영진과 긴밀한 관계를 맺었다. 이런 모든 점이 PDA 시장에서의 실질적인 제품 개발 가능성을 높여줬다. PDA 제품 다수가 키티호크의

그림 7-2 휴렛패커드의 키티호크 드라이브

출처: 휴렛패커드

특성을 염두에 두고 설계됐으며, 키티호크의 디자인은 연구를 통해 확인된 고객들의 욕구를 반영했다.

키티호크를 제작하는 팀은 고객들의 요구사항을 충족시키는 드라이브를 개발하는 것이 까다롭기는 하지만 실행 가능한 기술적인 도전이라는 결론을 내렸다. 그리고 그들은 이 소형 장치를 개발하기 위해 1년 동안 공격적으로 기술개발에 매진했다. 그 결과는 인상적이었다. 첫 번째 버전에는 20메가바이트가 장착됐으며 1년 후 도입된 다음 버전에는 40메가바이트가 장착됐다. 그들은 목표 시장인 PDA와 노트북 컴퓨터 시장에서 요구되고 있는 견고함을 충족시키기 위해 자동차 에어백 센서에 사용되는 것과 유사한 충돌 센서를 키티호크에 장착했다. 이 센서를 통해 키티호크는 1미터 높이에서 떨어지더라도 데이터 손실이 발생하지 않게 됐다. 키티호크의 최초 가격은 250달러로 결정됐다.

키티호크의 기술 개발이 계획대로 진행되긴 했지만 키티호크가 사용될 응용 프로그램의 개발은 계획대로 진행되지 못했다. 애플의 뉴턴과 경쟁사들의 장비들이 기대치에 미치지 못하게 되면서 PDA 시장은 실질적으로 실현되지 못했다. 컴퓨터 업계 전문가들 다수는 이런 사실에 놀라움을 금치 못했다. 키티호크는 시장에 진출한 지 처음 2년 동안 예상치를 크게 밑도는 매출을 기록했다. 이러한 매출이 처음에 신생기업들이나 벤처 자본가들을 만족시켰을 수는 있지만, 휴렛패커드 경영진의 기대치에는 훨씬 밑돌았으며, 성장을 통해 전체적인 시장점유율을 획득하려는 디스크 메모리 디비전의 욕구를 충족시키기에는 너무나 낮은 수치였다. 더욱 놀라운 점은 키티호크의 매출에 가장 많은 기여를 했던 응용제품은 컴퓨터 시장과는 전혀 상관이 없었다. 상용화된 시장은 주로 일본어로 된 휴대용 워드프로세서, 소형 현금등록기, 디지털 카메라, 산업용 스캐너 등이었다. 이들 중 어느 것도 키티호크의 마케팅 계획에 계산되지 않았던 것들이었다.

더욱 절망스러운 일은 키티호크의 출시 2주년이 다가오고 있을 때 휴렛패커드 마케팅 담당자들이 큰 시장을 갖고 있는 비디오 게임 시스템을 만드는 업체들로부터 휴렛패커드가 가격이 낮은 버전을 제작한다면 매우 많은 양의 키티호크를 구입하고 싶다는 의뢰를 받았다는 점이었다. 이런 업체들은 2년 동안 키티호크를 잘 알고 있었지만 그렇게 작은 데이터 저장장치로 무엇을 할 수 있을지를 파악하는 데 시간이 걸렸다고 밝혔다.

휴렛패커드는 키티호크가 모바일 컴퓨터를 위한 존속적 기술이 될 수 있도록 상당한 수준까지 설계한 상태였다. 키티호크는 크기가 작고, 무게가 가벼우며 전력소모가 적고 견고해, 모바일 컴퓨터에서 필요로 하는 가치 면에서 2.5인치 드라이브에서 1.8인치 드라이브로 전환할 때와 같은 불연속적이지만 존속적 기술 개선이라는 전철을 밟았다. 키티호크는 단지 용량(휴렛패커드는 가능한 한도까지 추진했다) 면에서 문제가 있을 뿐이었다. 그렇지만 키티호크에 최종적으로 도착하기 시작한 대형의뢰와 주문은 진정으로 파괴적인 제품을 위한 것이었다. 바로 기능성에 제한이 있는 50달러짜리 주문이었기 때문이다. 이런 응용 프로그램을 위해서는 10메가바이트로도 충분했다.

불행하게도 휴렛패커드가 진정으로 파괴적인 제품을 위해 드라이브를 설계한 것이 아니라 PDA 시장에 필요한 비싼 기능을 갖춘 드라이브로 포지션을 정했기 때문에 가정용 비디오 게임 제조업체들이 요구하는 가격을 충족시킬 수 없었다. PDA에 필요한 당초 목표를 달성하기 위해 공격적으로 투자를 했던 경영진은 인내심을 잃게 됐으며 마침내 시장이 요구하는 단순하고 적은 기능이 담긴 1.3인치 드라이브를 새롭게 디자인할 만한 자본을 갖고 있지 않았다. 휴렛패커드는 1994년 후반에 키티호크를 시장에서 철수했다.

휴렛패커드의 프로젝트 매니저들은 과거를 뒤돌아보면서 키티호크의 가장 심각한 실수는 시장 예측이 틀린 게 아니라 그것이 옳은 것처럼 행동했다는 점이라고 시인했다. 그들은 PDA 시장 예상 생산량을 맞추기 위해서 제조에 공격적으로 투자했다. 또한 그들은 자신들이 아주 신중하게 연구했던 PDA 시장이 키티호크를 수용할 수 있도록 하기 위해 매우 중요한 요소인 충돌 센서와 같은 특성을 포함시켰다. 그런 계획과 투자는 존속적 기술의 성공에 결정적으로 중요하다. 그렇지만 센서 기능은 키티호크와 같은 파괴적인 제품에는 옳은 방법이 아니었다. 그들이 키티호크를 다시 한 번 출시할 기회가 있다면, 어떤 종류의 고객들이 키티호크를 얼마만큼 원할지에 대해 자신들이나 다른 누구도 확실히 알 수 없다고 가정할 것이다. 이럴 경우 제품 디자인이나 제조 역량에 대한 투자 면에서 더욱 탐색적이고 융통성 있는 접근법을 택했을 것이다. 기회가 다시 주어진다면 그들은 프로그램 방향을 새로 잡을 수 있는 충분한 자원을 남겨둔 채 진출 과정에서 배운 것들을 바탕으로 시장에 신중하게 나아갈 것이다.

물론 휴렛패커드의 디스크 드라이브 제조업자들만 파괴적 기술을 위한 시장에 대해 알고 있는 것처럼 행동한 것은 아니다. 다음 사례에서 보이듯이 그런 사례들은 아주 무수하게 존재한다.

혼다의 북미 오토바이 산업 공략

혼다가 북미와 유럽 오토바이 시장을 석권한 방식은 공격적이고 응집력이 있는 사업 실행과 함께 분명한 전략적 사고를 보여주는 탁월한 예로 자주 인용되고 있다. 이 성공담에 따르면 혼다는 가격을 내리고, 생산량을 늘리며, 공격적으로 비용을 줄이고, 다시 가격을 더 내린 다음, 비용을 또 줄이는 식으로 사업을 진행해왔다. 이런 식으로 혼다는 대량생산을 기반으로 한 저비용 제조 포지션을 점유하는 경험 곡선(experience curve)으로 생산전략을 펼쳤다. 혼다는 그 기반을 활용해 고가 시장으로 이동했으며 결국 할리-데이비슨과 BMW를 제외한 기존 오토바이 제조업체 전부를 시장에서 몰아냈는데, 할리-데이비슨과 BMW도 겨우 시장에서 살아남을 수 있었다.[2] 혼다는 이런 성공을 혼다의 핵심고객인 비전문 오토바이 운전자에 맞춘 현명한 제품 디자인, 눈을 사로잡는 광고, 편리하면서도 기반이 넓은 유통업체와 소매업체 네트워크와 결합시켰다. 이제까지 혼다의 역사는 탁월한 전략과 뛰어난 운명의 역사처럼 들리는 바람에, 다른 경영자들 역시 이렇게 되었으면 하고 바랄 것이다. 그렇지만 당시에 사업을 관리했던 혼다 직원들에 따르면 현실은 전혀 그렇지 않았다.[3]

혼다는 제2차 세계대전 후 재건과 빈곤의 시기에 작고 견고한 원동기 장치 자전거(motorized bicycle) 공급업체로 등장했다. 고객들이 작은 물건을 쉽고 빠르게 배달할 수 있도록 하기 위해 제작된 이 제품은 도시 지역의 유통업체와 소매업체에 판매됐다. 혼다는 이런 자전거를 위한 작고 효율적인 엔진을 설계하는 데 상당한 전문 지식을 개발했다. 혼다의 일본 시장 매출은 1947년 연간 생산량 1,200대에서 1959년 28만 5천 대로 증가했다.

혼다의 경영진은 업체의 낮은 노동비용을 활용해 같은 제품을 북미 시장에 수출하려 했지만 당시 미국에는 배달용 오토바이인 슈퍼커브 (Supercub)를 위한 시장이 존재하지 않았다. 혼다가 자체적으로 실시한 조사에 따르면 당시 미국인들은 장거리 운전에 오토바이를 주로 활용하는 것으로 나타났다. 장거리 운전을 위해서는 크기, 힘, 전력 순으로 가치가 달라졌다. 따라서 혼다의 연구원들은 미국 시장에 맞춘 빠르고 강력한 오토바이를 설계했으며, 1959년에 3명의 직원을 로스앤젤레스에 보내 마케팅을 시작했다. 이 직원들은 생활비를 줄이기 위해 같은 아파트에 거주했으며, 각각 도시를 저렴하게 이동할 수 있도록 슈퍼커브 오토바이를 타고 다녔다.

그 모험은 처음부터 절망이었다. 혼다의 제품은 비용 말고는 고객의 흥미를 끌지 못했다. 대부분의 오토바이 딜러들은 증명되지 않은 혼다의 제품을 받아들이지 않았다. 그 팀이 마침내 딜러 몇 명을 성공적으로 찾아 몇 백 대의 슈퍼커브를 팔았을 정도로 그 실적은 참담했다. 혼다의 엔진 디자인은 고속도로에 사용될 수 없는 것으로 판명됐다. 당시 미국에서는 사람들이 오토바이를 장기간 고속으로 운전했다. 이렇게 운행된 혼다의 슈퍼커브 엔진에서는 기름이 샜고 클러치는 쉽게 닳아버렸다. 제품 보증기간 내 교체를 위해 일본과 로스앤젤레스 사이 오토바이를 항공화물로 옮기면서, 혼다의 비용 지출은 거의 회사를 몰락시킬 정도에 이르렀다.

그러던 어느 토요일, 북미 지역을 담당하고 있던 혼다 담당자는 절망감을 달래기 위해 슈퍼커브를 타고 로스앤젤레스 동쪽 언덕을 달렸다. 흙먼지 속을 한참 달리고 나자 그는 자신의 기분이 훨씬 나아지는 것을 발견했다. 몇 주 후, 그는 자신의 동료들을 초대해 각자 슈퍼커브를 타고 흙먼지 속을 달리기로 했다. 그들이 언덕을 오르내리는 모습을 본 이웃들은 이 작고 귀여운 오토바이를 어디에서 구입할 수 있는지 의뢰하기 시작했다. 그들은 일본에서 슈퍼커브 모델을 특별 주문했다. 슈퍼커브의 비포장도로 활용은 이후 2년 동안 지속됐다. 언젠가 시어스도 야외용 전력 장비를 위해 슈퍼커브를 주문한 적이 있었지만, 혼다는 이런 기회를 무시했다. 혼다는 크고 강력하며 장거리 운전용 오토바이 판매에 집중했으며, 이런 전략은 계속 실패를 거듭했다.

마침내 더 많은 사람들이 자신들의 혼다 슈퍼커브를 친구들에게 소개해 비포장도로 운전을 즐기는 친구들을 끌어들이면서, 새로운 시장의 가능성이 떠오르기 시작했다. 아직 개발되지는 않았지만 혼다의 소형 슈퍼커브가 잘 들어맞을 수 있는 여가용 오토바이 시장이 북미에 존재하고 있었던 것이다. 물론 이런 발견은 우연에 의한 것이었다. 많은 논쟁과 설득이 필요하긴 했지만 미국 지사를 담당하는 직원들은 결국 일본에 있는 회사 경영진을 설득하는 데 성공했다. 혼다의 대형 오토바이 전략은 실패할 운명에 처했지만 완전히 새로운 시장을 창출할 수 있는 이러한 기회는 추구할 만했다.

소형 오토바이 전략이 공식적으로 채택되자, 혼다 미국 지사는 대형 오토바이에 비해 슈퍼커브를 위한 딜러들을 잡는 일이 매우 까다로운 도전이라는 사실을 발견했다. 우선 이런 종류의 제품을 판매하는 소매업체가 전혀 존재하지 않았다. 결국 혼다는 몇몇 스포츠 상품 딜러를 설득해 슈퍼커브 라인을 채택하도록 했다. 그리고 혼다가 이 오토바이 홍보를 대대적으로 실시하기 시작하면서 혼다의 혁신적인 유통전략이 탄생하게 됐다.

혼다는 당시 세련된 광고 캠페인을 실행할 자본이 없었다. 그런데 친구들과 흙먼지 속에서 오토바이를 운전했던 한 UCLA 학생이 자신의 광고 수업 리포트에 '혼다를 타면 가장 멋진 사람들을 만날 수 있다'라는 광고 슬로건을 만들었다. 교수의 권고에 따라 그 학생은 이 아이디어를 광고 대행업체에 판매했으며 그 업체는 혼다에 그 광고를 사용하도록 설득했다. 결국 이 광고는 큰 성공을 거두어 상까지 수상하게 된다. 물론 이런 성공을 거둔 것은 광고 못지않게 세계 수준의 디자인 엔지니어링과 생산 관리가 뒤따랐기 때문에 가능한 일이었다. 엔지니어링과 생산 관리를 통해 혼다는 가격을 계속 낮출 수 있었으며 동시에 품질을 향상시키고 생산량을 늘일 수 있었다.

슈퍼커브는 북미 시장에서 파괴적인 기술이었다. 혼다의 고객들이 제품을 결정할 때 사용하는 제품 특성 순위 결정 방식은 할리-데이비슨, BMW와 기타 전통적인 오토바이 제조업체들이 경쟁했던 기존의 가치 네트워크와는 매우 다른 가치 네트워크를 규정했다.

혼다는 신뢰할 만한 오토바이를 위한 저비용 생산기반에서 시작해, 앞에서 다룬 디스크 드라이브, 철강, 유압 굴착기, 소매업에서 발생한 고가 시장 공략을 연상시키는 전략을 활용했다. 혼다는 1970년에서 1988년 사이에 매우 강력한 엔진을 장착한 오토바이 시리즈를 도입하면서 고가 시장으로 눈을 돌렸다.

1960년대 후반과 1970년대 초반에 할리-데이비슨은 혼다와 맞대결을 펼치기 위해 이탈리아 오토바이 제조업체 아에로메카니아 (Aeromeccania)에서 인수한 소형 엔진 오토바이 라인을 생산하면서 점점 커지고 있는 로엔드 시장을 활용하려 했다. 이들 역시 자신들의 북미 네트워크를 통해 이 오토바이를 판매하려 시도했다. 혼다의 생산능력이 할리-데이비슨보다 앞서긴 했지만, 할리-데이비슨이 소형 오토바이 가치 네트워크에서 강력한 입지를 구축하지 못한 가장 큰 요인은 딜러들의 반대 때문이었다. 하이엔드 시장에서 판매되는 오토바이의 수익이 훨씬 높았기 때문에 딜러들은 소형 제품이 핵심 고객들에게 할리-데이비슨의 이미지를 훼손시킨다고 느꼈다.

2장에서 다뤘던 연구결과를 다시 떠올려보자. 주어진 가치 네트워크 내에서 디스크 드라이브 업체들과 그들의 컴퓨터 제조업체 고객들은 매우 유사한 경제 모델이나 비용구조를 개발했으며 그것은 수익성이 높은 사업 유형을 결정했다. 우리는 오토바이에서도 똑같은 현상을 목격할 수 있다. 할리-데이비슨 딜러들은 자신들의 가치 네트워크 내에서 고객이 선호하게 된 유형의 사업을 강력하게 옹호하는 전략을 택했다. 게다가 이 가치 네트워크에서는 할리-데이비슨과 딜러들이 공존하게 되면서 누구도 그 네트워크를 벗어나기가 어렵게 됐다. 1970년대 후반에 할리-데이비슨은 결국 소형 오토바이를 포기하고 포지션을 최고 하이엔드로 다시 잡았다. 이런 전략은 시게이트가 디스크 드라이브 업계에서 다시 포지션을 정한 것과 케이블 굴착기 업체들과 일관제철소들이 고가 시장으로 후퇴한 것을 연상시킨다.

흥미롭게도 혼다가 북미의 오토바이 시장이 어떤지를 정확하게 이해하지 못한 것처럼 북미의 오토바이 시장이 얼마나 큰지 측정하는 것 또한 정확하지 않았다. 혼다는 1959년에 시장에 처음 진출하면서 연간 성장률 5퍼센트, 연간 55만 대 생산으로 추정되는 시장에서 10퍼센트의 점유율을 기록하겠다는 포부를 갖고 있었다. 하지만 1975년 북미의 오토바이 시장은 연간 성장률 10퍼센트, 연간 500만 대 생산으로 성장했다. 이런 성장은 혼다가 예측할 수 없었던 수치에서 이뤄졌다.[4]

인텔의 마이크로프로세서 시장 발견

1969년 출범한 인텔은 세계 최초로 DRAM 집적회로를 생산하면서 1995년에는 가장 수익성이 높은 주요 기업 중 하나가 됐다. 1978년에서 1986년 사이 일본의 반도체 업체들의 공격으로 인텔의 선두 자리가 무너지기 시작했을 때, 인텔은 오히려 이를 이용해 세계의 선도적인 마이크로프로세서 제조업체로 부상했다. 이러한 인텔의 성공담은 매우 주목할 만하다. 인텔은 어떻게 성공할 수 있었을까?

인텔은 일본 계산기 제조업체와의 개발 계약을 통해 마이크로프로세서를 개발했다. 그 프로젝트가 끝났을 때, 인텔의 연구팀은 경영진을 설득해 계산기 제조업체에서 마이크로프로세서 특허권을 구입하도록 했다. 당시 계산기 제조업체는 인텔과의 계약을 통해 특허권을 보유하고 있었다. 당시 인텔은 이 새로운 마이크로프로세서를 위한 시장을 구축할 분명한 전략을 갖고 있지 않았다. 인텔은 그저 그 칩을 사용할 수 있는 곳에 마이크로세서를 판매하기로 했다.

마이크로프로세서는 오늘날 주류로 보일 수 있지만 처음 등장했을 때에는 파괴적 기술이었다. 마이크로프로세서는 1960년대 대형 컴퓨터의 중앙 연산을 구성했던 복잡한 논리회로와 비교할 때 기능 면에서 매우 제한적이었다. 그렇지만 이 마이크로프로세서는 작고 간단했으며 과거에는 실행할 수 없었던 논리 및 연산이 저렴하게 실행되도록 했다.

1970년대에는 DRAM 시장의 경쟁이 치열해지면서 인텔의 매출이 감소하기 시작했지만, 경쟁이 덜했던 마이크로프로세서 생산 라인의 이윤은 여전히 견실했다. 인텔의 생산 용량 할당 체계는 각 생산 라인이 벌어들이는 총이윤에 따라 결정하는 식으로 운영됐다. 따라서 그 할당 체계는 보이지 않게 투자 자본 및 생산 능력을 DRAM 사업에서 마이크로 프로세서로 전환하기 시작했다. 그것도 그렇게 하자는 경영상의 분명한 결정 없이 진행됐다.[5] 심지어 회사의 자원 할당 과정이 점점 더 DRAM 에서 빠져나오고 있었을 때도 사실 인텔의 고위 경영진은 대부분의 관심과 에너지를 계속해서 DRAM에 집중했다.

인텔의 자체적인 자원 할당 과정에 따른 이러한 실제적인 전략 전환 은 뜻밖의 일이었다. 당시에 마이크로프로세서 시장에 대해서는 거의 알려진 것이 없었기 때문에 아무리 분석을 하더라도 마이크로프로세서 로의 과감한 이동을 정당화할 수 없었다. 예를 들어, 인텔의 공동 창립 자이자 회장인 고든 무어(Gordon Moore)는 IBM이 인텔 8088 마이크로프 로세서를 선택했을 때 인텔 내에서는 마이크로프로세서가 IBM에서 새 로운 개인용 컴퓨터의 핵심이 된 것이 '디자인 면에서의 작은 성공'으로 간주됐었다고 회상했다.[6] 심지어 IBM이 개인용 컴퓨터로 놀라운 성공 을 기록한 후에도 인텔 내부에서는 차세대 286칩의 가능성을 예상하면 서, 생산량이 가장 많은 프로그램 목록 50가지 속에 개인용 컴퓨터를 포 함시키지 않았다.[7]

당시 개인용 컴퓨터에 마이크로프로세서 프로그램은 매우 잘 들어맞 는 것이었다. 그렇지만 막 경쟁이 진행되고 있는 순간에 마이크로프로 세서가 사용될 수 있는 여러 응용 프로그램 중에서 인텔의 경영진처럼 기민한 경영진조차도 어떤 응용 프로그램이 가장 중요하게 부상할 것이 며 그것이 어떤 생산량과 수익을 가져오게 될 것인지 알지 못했다.

기존기업에서의 예측 불가능성과
하향 이동 불가능성

파괴적 기술 시장은 제대로 계획하기가 어렵기 때문에 일부 경영자들은 더욱 열심히 일하고 더욱 현명하게 계획을 세워 대처하려고 한다. 이런 접근법은 존속적 혁신에는 통하지만 파괴적 혁신의 본질과는 어긋나는 접근법이다.

파괴적 기술 주변에는 온갖 불확실성이 존재하기 때문에 경영자들은 '전문가의 예상이 항상 옳은 것은 아니다'라는 명제에 주목해야 한다. 파괴적 제품이 어떻게 활용될지 또는 그 시장이 얼마나 클지 어느 정도 정확하게 예상하는 것은 불가능하다. 파괴적 기술 시장이 예측 불가능하기 때문에 이런 시장 진입을 위한 기업의 최초 전략이 일반적으로 그르다고 추론하는 것이 중요하다. [도표 6-1]은 새롭게 부상하는 가치 네트워크에 진입한 기업들과 기존 가치 네트워크에 진입한 기업들 사이의 성공 가능성(각각 37퍼센트, 6퍼센트) 면에서 놀라운 차이점이 있다는 사실을 보여주고 있다. 시장을 미리 예상할 수 없다면 그것을 기준으로 삼은 기업들이 어떻게 더욱 많은 성공을 거둘 수 있단 말인가? 사실 내가 [도표 6-1]의 모형을 경영자들에게 보여줬을 때 그들은 성공의 규모와 가능성 면에서 큰 차이가 발생한 사실을 보고선 매우 놀라워했다. 그렇지만 경영자들은 그 결과를 자신들의 상황에 일반화할 수 있다고는 믿지 않았다. 이러한 결과는 신규 시장 창출이 정말로 위험한 일이라는 그들의 직관에 어긋나기 때문이었다.[8]

실패한 아이디어 vs 실패한 사업

이번 장에서 검토한 사례 연구를 통해 우리는 파괴적 기술 관련 문제에 대한 답을 얻을 수 있다. 아이디어의 실패와 기업의 실패 사이에는 상당한 차이가 있다. 파괴적 기술인 마이크로프로세서가 어디에 사용될 것인가를 두고 논의한 인텔의 아이디어는 잘못된 것이었다. 다행히 인텔은 올바른 마케팅 방향을 알 수 없을 때 방향을 정한(결론적으로 잘못된 선택이었던) 마케팅 계획에 모든 자원을 동원하지는 않았다.

인텔은 마이크로프로세서를 위한 주요 시장을 탐색하면서 잘못 출발했던 상황에서 여러 번 살아남았다. 이와 비슷하게 북미 오토바이 시장 진입 방법에 대한 혼다의 아이디어는 그릇된 것이었지만 혼다는 대형 오토바이 전략을 추구하려고 자원을 다 소모하지 않았으며 그 시장이 등장한 후에 성공적인 전략에 공격적으로 투자를 할 수 있었다. 휴렛패커드의 키티호크 프로젝트 역시 그렇게 운이 좋았던 것만은 아니었다. 키티호크 경영자들은 성공적인 전략을 찾아냈다고 믿으면서, 아직 등장하지 않은 시장을 위한 제품 디자인과 생산 능력에 너무 많은 예산을 소모했다. 소형 드라이브를 위한 궁극적인 프로그램이 마침내 드러나기 시작했을 때 키티호크 프로젝트팀은 그것을 추구할 자원을 더 이상 갖고 있지 않았다.

성공을 거둔 새로운 벤처 사업의 대다수는 계획을 실행한 후 시장에서 무엇이 통하고 무엇이 통하지 않는지를 학습하면서 최초의 사업 전략을 포기하거나 수정하면서 진행했다.[9] 성공적인 벤처와 실패한 벤처의 지배적인 차이점은 일반적으로 최초 전략의 기민성에 있지 않았다. 처음에 올바른 전략을 만드는 것이 충분한 자원을 남겨두는 것(또는 신뢰할 만한 후원자나 투자가들과 관계를 맺는 것)만큼 성공에 중요한 것은 아니었다. 제대로 된 전략을 만들기 전에 자원이나 신뢰를 잃어버린 벤처는 실패한 벤처다.

실패한 아이디어와 실패한 경영자

대부분의 경영자들은 전략을 추구하는 과정에서 시행착오를 여러 번할 여유가 없다. 그들은 자신들이 실패하지 않을 것이라고 믿는다. 그것이 옳은 일이든 그른 일이든 상관없다. 최초의 마케팅 계획이 잘못되었는데도 그 프로젝트를 계속 주도할 경우 그들의 경력에 큰 오점으로 남게 되어 조직 내에서 성장하는 데 걸림돌이 된다. 파괴적 기술을 위한 새로운 시장을 모색하는 과정에서 실패는 언제든지 일어날 수 있기 때문이다. 경영자들이 자신들의 경력을 위험에 빠뜨리지 않으려 하는 행동은 기존기업들이 파괴적 기술의 가치 네트워크로 이동하지 못하도록 막는다. 조셉 L. 바우어는 화학 업체의 자원 할당 과정에 대한 고전적인 연구에서 시장의 압력이 실패를 줄인다고 했다.[10]

바우어의 관점은 디스크 드라이브 사업에 대해 이 책에서 다룬 연구 결과와 연관이 있다. 혁신에 대한 수요가 확실할 경우 업계 내 선도적인 기업들은 필요한 기술이라면 무엇이든지 개발하기 위해 규모가 크고 장기적이며 위험성이 높은 투자를 할 수 있는 능력을 갖추게 된다. 하지만 수요가 확실하지 않을 경우 기존기업들은 그런 혁신을 상용화하기 위해 간단한 투자조차도 하지 못한다. 디스크 드라이브 산업에 진입한 기업들 중 65퍼센트는 새로운 시장을 개척하는 대신 기존시장에 진입했는데, 그 이유는 바로 수요에 대한 확신이 없었기 때문이다. 새롭게 등장하는 기술을 위한 시장을 발견할 때는 실패도 염두에 두고 있어야 한다. 그리고 대부분의 개별적인 의사결정자들은 시장이 없기 때문에 실패할 수 있는 프로젝트에 위험을 무릅쓰고 지원하는 일이 매우 까다롭다고 생각한다.

학습 계획 vs 실행 계획

파괴적 기술을 위한 최초의 시장을 탐색할 때에는 실패 위험이 높기 때문에 경영자는 존속적 기술과는 매우 다른 접근법으로 시장에 접근한다. 일반적으로 존속적 기술을 위한 시장에서는 계획을 먼저 세워야 하며, 예상치가 정확할 수 있고, 고객 반응도 그럭저럭 믿을 만하다. 신중한 계획과 공격적인 실행은 존속적 기술이 성공하기 위한 올바른 공식이다.

그렇지만 파괴적인 상황에서는 신중한 계획을 세우기 전에 먼저 행동을 취해야 한다. 시장이 무엇을 필요로 하고 시장이 얼마나 클 것인가에 관해 알려진 것이 거의 없기 때문에 계획 자체가 달라야 한다. 계획은 실행 계획이 아니라 학습 계획이어야 한다. 경영자들은 시장이 어디에 있는지 알 수 없다는 자세로 파괴적 사업에 접근함으로써, 신규 시장에 대해 어떤 중요한 정보가 가장 필요하고 어떤 순서로 그 정보를 얻을지 분명히 해야 한다. 중요한 정보가 형성되거나 불확실성이 해결될 수 있도록 프로젝트 및 사업 계획은 이런 우선순위를 반영해야 한다. 자본, 시간, 자금 등 값비싼 노력도 필요하다.

경영자들에게 자신들의 사업 계획이나 포부의 기반이 되는 가정이 무엇인지를 식별하도록 요구하는 발견 지향 기획(discovery-driven planning)은 파괴적 기술을 다룰 때 매우 잘 통한다.[11] 예를 들어 휴렛패커드는 키티호크 디스크 드라이브 제조를 일본의 시계 제작 업체인 시티즌 와치 컴퍼니(Citizen Watch Company)에 맡겨 자동화 생산 라인을 구축하고 설비를 제공하기 위해 상당한 금액을 투자했다. 이런 노력은 휴렛패커드 고객들의 PDA 판매 예상치에 기초한 키티호크 드라이브의 예상 판매량이 정확하다는 가정 하에 이뤄진 것이다. 휴렛패커드의 경영자들이 PDA가 얼마나 팔릴지 아무도 모른다고 가정했다면 하나의 대량 생산 라인을 구축하는 대신 소량 생산 능력 라인을 구축했을 것이다. 그리고 그들은 주요 사건을 지켜보면서 그들의 가정이 맞았는지 틀렸는지 확인하고, 그 결과에 따라 생산 능력을 고수하거나 또는 추가 및 감소시켰을 것이다.

유사하게 키티호크 생산 개발 계획은 이 드라이브의 지배적인 응용 프로그램이 아주 튼튼한 제품을 요구하는 PDA 시장에 있다는 가정에 기반을 두고 있었다. 키티호크 프로젝트팀은 이런 가정에 기초해 부품과 제품 아키텍처를 만드는 데 전력했다. 하지만 부품과 아키텍처의 가격 때문에 목표 시장인 비디오 게임 제조업체에 이를 팔기에는 제품이 지나치게 비쌌다. 발견 지향 기획을 통했더라면 팀은 되돌리기에 너무 비싼 노력을 펼치기 전에 시장에 대한 가정을 먼저 시험했을 것이다. 키티호크의 경우 시장에서 발생하는 사건을 통해 그들 가정이 현실화될 수 있다고 믿음에 따라 다른 시장과 가격 지점에 접근할 수 있도록 재구성하거나 변형시킬 수 있는 계획을 설계할 수 있었을 것이다.

목표관리(management by objective)와 예외관리(management by exception) 같은 철학은 경영상의 주의를 다른 곳에 집중시키기 때문에 종종 신규 시장 발견에 방해가 된다. 전형적으로 성과가 계획에 미치지 못할 경우 이런 철학들은 경영진에게 계획된 것과 실제 일어난 일 사이의 간극을 줄이도록 장려한다. 다시 말해 그들은 예상치 못한 실패에 초점을 둔다. 그렇지만 북미 오토바이 시장에서 혼다의 경험이 말해주듯이 파괴적 기술 시장은 종종 예상치 않은 성공으로 갑자기 등장하는 경우가 있다. 그러나 고위 경영진은 여러 기획 체계 때문에 이런 시장에 관심을 기울이지 않는다.[12] 그런 발견은 종종 사람들이 하는 말을 경청하는 것이 아니라 사람들이 제품을 어떻게 이용하는지를 지켜봄으로써 가능해진다.

나는 이렇게 파괴적 기술을 위한 새로운 마켓을 발견하는 방식을 불가지론적 마케팅(agnostic marketing)이라고 부르게 됐다. 이것은 우리나 우리의 고객 누구도 사람들이 파괴적 기술을 경험하기 전에는 파괴적 제품이 정말로 사용될 것인지, 또는 어떻게 얼마나 많이 사용될 것인지 알지 못한다는 분명한 가정에 실시하는 마케팅을 의미한다. 일부 경영자들은 그러한 불확실성에 직면해서 다른 사람들이 시장을 분명하게 규정할 때까지 기다리고자 한다. 그러나 파괴적 기술에 직면한 경영자들은 처음으로 움직이는 기업이 상당한 이점이 있다는 점을 감안해 연구실이나 포커스그룹에서 벗어나 직접적으로 시장에 발견 지향적으로 나아가 새로운 고객이나 새로운 응용 프로그램에 대한 지식을 창출할 필요가 있다.

8장
조직의 능력을 평가하는 방법
::

변화에 잘 적응하는 조직 만들기

경영자는 직원들에게 중요한 혁신 개발에 착수하도록 임무를 부여할 때 담당 직원 개인의 역량에 맞춰 업무 요구사항을 정하려 한다. 경영자는 적절한 지식, 판단력, 기술, 에너지 등을 기초로 직원이 성공적으로 업무를 수행할 수 있는지 여부를 평가할 것이다. 또한 경영자는 직원의 가치도 측정할 것이다. 직원의 가치는 직원이 해야 할 일과 하지 말아야 하는 일을 결정할 때 사용하는 판단 기준이 된다. 사실 좋은 경영자의 특징은 업무에 맞는 직원을 식별하고 직원들에게 훈련 기회를 주어 그들이 주어진 업무를 성공적으로 수행할 역량을 갖추도록 하는 것이다.

그러나 불행하게도 일부 경영자들은 자신들의 조직이 주어진 임무를 성공적으로 실행할 능력이 있는지 여부에 대해서는 그만큼 진지하게 생각하지 않는다. 그들은 프로젝트를 담당하는 사람들이 개인적으로 업무를 제대로 처리하는 데 필요한 능력을 갖추고 있을 경우, 조직 또한 성공할 수 있는 동일한 능력을 갖게 될 것이라고 가정한다. 하지만 그들의 판단은 틀렸다. 능력 면에서 동일한 사람 몇 명을 전혀 다른 조직에서 일하도록 할 경우 그들이 성취할 수 있는 것은 상당히 다를 가능성이 높다. 이것은 조직 내 사람들이나 기타 자원에 상관없이 조직 자체의 능력이 존재하기 때문이다. 조직이 꾸준하게 성공하기 위해서는 상사가 업무에 맞는 적합한 직원을 선택하고 훈련시키며 동기를 부여하는 일뿐만 아니라 업무에 적합한 조직을 선택하고 구축하는 일에도 능숙해야 한다.

8장의 목적은 앞에서 다룬 파괴적 기술 문제를 성공적으로 다뤘던 기업들은 기회의 규모에 맞는 독립적인 조직을 창설한 기업들이었다는 관찰의 배후에 있는 이론을 설명하는 것이다. 조직의 핵심 역량은 지난 10년 동안 매우 인기 있는 개념이었다.[1] 하지만 이 개념은 매우 모호해서 일부 역량은 다양한 혁신 제안들을 뒷받침하는 경우에만 제구실을 한다는 점을 발견했다. 8장에서는 변화에 직면한 조직이 도전과제를 다룰 능력이 있는지 파악하는 데 도움이 되는 틀을 제공함으로써 핵심 역량 개념을 정확하게 살펴보기로 하겠다.

조직 능력의 틀

조직의 능력에 영향을 미치는 가장 큰 3가지 요인은 조직의 자원, 조직의 프로세스, 조직의 가치다. 경영자들은 조직이 어떤 종류의 혁신을 성공적으로 실행할 가능성이 있는지 질문을 던질 때, 이와 같은 3가지

요인을 분석함으로써 조직의 능력에 대해 많은 것을 배울 수 있다.[2]

자원

조직의 능력과 무능력에 영향을 미치는 요소 중 가장 가시적인 요소는 바로 자원이다. 자원은 사람, 장비, 기술, 제품 디자인, 브랜드, 정보, 현금, 공급업체, 유통업체, 고객과의 관계 등을 포함한다. 자원은 기업의 자산으로서 사람의 경우 고용하거나 해고할 수 있으며, 물건의 경우 구입한 후 가공하여 판매할 수 있고, 가치를 감소시키거나 향상시킬 수 있다. 자원은 종종 프로세스나 가치에 비해 조직의 경계선 사이를 쉽게 바꿀 수 있다. 두말할 나위 없이, 조직이 풍부하고 고품질의 자원에 접근할 수 있는 경우 당연히 변화에 대처할 가능성도 더 높아진다.

자원은 조직이 변화를 성공적으로 이해할 수 있는지 여부를 가장 직관적으로 식별하는 판단 기준이다. 그렇지만 자원 분석을 통해서는 능력에 대해 충분한 정보를 얻을 수 없다. 사실 동일한 자원을 전혀 다른 조직에 분배할 경우 그 조직들이 이 자원으로부터 얻어낸 결과물은 매우 다를 가능성이 높다. 더 나은 가치를 지닌 상품 및 서비스로 변형시키는 능력은 조직의 프로세스와 가치에 있기 때문이다.

프로세스

직원들이 사람, 장비, 기술, 제품 디자인, 브랜드, 정보, 에너지, 현금 등의 자원을 더 나은 가치를 지닌 제품이나 서비스로 변형할 때 조직은 가치를 창출하게 된다. 이때 실행되는 상호작용, 협력, 의사소통, 의사결정 패턴이 바로 프로세스다.[3] 프로세스는 단순한 생산 프로세스뿐만 아니라, 제품 개발, 획득, 시장조사, 예산, 기획, 직원 개발 및 보상, 자원 할당 등이 이뤄지는 전체 과정을 의미한다.

프로세스는 목적뿐만 아니라 가시성 면에서도 다양한 모습을 지니고 있다. 어떤 프로세스는 확실하게 정의되고, 가시적으로 문서화되며, 의식적으로 추구되기 때문에 형식적이다. 어떤 프로세스는 사람들이 단순히 일을 하고 있어서 따르게 되는 식이기 때문에 일상적인 과정이거나 업무 방식이라는 점에서는 비형식적이다. 이런 방식은 시간에 따라 차츰 변하게 된다. 그리고 어떤 프로세스는 오랫동안 일하면서 상호작용하는 효과적인 방식으로 입증됨에 따라 사람들이 무의식중에 따르게 된다. 이런 프로세스는 조직의 문화를 구성한다. 프로세스가 형식적이든 비형식적이든 문화적이든 프로세스는 자원을 더 나은 가치를 지닌 무언가로 변형시키는 방식을 규정한다.

프로세스는 사실상 구체적인 업무를 다루기 위해 정해지거나 변형된다. 이 말은 경영자들이 업무를 실행하기 위해 별도로 프로세스를 설계할 때에야 효율적으로 실행될 수 있다는 의미다. 그렇지만 효율적으로 보이는 하나의 프로세스를 다른 업무처리를 위해 사용할 경우 그 프로세스는 더디고 관료주의적이며 비효율적으로 보일 가능성이 높다. 다른 말로 하면, 특정 업무를 실행할 능력을 규정하는 프로세스가 다른 업무들을 실행할 때의 무능력을 동시에 규정한다.[4] 좋은 경영자들이 조직에서 집중 대상을 드러내려 노력하는 이유는, 그랬을 때 프로세스와 업무를 쉽게 조율할 수 있기 때문이다.[5]

경영의 딜레마 중 하나는 프로세스가 본질적으로 직원들이 일관성 있게 업무를 반복하여 수행하도록 구축되어 있다는 점이다. 일관성을 유지하기 위해서는 프로세스를 함부로 바꾸어서는 안 된다. 반드시 바꿔야 할 경우 엄격하게 통제된 과정을 통해서만 가능하다. 가치를 창조하는 메커니즘 자체가 본질적으로 변화에 적대적이다.

능력이나 무능력을 검토하기 위한 가장 중요한 프로세스들은 물류, 개발, 제조, 고객 서비스 등과 관련된 분명히 가치 창출적인 프로세스가 아니다. 오히려 투자 관련 의사결정을 지원하는 프로세스 또는 배경적인 프로세스다. 7장에서 살펴봤듯이 좋은 기업이 변화에 대응하지 못하게 만드는 프로세스는 종종 시장조사가 습관적으로 진행되는 방식, 그 분석에 따라 재정적으로 예측하는 방식, 계획 및 예산이 협상되는 방식, 예상치나 예산 등을 전달하는 방식 등을 규정하는 프로세스다. 이렇게 전형적으로 융통성이 없는 프로세스가 많은 조직들이 변화에 대응하지 못하게 만드는 가장 심각한 무능력의 원인이다.

가치

조직의 성취 여부에 영향을 미치는 세 번째 요소는 조직의 가치다. 조직의 가치는 우선순위에 대한 결정이 이뤄지는 판단 기준이다. 때로 기업 가치는 윤리를 따르기도 한다. 존슨앤존슨의 가치는 환자의 건강을 확인하는 것이다. 알루미늄 업체 알코아(Alcoa)의 가치는 공장 안전이다. 그렇지만 자원−프로세스−가치(Resource-Process-Value)의 틀 안에서 가치는 더 큰 의미를 지닌다. 이는 직원들이 우선순위 결정을 내리는 기준이며, 주문이 매력적인지 그렇지 않은지, 어떤 고객이 더 중요한지 그렇지 않은지, 신제품에 대한 아이디어가 매력적인지 아닌지 등을 판단하는 기준이다. 모든 직원들은 자신이 속한 조직에 따라 우선순위 결정을 내릴 수 있다. 경영진의 우선순위 결정은 종종 새로운 제품, 서비스, 프로세스에 투자할 것인지에 대한 결정이다. 영업사원의 우선순위 결정은 어떤 제품을 고객들에게 강조하고 어떤 제품을 강조하지 않을지에 대해 날마다 현장에서 내리는 결정이다.

기업이 크고 복잡할수록 고위 경영자들에게는 모든 직원들이 우선순위를 정할 때 회사의 전략적 방향 및 사업 모델과 일치하는 결정을 독단적으로 내릴 수 있도록 훈련시키는 일이 더욱 중요하다. 사실 좋은 경영을 측정하는 핵심 도구는 분명하고 일관성 있는 가치가 조직 전체에 침투해 있는지 여부를 판단하는 것이다.[6]

그렇지만 분명하고 일관성 있으며 널리 이해되고 있는 가치는 조직이 할 수 없는 것 또한 규정한다. 회사의 가치는 필연적으로 비용구조나 사업 모델을 반영하게 되어 있다. 규정을 정하는 것이 회사의 임무이자 일종의 가치이기 때문이다. 예를 들어 회사의 경비구조를 통해 총이윤 40퍼센트를 달성해야 한다면 중간급 경영자들에게 40퍼센트 이하의 총이윤을 가져올 아이디어를 제거하는 강력한 가치규범과 의사결정에 관한 규정이 생길 것이다. 이렇게 교육을 받은 조직은 이윤이 낮은 시장을 타깃으로 정한 프로젝트를 성공적으로 상용화할 능력이 없다. 반면, 매우 다른 비용구조를 갖춘 다른 조직은 가치가 다르기 때문에 동일한 프로젝트를 성공적으로 달성하거나 손쉽게 성공시킬 수 있을 것이다.

성공적인 기업들의 가치는 최소한 2가지 측면에서 예측 가능한 방식으로 전개된다. 첫 번째는 수용 가능한 총이윤과 관련 있다. 기업들이 시장의 프리미엄에 위치한 고객을 차지하기 위해 제품과 서비스에 다양한 특성과 기능을 추가하면서 경비를 더 쓰게 된다. 그 결과 한 시점에서 매우 매력적이었던 총이윤이 어느 다른 시점에서는 매력적이지 않게 보일 수 있다. 즉, 기업의 가치가 변한 것이다. 예를 들어 도요타는 시장의 최저가격을 목표로 정한 제품인 코로나(Corona) 모델을 주축으로 북미 시장에 진입했다. 닛산(Nissan), 혼다, 마쯔다(Mazda)가 유사한 모델로 시장에 진출하면서 시장의 진입층이 혼잡해지자 저비용 경쟁업체들의 경쟁 때문에 총이윤이 줄어들게 됐다. 도요타는 이윤을 향상시키기 위해 시장의 고급 소비자층을 목표로 정한 더욱 정교한 자동차를 개발했다. 도요타는 이러한 경쟁적인 압박에 대한 대응으로 코롤라(Corolla), 캠리(Camry), 프레비아(Previa), 아발론(Avalon), 렉서스(Lexus) 라인을 도입했다. 도요타는 고가 시장으로 이동함으로써 이윤을 높일 수 있었다. 그 과정에서 도요타는 고가 시장을 노린 차량을 설계하고 만들기 위해 영업비용을 추가했다. 도요타는 시장의 진입 수준을 점점 덜 강조하게 됐으며, 비용구조가 변했기에 그곳에서 벌어들일 수 있는 이윤이 매력적이지 않다고 여기게 됐다.

마찬가지로 4장에서 다뤘던 일관제철소를 공격해 고가 시장으로 진출했던 미니밀의 선도적 업체인 뉴코어 또한 가치 변화를 경험했다. 뉴코어는 제품 라인의 무게 중심을 리바에서 앵글로, 그다음에는 보, 최종적으로 강판으로 옮기면서 고가 시장으로 진출했다. 그때 뉴코어는 단호하게 리바를 경시하기 시작했다. 초기에 리바는 뉴코어의 핵심 사업이었다.

가치가 예측 가능한 방식으로 변하는 두 번째 측면은 사업이 흥미롭게 되기 위해서는 규모가 얼마나 커야 하는가와 관련이 있다. 기업의 주가가 예상되는 수익 흐름의 현재가치 할인(discounted present value)을 나타내기 때문에 대부분 경영자들은 보통 성장을 유지할 뿐만 아니라 존속적인 성장률을 유지해야 한다고 느끼고 있다. 4천만 달러 상당의 기업이 25퍼센트 성장하기 위해서는 다음해에 새로운 사업의 규모가 1천만 달러가 돼야 한다. 400억 달러 기업의 경우에는 25퍼센트 성장하기 위해 이듬해 새로운 사업의 규모가 100억 달러가 돼야 한다. 이 기업들 각각의 성장 욕구를 만족시킬 시장 기회 규모는 매우 상이하다. 6장에서 지적했듯이 작은 조직을 흥분시킬 기회는 큰 기업에도 흥미로울 정도로 크지 않다. 사실 성공의 보상 중 하나는 기업이 커지면서 작은 신규 시장에 진입할 능력을 실제로 상실한다는 점이다. 이런 능력 상실은 기업 내 자원의 변화 때문이 아니다. 자원은 보통 상당히 많은 편이다. 오히려 기업의 가치가 변하기 때문에 진입 능력을 상실하는 것이다.

비용 절감을 달성하기 위해 초대형 합병을 추진하는 경영자들은 이런 행동이 합병된 기업의 가치에 미칠 영향을 밝힐 필요가 있다. 합병된 조직들이 혁신적인 문제를 다룰 수 있는 많은 자원을 갖고 있을 수 있지만 동시에 상업적인 조직이기 때문에 규모가 큰 기회를 제외하고는 별로 공략할 욕구를 느끼지 않게 되는 경향이 있다. 규모가 크다는 것은 혁신을 관리할 때 실제적인 무능력의 요소가 된다. 휴렛패커드가 신규 기업을 분리하기로 한 결정은 여러모로 이런 문제를 인식했기 때문이다.

존속적 기술 vs 파괴적 기술에서
프로세스와 가치의 관계

자원-프로세스-가치 틀은 기업들이 존속적 기술과 파괴적 기술에서 차이를 보인다는 내 연구를 이해하는 데 유용한 도구였다. 디스크 드라이브 산업의 역사에서 도입된 신기술은 116개였다. 이중 111개는 디스크 드라이브 성능을 향상시키는 데 영향을 미쳤다는 점에서 존속적 기술이었다. 그리고 자기저항 헤드와 같은 기술은 성능 면에서는 불연속적인 도약이었다. 존속적 기술 111개 모두에서 신기술을 개발하고 도입하는 데 앞장섰던 기업들은 낡은 기술을 선도했던 기업들이었다. 기존 기업들이 존속적 기술을 개발하고 채택할 때 성공률은 100퍼센트였다.

116개 기술 중 나머지 5개 기술은 파괴적 기술이었다. 각각의 사례를 살펴볼 때, 주류시장에서 사용되는 것보다 더 느리고 용량이 적은 소형 디스크 드라이브가 바로 파괴적 기술이었다. 이런 파괴적 제품에서는 신기술이 사용되지 않았다. 그렇지만 파괴적 혁신이 시장에 진입한 후 업계 선도기업 중에서 업계 최고 자리를 유지한 기업은 전혀 없었다.

파괴적 기술을 다룰 때와 존속적 기술을 다룰 때 평균적인 성공률이 이렇게 큰 차이를 보이는 이유는 무엇일까? 그 해답은 조직 능력의 자원-프로세스-가치 틀에 있다. 업계 리더들은 꾸준히 존속적 기술을 개발해 도입했다. 시간이 지날수록 선도기업들은 경쟁에서 이기기 위해 새롭고 개선된 제품을 도입하면서 기술적인 잠재력을 평가하고 존속적 기술에 대한 고객만족도를 평가하는 프로세스를 개발했다. 조직은 그런 사항들을 다루는 능력을 개발했으며, 그 능력은 프로세스 내에 존재하고 있다. 존속적 기술 투자는 또한 선도기업들의 가치에 들어맞았다. 그 투자가 기술 면에서 앞서가는 고객들에게 더 나은 제품을 판매함으로써 더 높은 이윤을 약속하기 때문이었다.

반면 파괴적 기술은 매우 간헐적으로 발생하기 때문에 어느 기업도 파괴적 기술을 다룰 일상화된 프로세스를 갖고 있지 않았다. 더구나 파괴적 제품이 수익이 낮고 최고의 고객이 그것을 활용하지 않기 때문에 이런 혁신은 선도기업들의 가치와 일치하지 않았다. 디스크 드라이브 선도기업들은 존속적 기술과 파괴적 기술 모두를 성공시키는 데 필요한 사람, 자금, 기술 등의 자원을 보유하고 있었다. 그렇지만 그들의 프로세스와 가치 때문에 파괴적 기술은 성공시키기가 불가능했다.

실제로 작고 파괴적인 기업들이 신생시장에서 성공할 가능성을 더 많이 갖추고 있기 때문에, 종종 거대한 기업들은 신생시장을 포기하게 된다. 신생업체들은 자원이 없지만 그것이 문제가 되는 경우는 거의 없다. 작은 시장에서도 그들은 충분히 살아남을 수 있으며 그들의 비용구조가 낮은 이윤을 받아들일 수 있기 때문이다. 신생기업들은 시장조사 및 자원 할당 프로세스 때문에 경영자들은 신중한 연구 및 분석을 실시하고 프레젠테이션을 실시할 필요 없이, 직관적으로 업무를 진행시킬 수 있다. 이런 모든 장점들 때문에 보기에 따라서 엄청난 기회가 생기게 되거나 또는 재앙이 닥치게 된다.

따라서 변화나 혁신의 필요성에 직면하고 있는 경영자들은 변화나 혁신에 자원을 투자하는 것 이상을 생각하고 움직여야 한다. 그들은 이런 자원이 활용되는 조직이 성공할 수 있는 능력이 있는지 확인할 필요가 있다. 이런 판단을 내리기 위해서 경영자들은 조직의 프로세스와 가치가 변화나 혁신에 적합한지를 검토해야만 한다.

능력의 이동

새로 생겨난 조직이 처리해야 하는 일 대부분은 인적자원에 할애된다. 핵심 인물 몇 명이 회사를 떠나거나 회사에 들어오는 것도 조직의 성공에 상당한 영향을 미칠 수 있다. 그렇지만 시간의 흐름에 따라 조직 능력의 중심은 점차 프로세스와 가치로 이동한다. 사람들이 반복적인 업무를 다루는 데 성공적으로 협력하면서 프로세스가 정해지게 된다. 그리고 사업 모델이 형성되고 어떤 유형의 사업에 우선순위가 주어져야 하는지 분명해지면서 가치가 형성되게 된다. 사실 잘나가는 젊은 기업들 다수가 주목받는 첫 번째 제품으로 성공해 기업공개를 한 후 금세 사라지는 이유 중 하나는 초기 성공이 자원, 즉 기업 창립 연구원들에 기반을 두고 있지만 이후 연속적으로 주목받는 제품을 창조하는 프로세스를 만들어내지 못하기 때문이다.

이렇게 열기를 잃어버리는 사례는 디지털 편집 시스템 업체인 아비드 테크놀로지(Avid Technology)에서도 찾을 수 있다. 아비드의 기술은 비디오 편집의 지루함을 줄였다. 고객들은 아비드의 기술을 좋아했으며 아비드의 주가는 이 제품의 영향으로 기업공개 당시 16달러에서 49달러로 치솟았다. 그렇지만 시장이 포화상태가 되면서 재고와 어음이 쌓이게 되고 경쟁이 치열해지면서 하나의 재주밖에 없는 이 기업의 한계는 금세 드러났다. 아비드는 새로운 제품을 계속 개발하고 서비스와 품질을 효과적으로 상승시킬 수 있는 프로세스를 구축하지 못했기 때문에 결국 주가는 큰 폭으로 하락하고 말았다.

이와는 대조적으로 컨설팅 업체 맥킨지와 같은 성공적인 기업은 프로세스와 가치가 매우 튼튼했기 때문에, 사람들이 어떤 프로젝트 팀에 배정되든지 거의 상관없었다. 매년 MBA 졸업생 수백 명이 회사에 들어오며 거의 같은 수의 직원이 회사를 떠난다. 그렇지만 맥킨지는 매년 높은 품질의 업무를 해낼 수 있다. 맥킨지의 핵심 능력은 자원이 아니라 프로세스와 가치에 기초하고 있기 때문이다. 그렇지만 나는 맥킨지의 이런 능력이 기업의 무능력이 된다는 것을 느낄 수 있다. 상대적으로 안정적인 현존 시장에서 고객을 위한 가치를 창조하는 데 도움이 되는 분석적이며 데이터 중심의 프로세스 때문에 강력한 고객 기반을 형성하는 능력이 점점 줄어들게 된다.

기업의 프로세스와 가치가 형성되는 과정에서 기업 창립자의 행동과 특성은 상당한 영향을 미친다. 창립자는 종종 직원들이 결정에 도달하고 업무를 처리하기 위해 협력하는 방식에 대해 완강한 의견을 갖고 있다. 이와 유사하게 창립자들은 조직의 우선순위가 어때야 하는지에 대해서도 자신들의 관점을 강요하게 된다. 창립자의 방식에 결함이 있다면 회사가 실패할 가능성이 높다. 그렇지만 창립자의 방식이 유용하다면 직원들은 창립자의 문제 해결 방법론이나 의사결정 기준 등의 유효성을 직접 경험하게 될 것이다. 그들은 반복되는 임무를 다루기 위해 이러한 협력 방식을 성공적으로 활용하면서 프로세스를 정한다. 같은 방식으로, 기업이 창립자의 우선순위를 반영하는 판단 기준에 따라 다양한 자원 활용의 우선순위를 정하면서 재정적으로 성공할 경우 기업의 가치가 형성되기 시작한다.

성공적인 기업이 성숙해지면서 직원들은 점차적으로 자신들이 수용하도록 배운 우선순위와 그들이 그렇게 성공적으로 채택한 의사결정 방식과 업무처리 방식이 올바르다고 가정하게 된다. 조직의 임원들이 가정에 기초해 업무처리 방식을 선택하기 시작하면서 이런 프로세스와 가치가 조직의 문화를 구성하게 된다.[7] 직원 수가 몇 명에서 수백 명, 수천 명으로 늘어나면서 일관성 있게 업무가 이뤄질 수 있도록 모든 직원들이 무엇을 처리해야 하고 어떻게 처리해야 하는지에 대해 동의하게끔 하는 일은 최고 경영자들에게도 힘겨운 도전이 될 수 있다. 이런 상황에서는 문화가 강력한 경영 도구가 될 수 있다. 문화는 직원들에게 자유를 주면서도 일관성을 잃지 않게 해준다.

따라서 조직의 능력과 무능력을 규정하는 가장 강력한 요인들은 시간에 따라 가시적이며 의식적인 과정 및 가치로, 다음에는 문화로 이동한다. 조직이 프로세스와 가치로 해결하도록 설계된 조직은 상대적으로 간단하다. 그러나 프로세스와 가치는 조직이 할 수 없는 것 또한 규정하기 때문에 문제가 변할 경우 조직은 그것을 다룰 수 없게 된다. 조직의 능력이 우선적으로 사람에 있다면 새로운 문제를 다루기 위해 변화를 꾀하는 일은 상대적으로 간단하다. 그렇지만 능력이 프로세스나 가치에 있다면, 그리고 특히 문화에 스며들어 있을 경우, 변화는 매우 까다로울 수 있다.

디지털 이큅먼트는 개인용 컴퓨터 시장에서
성공할 능력을 갖추고 있었는가?

디지털 이큅먼트는 1960년대부터 1980년대까지 미니컴퓨터 제조업체로 크게 성공했다. 1980년대 초반에 개인용 컴퓨터 시장이 형성되기 시작했을 때 사람들은 디지털 이큅먼트의 핵심 역량이 컴퓨터를 제조하는 데 있다고 단언하고 싶었을 것이다. 그렇지만 컴퓨터가 디지털 이큅먼트의 핵심 역량이라면 왜 이 회사는 무너지고 말았는가?

분명히 디지털 이큅먼트는 개인용 컴퓨터 시장에서 성공할 자원을 갖고 있었다. 디지털 이큅먼트의 직원들은 일상적으로 개인용 컴퓨터보다 훨씬 정교한 컴퓨터를 설계하고 있었다. 디지털 이큅먼트는 많은 현금을 보유하고 있었으며 훌륭한 브랜드, 강력한 기술 등을 갖추고 있었다. 그렇다면 당시 디지털 이큅먼트는 개인용 컴퓨터 사업을 성공시킬 수 있는 프로세스를 갖추고 있다고 말할 수 있는가? 그렇지 않았다. 미니컴퓨터를 설계하고 제조하는 프로세스에는 내부적으로 컴퓨터의 핵심 부품 다수를 설계하고 그 부품들을 독점적으로 통합, 구성하는 일이 포함됐다. 신제품 모델을 설계하는 과정 자체는 2년 이상 소요됐다. 디지털 이큅먼트의 제조 프로세스에는 대부분의 부품을 만들어 일괄적으로 조립하는 프로세스가 수반됐다. 디지털 이큅먼트는 기업 엔지니어링 조직에 제품을 직접 판매했고 당시 이런 프로세스는 미니컴퓨터 사업에서 매우 잘 통했다.

이와는 대조적으로 개인용 컴퓨터 사업에는 가장 비용 효율적인 부품을 세계 최고 공급업체에 아웃소싱하는 프로세스가 필요했다. 규격화된 부품으로 구성된 새로운 컴퓨터 디자인이 6개월에서 12개월 주기로 완성돼야 했다. 컴퓨터는 대규모로 제조됐으며 소매업체를 통해 소비자와 사업체에 판매됐다. 개인용 컴퓨터 사업에서 성공적으로 경쟁하기 위해 필요한 이런 프로세스 중 어느 것도 디지털 이큅먼트 내에 존재하지 않았다. 즉, 이곳에서 일하는 사람들은 개인적으로 개인용 컴퓨터를 수익성 있게 설계하고 만들어 판매할 능력을 갖고 있었지만 그렇게 할 수 없는 조직에서 일하고 있었다. 기업의 프로세스가 다른 업무를 잘 처리하도록 설계되고 개발됐기 때문이다. 기업을 한 사업에서 성공할 수 있도록 한 바로 그 프로세스가 다른 사업에서는 성공하지 못하도록 만든 것이다.

디지털 이큅먼트의 가치는 어떠했는가? 미니컴퓨터 사업에서 성공하는 데 필요한 총경비 때문에 디지털 이큅먼트는 기본적으로 "50퍼센트 이상의 총이윤 이상을 창출한다면 그것은 좋은 사업이다. 총이윤이 40퍼센트 이하라면 사업을 할 만한 가치가 없다"라는 식의 가치를 채택해야만 했다. 경영진은 모든 직원들이 이런 기준에 따라 프로젝트의 우선순위를 결정하도록 했으며 그렇지 않을 경우 기업이 돈을 벌 수 없다고 밝혔다. 개인용 컴퓨터가 낮은 이윤을 가져왔기 때문에 개인용 컴퓨터는 디지털 이큅먼트의 가치에 들어맞지 않았다. 자원 할당 프로세스에서 디지털 이큅먼트는 우선순위 기준에 따라 더욱 높은 성능의 미니컴퓨터의 우선순위를 개인용 컴퓨터 앞에 두게 됐다. 그리고 개인용 컴퓨터 사업에 진입하려고 디지털 이큅먼트가 시도한 노력은 시장의 최고 고객을 자신들의 목표로 둔 것이었다. 이런 층에서 벌어들일 수 있는 재정적인 실적이 디지털 이큅먼트의 가치가 견딜 수 있는 유일한 실적이었기 때문이었다. 그렇지만 총경비가 낮은 사업 모델을 갖춘 경쟁업체들이 고가 시장으로 이동하려는 강한 성향 때문에 디지털 이큅먼트의 가치는 성공적인 전략을 추구하지 못했다.

5장에서 살펴봤듯이, 디지털 이큅먼트는 개인용 컴퓨터 시장에서 경쟁하는 데 필요한 가치와 프로세스에 맞는 별도의 조직을 보유할 수 있었다. 그렇지만 미니컴퓨터 시장에서 놀라운 성공을 기록할 수 있도록 해준 비범한 능력을 갖추고 있는 이 조직은 개인용 컴퓨터 세계에서 성공할 능력을 전혀 갖추고 있지 않았다.

변화에 대처할 능력 개발하기

직원이 특정 업무를 성공시킬 능력이 없다고 판단되면 경영자들은 그 업무를 처리할 다른 사람을 찾거나 그 직원을 훈련시켜 그들 스스로 능력을 갖추도록 만들어야 한다. 사람들이 여러 업무에 능력을 갖추게 하는 훈련은 종종 효과적이다.

인기를 끈 변화 관리와 업무 설계 프로그램들은 프로세스는 자원만큼 융통성이 있지도 않으며 훈련으로 개선할 수 있다고 하지만 실상은 그렇지 않다. 가치는 프로세스보다 더 심하다. 부품을 아웃소싱하도록 작동하는 프로세스가 동시에 조직이 자체적으로 부품을 잘 개발하고 제조하도록 만들 수는 없다. 높은 이윤을 내는 제품에 조직의 우선순위를 두는 가치가 동시에 낮은 이윤을 내는 제품에 우선순위를 집중시킬 수는 없다. 그렇기 때문에 집중력이 있는 조직이 그렇지 않은 조직보다 성과가 훨씬 뛰어나다. 집중력이 있는 조직의 프로세스와 가치는 해결해야 할 업무 유형에 신중하게 맞춘 것이기 때문이다.

이런 이유 때문에 조직의 능력이 새로운 업무에 적합하지 않다고 결정한 경영자들은 새로운 능력을 창조하기 위해 다음과 같은 선택을 할 수 있다.

- 프로세스와 가치가 새로운 임무에 잘 들어맞는 다른 조직을 인수하는 것
- 현재 조직의 프로세스와 가치를 바꾸는 것
- 독립적인 조직을 만들어 새로운 프로세스와 가치를 개발하는 것

인수를 통한 능력 창출

경영자들은 종종 능력을 개발하는 것보다 다른 조직을 인수하는 것이 경쟁력 면에서나 재정적인 면에서 합리적이라고 느낀다. 자원-프로세스-가치 틀은 인수한 조직을 통합시켜야 하는 도전에 직면했을 때 유용할 수 있다. 어떤 기업을 인수하는 경영자는 다음과 같은 질문으로 시작할 필요가 있다. "어떤 가치 때문에 나는 이번 기업 인수에 비용을 지불했는가? 사람, 제품, 기술, 시장 포지션 등과 같은 자원 때문에 내가 기업 인수를 정당화했는가? 아니면 프로세스와 가치 때문에 이 인수 건을 정당화했는가? 다시 말해서 기업이 고객을 이해하고 만족시킬 수 있으며 시간에 맞게 신제품 및 서비스를 개발하도록 하는 독특한 업무처리 방식과 의사결정 때문이었는가?"

인수된 기업이 프로세스와 가치 때문에 성공하고 있었다면, 인수 담당 경영자가 결코 하지 말아야 하는 사항은 그 회사를 모(母)기업에 통합시키는 일이다. 인수된 업체를 담당하는 경영자가 인수하는 업체의 사

업 방식을 채택하고 인수하는 업체의 의사결정 기준에 따라 혁신 제안을 평가하면서, 인수된 업체의 프로세스와 가치 다수가 통합과정에서 증발하게 될 것이다. 인수된 업체의 프로세스와 가치가 역사적인 성공을 가져온 이유였다면 그 사업을 독립적으로 유지시키면서 기본 조직이 인수된 기업의 프로세스와 과정에 자원을 투자하는 것이 더 나은 전략이다. 본질적으로 이런 전략은 새로운 기업 인수를 진정으로 가능하게 만든다.

반면 회사의 자원이 인수를 실시하는 첫 번째 근거라면 그 회사를 모기업에 통합시키는 것이 합리적이다. 여기서 통합 과정은 기본적으로 모기업의 기존 능력을 최대한 활용하기 위해 인수한 사람, 제품, 기술, 고객을 모기업의 과정에 포함시키는 과정이다.

1990년대 후반에 시작된 다임러-크라이슬러 합병의 위험성은 자원-프로세스-가치 틀을 통해 더 잘 이해할 수 있다. 크라이슬러는 경쟁업체들에 비해 독특하다고 간주할 만한 자원을 거의 갖고 있지 않았다. 1990년대 시장에서 크라이슬러의 성공은 프로세스, 특히 신속하고 창조적인 제품 설계 프로세스와 하위시스템(subsystem) 공급업체들의 노력을 통합시키는 프로세스에 근거를 두고 있었다. 크라이슬러가 협상 테이블에 가져온 능력을 다임러가 최대한 활용할 수 있는 최고의 방법은 무엇이었을까? 월스트리트에서는 비용을 절감시키기 위해 두 조직을 통합시키도록 경영진에게 가혹할 정도의 압력을 행사했다. 그렇지만 두 기업을 통합시킬 경우 당초 크라이슬러를 매우 매력적인 인수 대상으로 만들었던 핵심 과정이 증발하게 될 가능성이 높았다.

이런 상황은 1984년 IBM의 사설교환기(PBX) 제조업체인 롬(Rolm) 인

수 건을 연상시킨다. 롬이 성공한 이유는 PBX를 개발하고 새로운 시장을 찾는 프로세스 때문이었다. 1987년에 IBM은 롬을 자체의 기업 구조 속에 완벽하게 통합시키기로 결정했다. IBM이 롬의 자원, 즉 제품과 고객을 거대한 컴퓨터 사업에 맞춰 단련된 프로세스에 포함시키려고 하면서 롬 사업은 크게 어려움을 겪게 됐다. 18퍼센트의 영업이익률을 기록했던 컴퓨터 업체의 경영진에게 10퍼센트 미만의 영업이익률에 흥분하도록 만드는 일은 불가능했다. 롬을 통합시키려는 IBM의 결정은 당초 거래가 지니고 있던 가치 자체를 파괴하고 말았다. 종종 재무 분석가들은 프로세스에 대한 가치보다는 자원에 대한 가치에 더 나은 직관을 갖고 있는 것 같다.

이와는 대조적으로 시스코(Sisco)의 인수 프로세스는 성공적인 사례로 평가할 수 있다. 시스코의 경영자들이 자원, 프로세스, 가치를 적합한 시각으로 파악했기 때문이다. 1993년에서 1997년 사이 시스코는 우선적으로 창립된 지 2년 이하의 소기업들을 인수했다. 이런 소기업들은 시장 가치가 우선적으로 자원, 특히 엔지니어 및 제품에 바탕을 두고 있던 초기 단계 조직들이었다. 시스코는 잘 정의된 정교한 프로세스를 갖고 있었는데, 이 프로세스를 통해 기본적으로 이런 자원들을 모기업의 프로세스 및 시스템에 포함시켰으며 인수된 기업의 연구원들이 시스코의 월급에 대해 만족하도록 신중하게 개발된 방법을 갖고 있었다. 통합 과정에서 시스코는 인수와 함께 얻게 된 초기 단계의 프로세스 및 가치는 무엇이든지 버렸다. 그것은 시스코가 돈을 지불한 대상이 아니었기 때문이다. 시스코는 더욱 크고 성숙한 조직을 인수한 경우, 특히 1996년 스트라타컴(StrataCom) 인수 건에서는 통합을 시도하지 않았다. 시스코는 오히려 스트라타컴을 독립적으로 유지되도록 했으며 그 조직이 더욱 빠른 속도록 성장하는 데 도움을 주기 위해 상당한 자원을 지원했다.[8]

존슨앤존슨은 중요한 파괴적 기술의 흐름에 포지션을 구축하기 위해 인수를 활용했다. 일회용 콘택트렌즈, 내시경 수술, 혈당측정기 사업은 각각의 산업이 작은 규모였을 때 인수하여, 이 사업들을 독립적으로 유지시키면서 자원을 지원했다. 각 사업에는 10억 달러 이상의 투자가 이루어졌다. 루센트 테크놀로지스(Lucent Technologies)와 노텔(Nortel)은 전통적인 회선교환 방식 대신 패킷교환 방식에 기반을 둔 라우터의 흐름을 따라잡기 위해 유사한 전략을 따랐다. 그렇지만 그들은 인수를 너무 늦게 시도했으며 그들이 인수한 업체들인 어센드 커뮤니케이션스(Ascend Communications)와 베이 네트웍스(Bay Networks)에는 엄청나게 비용이 많이 들었다. 이들 업체들은 훨씬 더 큰 기업인 시스코와 새로운 시장인 데이터 네트워크를 이미 구축한 상태였으며 막 음성 네트워크를 공격하려 하고 있었기 때문이었다.

내부적으로 새로운 능력 창출

기존 조직 내에서 새로운 능력을 개발하려 시도한 기업들은 불행하게도 들쑥날쑥한 성공률을 기록했다. 기존 조직의 능력을 바꾸는 수단으로 보강된 자원을 통합시키는 일은 상대적으로 단순하다. 새로운 기술을 갖고 있는 사람들을 고용하고, 기술에 대한 특허를 획득하며, 자본을 모으고, 제품 라인, 브랜드, 정보를 획득하면 된다. 그렇지만 너무나 자주 이러한 자원들이 변하지 않은 프로세스에 적용되게 된다. 결국 변화는 거의 생기지 않는다. 1970년대와 1980년에 도요타는 첨단 제조 및 정보 처리 기술과 같은 자원에 투자하는 대신 개발, 제조, 공급망 프로세스를 혁신적으로 개발함으로써 세계 자동차 업계를 떠들썩하게 만들었다. GM은 생산 자원, 즉 비용을 절감하고 품질을 향상하도록 설계된 컴퓨터 자동화 장비에 600억 달러 가까이 투자해 도요타에 대응했다. 그렇지만 낡은 프로세스에 최첨단 자원을 활용하는 것은 성과에 별다른 차이를 가져오지 못했다. 프로세스와 가치는 자원을 통합해 가치를 창출하는 방식을 규정한다. 이런 자원들 다수는 구입하고 판매할 수 있으며 고용하고 해고할 수 있다.

불행하게도 프로세스는 매우 바꾸기 어렵다. 우선, 현재 진행되는 프로세스 운영이 용이하도록 조직적인 경계선이 이미 그려졌기 때문이다. 이런 경계선 때문에 경계선을 가로지르는 새로운 프로세스 창출이 방해될 수 있다. 새로운 도전 때문에 상이한 사람들이나 집단이 습관적으로 했던 것과 다른 방식으로 상호작용을 해야 할 경우, 다시 말해서 과거에 필요했던 것과는 상이한 타이밍으로 상이한 도전을 다뤄야 할 경우, 경영자들은 기존 조직에서 관련성이 있는 사람들을 끌어들여 새로운 집단을 중심으로 새로운 경계선을 그릴 필요가 있다. 새로운 팀 경계선은 새로운 패턴의 협력을 가능하게 하거나 용이하게 한다. 이런 협력 패턴을 통해 궁극적으로 새로운 프로세스가 형성될 수 있다. 인풋으로 아웃풋으로 변형시킬 수 있는 새로운 능력이 생기게 되는 것이다. 스티븐 C. 휠라이트(Steven C. Wheelwright) 교수와 킴 B. 클라크 교수는 이런 구조를 중량급 팀(heavyweight team)이라고 불렀다.[9]

새로운 프로세스 능력을 개발하기가 까다로운 두 번째 이유는 경영자들이 기존의 프로세스를 제거하고 싶어하지 않기 때문이다. 기존 프로세스는 설계된 업무를 처리하는 데 완벽하게 잘 통한다. 위에서 지적했듯이 자원은 융통성이 있으며 다양한 상황에 사용될 수 있는 반면, 프로세스와 가치는 본질적으로 융통성이 없다. 프로세스와 가치의 존재 이유는 똑같은 일이 일관성 있게 반복적으로 실행되도록 하는 것이다. 프로세스는 바뀌지 않도록 되어 있다.

파괴적 기술이 등장하기 시작할 때 경영자들은 그 기술이 회사의 주요 사업에 영향을 미치기 전에 변화에 대처할 수 있는 능력을 한데 모아야 한다. 기본적인 변화가 필요한데, 기존의 사업 모델에 맞도록 다듬어진 프로세스를 갖고 있는 낡은 조직으로는 위기 상황에 처할 수 있기 때문에, 경영자들은 새로운 도전사항에 맞춘 조직이 필요하다.

프로세스가 특정 업무에 맞춰 만들어졌기 때문에 하나의 프로세스로 서로 다른 업무를 처리하기란 불가능하다. 예를 들어 7장에 제시한 예를 고려해보라. 기업이 기존시장에 신제품을 출시하는 데 적합한 시장조사와 기획 프로세스로는 제대로 정의되지 않은 새로운 시장에 진출할 수 없다. 그리고 기업을 실험적이면서 직관적으로 진출시키도록 하는 프로세스를 잘 정의된 기존 사업에 적용시킬 경우 자살 행위나 다름없다. 기업이 2가지 유형의 업무를 동시에 처리하려면 완전히 상이한 프로세스가 필요하다. 그리고 하나의 조직이 기본적으로 상이한 프로세스들을 채택하는 것은 매우 까다로운 일이다. 아래에서 다루고 있듯이, 그렇기 때문에 경영자들은 상이한 팀들을 창설할 필요가 있다. 이런 팀으로는 새로운 문제를 다룰 여러 프로세스를 규정하고 손질할 수 있다.

분사 조직을 통한 능력 창출

세 번째 새로운 능력 창출 메커니즘인 분사 조직을 통한 능력 창출 방법은 현재 여러 경영자들 사이에서 유행하고 있는 방법이다. 경영자들은 특히 인터넷 문제를 다루는 방식을 찾기 위해 이런 방법을 채택하고 있다. 분사가 변화를 활용할 수 있는 새로운 능력을 개발하는 데 결정적으로 중요한 단계인 경우는 언제인가? 분사 조직은 어떤 지침을 통해 관리해야 하는가? 주류 조직의 가치 때문에 자원이 혁신 프로젝트에 집중되지 않을 경우에 분사 조직이 필요하다. 거대 조직은 새롭지만 작은 시장에서 강력한 포지션을 구축하기 위해 필요한 재정적 자원과 인적 자원을 할당하지 못한다. 그리고 하이엔드 시장에서 경쟁하도록 구축된 기업이 로엔드 시장에서도 수익성을 올리기는 매우 어렵다. 파괴적 기술을 수익성 있고 경쟁적으로 만들기 위해 상이한 비용구조가 필요한 경우, 또는 현재 기회의 규모가 주류 조직의 성장과 비교해 별로 크지 않을 경우에만 분사 조직이 문제 해결을 도울 뿐이다.

분사 조직은 모기업과는 얼마나 분리되어야 하는가? 우선 분사 조직의 프로젝트는 자원을 두고 주류 조직의 프로젝트와 경쟁을 벌여서는 안 된다. 기업의 주류 가치와 일치하지 않는 프로젝트는 자연적으로 가장 낮은 우선순위를 얻게 된다. 독립적인 조직이 물리적으로 분리되어 있는지의 여부는 정상적인 자원 할당 과정에서 독립성이 있는지 여부에 비해 덜 중요하다.

이런 도전사항에 대한 연구를 하면서 CEO의 주의 깊은 감독 없이는 주요 가치를 파괴하는 변화가 성공적일 수 없다는 것을 알게 되었다. 그 이유는 프로세스와 가치의 힘, 특히 정상적인 자원 할당 과정의 논리 때문이다. CEO만이 새로운 조직이 필요한 자원을 얻고 새로운 도전에 적합한 프로세스와 가치를 자유롭게 창조할 수 있는지 확인할 수 있다. 분사를 파괴적인 위협 때문에 얻게 되는 개인적인 부담을 덜기 위한 도구로 여기는 CEO는 실패한다. 이 규칙은 예외가 없다.

[그림 8-1]에 제시된 틀은 경영자들이 현재 프로세스와 가치에 존재하는 능력을 활용하고 새로운 프로세스와 가치를 창조하도록 도와준다. [그림 8-1]의 왼쪽 축은 기존 프로세스, 다시 말해서 조직에서 현재 사용되는 상호작용, 의사소통, 협력, 의사결정 방식이 새로운 업무를 효과적으로 완수할 수 있는지 아닌지를 측정하고 있다. 그것이 사실이라면 (도표에서 아래쪽으로 움직인다면), 프로젝트 매니저는 조직의 기존 프로세스와 조직 구조를 활용해 성공할 수 있을 것이다. 클라크와 휠라이트가 묘사한 것처럼 오른쪽 축에 표시된 기능적 또는 경량급 팀은 기존 능력을 활용할 수 있는 유용한 구조다.[10] 그런 팀에서는 프로젝트 매니저의 역할은 기능적 조직 내에서 일반적으로 실행되는 업무가 순조롭게 진행되도록 조절하는 것이다.

한편 주류 사업에서 업무를 완수하고 의사결정을 하는 방식이 새로운 팀의 업무진행을 방해할 경우 중량급 팀의 구조가 필요하다. 새로운 팀에서는 다른 사람들이 습관적으로 필요로 했던 것과는 달리 다른 사람들과 다른 주제에 대해 다른 타이밍으로 상호작용해야 할 필요가 있기 때문이다. 이런 중량급 팀은 새로운 과정, 새로운 능력을 구성할 새로운 협력 방식을 창출하는 도구가 되어준다. 중량급 팀에서는 팀원들이 단순히 자신들의 기능에 대한 이해관계나 기술을 대표하지 않는다. 그들은 개인 스스로가 총괄 매니저처럼 행동하고 프로젝트가 잘 진행될 수

그림 8-1 혁신의 요구사항을 조직의 능력에 맞추기

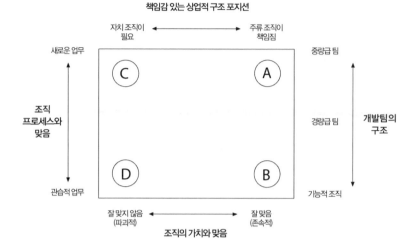

주: 왼쪽과 아래쪽의 설명은 경영자가 현재 상황에 대해 물어야 하는 질문들을 반영하고 있다
   오른쪽에 있는 설명은 왼쪽 축에 있는 상황에 대한 적절한 대응을 나타낸다
   맨 위쪽에 있는 설명은 아래쪽 축에 있는 경영자의 대답에 대한 적절한 대응을 나타낸다

있도록 결정을 내리고 맞교환을 하는 일을 담당한다. 그들은 전형적으로 헌신적이며 여러 부서의 업무를 동시에 담당한다.

[그림 8-1]의 수평축은 경영자들이 성공하기 위해 필요한 자원을 새로운 조직에 할당하고 있는지 여부를 평가하는 것이다. 이 가치가 조직에 잘 맞지 않고 파괴적일 경우, 주류 조직의 가치는 프로젝트에 대해 낮은 우선순위를 두게 된다. 따라서 개발 및 상용화가 진행될 수 있는 자치적인 조직을 설립하는 것이 성공을 위해서 절대적으로 필요하다. 그렇지만 또 다른 극단 상황인 가치가 잘 들어맞고 존속적일 경우, 경영자들은 주류 조직의 에너지와 자원이 프로젝트에 통합될 것이라고 예상할수 있다. 그런 경우 스컹크워크(skunk work, 소수의 연구원들이 개인적이거나

비밀리에 추진하는 프로젝트)나 분사를 실시할 이유가 전혀 없다.

[그림 8-1]의 구역 A는 경영자가 조직의 가치에 들어맞는 혁신적이지만 존속적 기술 변화에 직면한 상황을 묘사하고 있다. 그렇지만 이런 상황에 처한 조직은 여러 유형의 문제를 해결해야 하며, 따라서 집단과 개인들 사이에 새로운 유형의 상호작용 및 협력이 필요하다. 경영자는 이런 새로운 업무를 처리하기 위해 중량급 개발팀이 필요하며, 주류 회사 내에서 프로젝트를 실행시킬 수 있다. 이것이 크라이슬러, 엘라이릴리, 의료기기 업체 메드트로닉(Medtronic)이 제품 개발주기를 매우 극적으로 가속화했던 방식이다.[11] 중량급 팀은 IBM의 디스크 드라이브 부서 경영자들이 현재 부품들로부터 50퍼센트 높은 성능을 얻어내기 위해서 제품 디자인에 부품들을 더욱 효과적으로 통합시키는 방법을 배울 때 활용한 조직적 메커니즘이다. 인터넷 브라우저를 개발해 출시하려는 마이크로소프트의 프로젝트는 [그림 8-1]의 틀에서 구역 A에 위치하고 있다. 이 프로젝트는 과거 마이크로소프트에서 사용됐던 것과는 다른 방식으로 협력할 필요가 있었던 특이하고 까다로운 사례에 대해 놀라울 정도로 성공적인 결과를 보여줬다. 그렇지만 인터넷 브라우저는 존속적 기술이었다. 고객들은 제품을 원하고 있었으며 이는 기업의 중요한 사업 모델을 강화시켰다. 따라서 완전히 다른 조직에 프로젝트를 맡길 필요가 없었다.

프로젝트가 기업의 과정과 가치에 들어맞는 구역 B의 경우 경량급 개발팀이 성공적일 수 있다. 그런 팀의 경우 기능적인 경계선을 넘나드는 협력이 주류 조직 내에서 진행된다.

구역 C는 경영자가 조직의 기존 프로세스와 가치에 맞지 않는 파괴적 기술 변화에 직면한 상황을 표시하고 있다. 확실히 성공하기 위해서 경영자들은 자치적인 조직을 창설하고 중량급 팀에 도전을 담당하도록 위임해야 한다. 7장에서 다뤘던 기업들뿐만 아니라 인터넷 때문에 생긴 유통채널 갈등을 해결하려는 여러 기업들의 노력은 이런 식으로 관리돼야 한다. 예를 들어 1999년 컴팩 컴퓨터는 델 컴퓨터에 더욱 효과적으로 경쟁할 수 있도록 인터넷을 통해 컴퓨터를 직접 고객에게 판매하려는 사업을 시작했다. 몇 주 후에 소매업체들이 강력하게 항의하는 바람에 컴팩은 이 전략에서 물러서야만 했다. 컴팩의 인터넷 판매는 회사와 소매업체의 가치, 즉 수익 모델에 있어 매우 파괴적인 것이었다. 이런 갈등을 관리할 수 있는 유일한 방법은 독립적인 회사를 통해 직접 판매 사업을 시작하는 일일 것이다. 갈등을 관리하기 위해서 심지어 다른 브랜드가 필요할지도 모른다.

어떤 사람들은 실리콘밸리에서 독립적인 조직을 통해 온라인 소매사업 운영을 관리하려는 월마트의 전략이 무모하다고 주장했다. 분사 조직으로는 월마트의 비범한 물류 관리 프로세스와 인프라스트럭처를 최대한 활용할 수 없기 때문이다. 그렇지만 [그림 8-1]에 기초할 때 분사는 현명한 일이었다. 온라인 벤처는 실제로 전통적인 운영 방식과는 매우 다른 물류 프로세스를 필요로 한다. 전통적인 운영 방식은 상품을 트럭으로 운반한다. 온라인 소매업체는 개별 상품을 재고 창고에서 가져와 작은 수화물을 다양한 장소에 선적해야 한다. 이런 벤처는 월마트의 가치에 파괴적일 뿐만 아니라, 자체적인 물류 프로세스 또한 구축해야 한다. 조직을 완전히 분리할 필요가 있었다.

구역 D는 주류 제품 및 서비스와 유사한 제품이나 서비스가 기본적으로 총경비가 낮은 사업 모델 내에서 판매될 필요가 있는 프로젝트를 나타낸다. 월마트의 샘스클럽(Sam's Club)은 구역 D에 들어맞는다. 샘스클럽과 같은 프로젝트들은 주기업과 유사하게 물류 관리 프로세스를 최대한 활용할 수 있지만, 예산, 경영, 수익 및 손실 등의 책임은 주기업과 달라야 한다.

기능적인 경량급 팀은 기존의 능력을 활용하는 데 적절한 도구이며 중량급 팀은 새로운 능력을 창출하는 데 적절한 도구다. 분사 조직은 새로운 가치를 형성하기 위한 도구. 불행하게도 대부분 기업들은 천편일률적인 조직 전략을 활용하면서 모든 프로그램에 경량급 팀을 활용하고 있다. 중량급 팀 전략을 받아들인 소수 기업들 대부분은 팀을 중량급식으로 조직하려 시도했다. 이상적으로 각 기업은 각 프로젝트가 요구하는 프로세스와 가치에 팀 구조와 조직의 조직 배치를 맞춰야 하다.

여러 면에서 파괴적 기술 모델은 상대성 이론이다. 한 기업에 파괴적인 것이 다른 기업에는 존속적인 영향을 미치기 때문이다. 예를 들어, 델은 전화로 컴퓨터를 판매하기 시작했다. 인터넷으로 주문을 받고 컴퓨터를 판매하는 독창성은 존속적 혁신이었다. 인터넷 판매는 델에 이미 구조를 갖춘 방식으로 돈을 벌 수 있도록 도와줬다. 그렇지만 컴팩, 휴렛패커드, IBM이 인터넷을 통해 고객에게 직접 상품을 판매하는 것은 매우 파괴적인 영향을 미칠 것이다. 주식 중개업도 마찬가지다. 아메리트레이드(Ameritrade)와 찰스 슈왑(Charles Schewab)과 같이 전화로 주문을 받는 할인 중개업체들에 온라인 증권 거래는 더욱 비용 효율적으로 할인 서비스를 제공하고 심지어 과거 능력에 비해 더욱 향상된 서비스를 제공할 수 있도록 하는 데 도움이 됐다. 그렇지만 메릴린치(Merrill

Lynch)와 같이 커미션을 받고 일하는 브로커가 있는 풀 서비스 업체들에 온라인 거래는 상당한 파괴적 위협이다.

요약

　변화에 직면하고 있는 조직을 운영하는 경영자들은 조직이 필요한 자원을 제대로 갖추었는지 확인해야 한다. 그런 다음 별도의 질문을 던질 필요가 있다. 조직이 성공을 위한 프로세스와 가치를 갖고 있는가? 이 두 번째 질문은 대부분 경영자들에게 본능적으로 떠오르진 않는다. 업무가 처리되는 프로세스와 직원들이 의사결정에 활용하는 기존 가치가 지금까지 잘 통했기 때문이다. 그렇지만 내가 자원-프로세스-가치의 틀을 통해 경영자들이 추가로 고려하기를 바라는 사항은 조직의 능력 자체가 조직의 무능력 또한 정의한다는 점이다. 경영자들이 다음과 같은 문제에 대한 정직한 답변을 구하기 위해 자기 탐색 시간을 가질 경우 상당히 도움이 될 것이다. 조직에서 습관적으로 업무가 처리되는 프로세스가 현재의 새로운 문제에 적절한가? 그리고 조직의 가치는 현재의 이니셔티브(initiative)가 높은 우선순위를 차지하도록 할 것인가 아니면 사그라지도록 만들 것인가?

　이 질문들에 대한 답변이 부정적이라고 해도 상관없다. 문제를 이해하는 것이 문제 해결에 가장 중요한 단계이기 때문이다. 이런 문제에 대한 근거 없는 기대는 혁신을 개발하고 이해하는 일을 담당하고 있는 팀이 장애물, 비판, 좌절에 부딪치도록 만들 수 있다. 혁신이 기존기업에 매우 어려운 일처럼 보이는 이유는 기존기업이 능력 있는 사람들을 채용해 현재의 업무가 쉽게 성공할 수 있도록 설계되지 않은 프로세스와 가치 내에서 일하도록 만들기 때문이다. 오늘날과 같이 가속하는 변화에 대한 대처 능력이 매우 중요한 시대에, 능력 있는 사람들을 능력 있는 조직에 배치하는 일은 경영진의 주요 책무다.

9장

성능, 시장 수요, 제품 수명주기

::

파괴적 기술의 주요 특징들

기술과 시장 궤도의 교차를 보여주는 이 책의 그래프는 선도기업들이 업계 리더 자리에서 어떻게 무너질 수 있는지를 설명하는 데 유용하게 사용될 수 있다. 여러 업계에서 기술은 시장이 필요로 하거나 또는 흡수할 수 있는 정도를 초과하는 성능 향상이 있었다. 역사적으로 이러한 성능 과잉 공급(performance oversupply)이 발생할 때는 파괴적 기술이 등장해 곧 아래쪽으로부터 기존시장을 공략할 수 있는 기회가 생긴다.

이러한 기존시장을 위협하고 파괴적 기술에 기회를 제공하는 성능 과잉 공급은 또한 제품 시장의 경쟁 기반에 기본적인 변화를 부추긴다. 고객들이 제품이나 서비스를 선택하는 판단 기준이 되는 순위 결정 과정이 변하게 되어 제품 수명주기가 다음 단계로 넘어가는 것을 알리게 된다. 다른 말로 하면, 성능 공급과 성능 수요의 궤도가 교차할 경우 기본적으로 제품 수명주기 단계에 변화가 발생한다. 이것 때문에 이 책에서 사용된 것과 같은 궤도는 한 업계의 경쟁적인 역동성과 경쟁 기반이 시간의 추이에 따라 변할 가능성이 얼마나 높은지를 유용하게 보여준다.

앞에서도 그랬듯이 성능 공급이 시장 수요를 초과할 때 무슨 일이 발생할 수 있는지에 대한 이런 논의를 디스크 드라이브 업계 분석에서 시작할 것이다. 동일한 현상이 회계 소프트웨어와 당뇨병 관리 제품 시장에서 발생하고 있다는 점을 파악하면, 공급과 제품 수명주기 단계 사이의 상관성은 더욱 분명해질 것이다.

성능 과잉 공급과 경쟁 기반의 변화

성능 과잉 공급 현상은 [그림 1-7]에서 따온 [그림 9-1]에 도표로 표시되어 있다. 이 차트는 1988년에 사용된 평균적인 3.5인치 드라이브의 용량이 마침내 데스크톱 컴퓨터 시장에서 요구되는 용량과 동일하게 될 정도로 증가했다는 점을 보여준다. 또한 평균적인 5.25인치 드라이브는 1988년에 주류 데스크톱 컴퓨터 시장이 요구하는 용량을 300퍼센트 가까이 초과했다. 이 시점에서 데스크톱 컴퓨터 시장이 등장한 이후 처음으로 컴퓨터 제조업체들이 드라이브를 선택하여 구입할 수 있게 됐다. 5.25인치와 3.5인치 드라이브 모두 완벽할 정도로 적합한 용량을 제공하고 있었다.

그 결과는 어떻게 됐을까? 데스크톱 컴퓨터 제조업체들이 한꺼번에 3.5인치 드라이브로 전환하기 시작했다. [그림 9-2]는 이 점을 보여주고 있는데, 대체곡선 형식을 사용하고 있다. 수직 축은 판매되는 새로

그림 9-1 리지드 디스크 드라이브 시장에서 요구되는 용량과 공급되는 용량의 궤도 교차

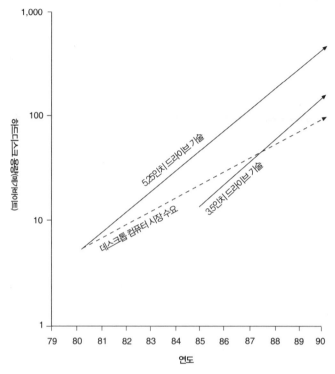

출처: 「디스크/트렌드 리포트」

운 기술 대비 오래된 기술 비율을 나타낸다. 1985년에 이 비율은 0.007 이었는데, 이것은 데스크톱 시장의 1퍼센트(0.0069) 이하가 3.5인치 포 맷으로 전환했다는 것을 의미한다. 1987년에 이 비율은 0.20으로 증가 했는데, 이것은 그해에 데스크톱에 판매된 드라이브 중 16.7퍼센트가 3.5인치 드라이브였다는 것을 의미한다. 1989년에 비율은 1.5로 증가 했다. 즉, 3.5인치 제품이 시장에 희미하게 등장한 이후 불과 4년 만에 드라이브 판매의 60퍼센트를 차지하게 된 것이다.

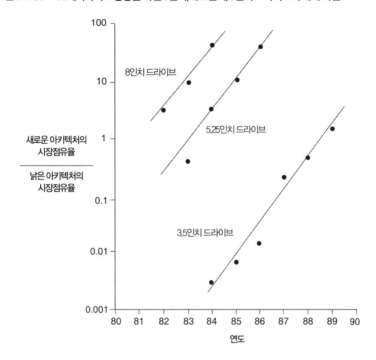

그림 9-2 30~100메가바이트 용량을 가진 8인치, 5.25인치, 3인치 드라이브의 대체 곡선

출처:「디스크/트렌드 리포트」

　3.5인치 드라이브는 데스크톱 컴퓨터 시장을 어떻게 점령할 수 있었을까? 3.5인치 드라이브가 경제 면에서 더욱 비용 효율적인 아키텍처를 대표했기 때문이라는 추측이 가능하다. 2가지 제품(둘 다 적합한 용량을 갖고 있을 경우) 사이에 별다른 차이가 존재하지 않을 경우 가격 경쟁이 심화된다. 그렇지만 여기서는 그렇지 않다. 사실 컴퓨터 제조업체는 3.5인치 드라이브를 사용하기 위해서 평균적으로 1메가바이트당 20퍼센트를 더 지불해야만 했다. 그럼에도 제조업체들은 3.5인치 드라이브로 한꺼번에 움직였다. 더구나 컴퓨터 제조업체들은 자체 제품 시장에

서 첨예한 가격 경쟁에 직면했을 때에도 더 값비싼 드라이브를 선택했다. 왜 그랬을까?

성능 과잉 공급은 경쟁 기반의 변화를 부추긴다. 용량 수요가 충족되자, 시장 수요를 아직 충족시키지 못한 다른 특성들이 더욱 가치를 얻게 됐다. 그리고 드라이브 제조업체들이 제품을 차별화할 때 성능을 중시하게 되었다. 개념적으로 볼 때, 이것은 [그림 9-1]과 같은 도표의 수직 축에서 측정된 가장 중요한 특성이 변했으며, 시장 수요가 아니라 성능 면에서 새로운 궤도가 형성됐다는 것을 의미한다.

구체적으로는 1986년에서 1988년 사이 데스크톱 컴퓨터 시장에서는 드라이브가 작다는 것이 다른 특성보다 더 중요하게 여겨지기 시작했다. 5.25인치보다 작은 3.5인치 드라이브 덕분에 컴퓨터 제조업체가 컴퓨터의 크기, 즉 데스크톱의 공간을 줄일 수 있게 됐다. 예를 들어 IBM의 거대한 XT와 AT 박스는 훨씬 작은 PS1, PS2 세대에 자리를 내주게 됐다.

소형 드라이브가 시장 수요를 만족시키지 못했던 때에도 데스크톱 컴퓨터 제조업체는 3.5인치 드라이브에 대해 상당한 가격 프리미엄을 계속해서 지불했다. 4장에서 다룬 헤도닉 회귀분석을 사용할 경우 1986년에 디스크 드라이브 규모를 1세제곱인치 줄이는 그림자 가격은 4.72달러였다. 그렇지만 컴퓨터 제조업체들이 소형 드라이브를 활용하기 위해 새로운 세대의 데스크톱 컴퓨터를 만들자, 더 작은 드라이브에 대한 수요까지도 충분히 만족시켰다. 그 결과 1989년 그림자 가격, 즉 소형 드라이브에 부여된 프리미엄 가격이 1세제곱인치 축소할 때마다 0.60달러로 줄어들었다.

일반적으로 특별한 성능을 위해 요구되는 기술 수준이 달성될 경우, 고객들은 존속적인 향상에 대해 프리미엄을 지불하려 하지 않음으로써 자신들이 만족하고 있다는 사실을 보여준다. 따라서 성능 과잉 공급은 경쟁 기반 변화를 촉진하며, 시장 수요가 아직 만족되지 않는 특성이 고객들이 한 제품을 선택할 때 사용하는 판단 기준이 된다.

[그림 9-3]은 데스크톱 컴퓨터 시장에서 발생한 것처럼 보이는 상황을 요약하고 있다. 특히 수직 축에 표시된 특성들이 반복해서 변한 것을 확인할 수 있다. 용량 면에서 성능 과잉 공급은 수직 축을 용량에서 물리적인 크기로 다시 정의하도록 만들었다. 성능의 물리적 크기에 대한 시장 욕구가 만족됐을 때 수직 축에 표시된 성능에 대한 정의가 다시 바뀌면서, 신뢰성에 대한 수요가 중요한 특성이 됐다. 잠시 동안 경쟁적으로 우수한 충돌 저항 및 평균 무고장 시간(MTBF, mean time between failure)을 제공하는 제품이 상당한 프리미엄 가격을 얻게 됐다.[1] 그렇지만 이 가치가 100만 시간에 접근하자 그림자 가격이 0달러에 접근했다. 이것은 제품 성능에서 성능 과잉 공급 현상이 발생했다는 것을 의미한다. 신뢰성이 성능 기준이 된 이후에서 시작해 지금까지 이어지고 있는 단계는 격렬한 가격 기반 경쟁을 바탕으로 하고 있다. 일부 경우에는 총이윤이 12퍼센트 이하로 떨어지기도 했다.

제품은 언제 일용품이 되는가?

디스크 드라이브 상용화 과정은 시장이 요구하는 것과 기술이 공급

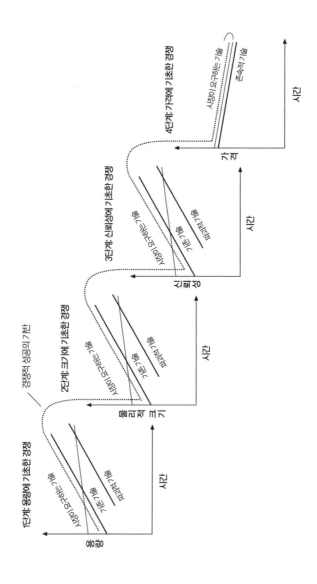

그림 9-3 디스크 드라이브 산업의 경쟁 기반 변화

하는 것의 궤도 사이의 상호작용으로 정의된다. 5.25인치 드라이브는 3.5인치가 여전히 프리미엄 가격으로 팔리고 있었던 1988년경에 데스크톱 시장에서 일용품(commodity)이 됐다. 또한 5.25인치 드라이브는 데스크톱 컴퓨터 시장에서 일용품처럼 가격이 책정됐지만 동시에 8인치 드라이브와 비교해 고가 시장에서 상당한 프리미엄 가격을 받게 됐다. 4장에서 묘사했듯이 이것은 기존기업이 실행하고 있는 고가 시장으로의 공격적인 움직임을 설명해준다.

앞에서 다뤘듯이 경쟁 기반의 반복적인 변화가 소진될 경우, 다시 말해서 성능의 각 특성이나 측면에 대해 완벽하게 만족될 경우, 제품은 특정 시장 내에서 일용품이 된다. 성능 공급과잉에 대한 틀은 고객들과 가격 협상을 하면서 완전히 녹초가 된 세일즈맨에게서 정기적으로 듣게 되는 다음과 같은 절망스러운 논평을 컨설턴트, 경영자, 연구진 등이 이해하는 데 도움이 될 것이다.

"저 바보 같은 사람들이 우리 제품을 무슨 일용품처럼 취급하더군요. 우리 제품이 경쟁업체의 제품보다 훨씬 낫다는 것을 그 사람들은 왜 모르죠?"

사실 시장에서 경쟁업체들이 제품을 서로 계속 차별화하고 있는 상황일 수도 있다. 그렇지만 특성과 기능성이 시장 수요를 초과할 경우 차별화는 그 의미를 잃게 된다.

성능 과잉 공급과 제품 경쟁 진화

여러 마케팅 관련 책들은 제품 수명주기와 특정 항목 내에서 제품의 특성이 시간의 추이에 따라 어떻게 변하는지를 묘사하고 있다.[2] 이 책의 연구결과에 따르면 이런 모델들 다수에서 수명주기가 한 단계에서 다음 단계로 이전하게 되는 중요한 요인은 성능 과잉 공급이다.

예를 들어 윈더미어 어소시에이츠(Windermere Associates)가 만든 제품 진화 모델인 구매계층(buying hierarchy)을 고려해보자. 이 모델은 기능성, 신뢰성, 편리성, 가격 등 4단계가 전형적이라고 묘사한다. 처음에는 시장의 기능성 요구 조건을 만족시키는 제품을 구할 수 없을 경우 경쟁 기반, 다시 말해서 제품 선택이 이뤄지는 판단 기준은 제품의 기능이 되는 경향이 있다(때때로 디스크 드라이브 산업에서처럼 시장이 기능성의 여러 측면을 순환할 수도 있다). 그렇지만, 2개 이상의 제품이 성능에 있어 시장의 요구를 확실하게 만족시킬 경우 고객들은 더 이상 제품 선택의 기준을 기능성에 두지 않고 신뢰성에 기초한 제품과 판매업체를 선택하는 경향이 있다. 신뢰성에 대한 시장 수요가 판매업체가 제공할 수 있는 능력보다 큰이상, 고객들은 신뢰성을 기준으로 제품을 선택한다. 그리고 가장 신뢰성 있는 제품을 판매하는 가장 신뢰성 있는 업체가 프리미엄을 얻게 된다.

그렇지만 2개 이상의 판매업체가 시장이 요구하는 신뢰성을 초과 만족시키는 지점까지 나아갈 경우 경쟁 기반은 편리성으로 전환된다. 고객들은 사용이 가장 편리한 제품과 가장 편리한 판매업체를 선호하게된다. 여기에서도 편리성에 대한 시장 수요가 판매업체가 제공할 수 있는 능력을 능가하는 이상, 고객들은 신뢰성을 기반으로 제품을 선택하고 판매업체가 제공하는 편리성에 대해 프리미엄 가격을 지불하게 된다. 최종적으로 여러 판매업체들이 시장 수요를 완벽하게 충족시키는 편리한 제품 및 서비스를 제공할 때, 경쟁 기반은 가격으로 전환된다. 구매계층을 한 단계에서 다음 단계로 이전하도록 만드는 요인은 성능 과잉 공급이다.

제프리 A. 무어(Jeoffrey A. Moore)가 『캐즘마케팅(Crossing the Chasm)』에서 공식화한 산업 진화 개념은 기본적으로 유사한 논리를 갖고 있는 또하나의 유용한 개념이다.[3] 그렇지만 이 개념은 제품보다는 사용자 면에서 각 단계를 정의하고 있다. 무어는 처음에는 제품의 기능성에만 기반을 두고 제품을 선택하는 고객들인 업계의 혁신가들이나 초기 수용자가 처음 제품을 사용한다고 제시했다. 이 단계에서 최고 성능 제품은 상당한 프리미엄 가격을 구가하게 된다. 무어는 그다음에 시장이 극적으로 확대돼 주류시장에서의 기능성 수요가 충족되며, 판매업체들은 초기 대다수 고객들의 신뢰성 문제를 해결하려 노력하기 시작한다고 주장했다. 그다음 성장의 물결은 제품과 판매업체의 신뢰성 문제가 해결될 때 발생한다. 이때는 혁신과 경쟁 기반이 편리성으로 전환되며, 따라서 후기 대다수 고객을 끌어들이게 된다. 무어의 이론에 기반이 되는 개념은 기술이 성능의 한 측면에 대한 시장 수요가 만족되는 지점까지 향상될 수 있다는 것이다.

이렇게 경쟁의 기반이 기능성에서 신뢰성으로, 그리고 편리성을 거쳐 최종적으로 가격에 이르기까지 진화하는 과정은 지금까지 논의된 여러 시장에서 목격됐다. 사실 파괴적 기술의 주요 특성은 경쟁 기반의 변화를 알린다는 점이다.

파괴적 기술의 다른 존속적인 특징들

　다음과 같은 파괴적 기술의 2가지 추가적인 중요한 특징이 꾸준하게 제품 수명주기와 경쟁의 역동성에 영향을 미친다. 첫째, 파괴적 제품을 주류시장에서 쓸모없도록 만드는 특성들은 새로운 시장에서 가장 강력한 셀링 포인트(selling point)가 된다. 둘째, 파괴적 제품은 기존 제품에 비해 더욱 간단하고 저렴하며 신뢰성 있고 편리한 경향이 있다. 경영자들이 파괴적 제품을 제작하고 판매하기 위해 전략을 효과적으로 구성하려면 이런 특성들을 이해해야만 한다. 그래야만 파괴적 기술의 구체적인 시장을 미리 알 수 없을 경우에도 경영자들은 반복적으로 나타나는 이런 특성을 믿고 따를 수 있다.

1. 파괴적 기술에서는 단점이 바로 장점이다

　한 업계에서 파괴적 기술과 경쟁 기반 사이의 상관성은 매우 복잡하다. 성능 과잉 공급, 제품 수명주기, 파괴적 기술의 도래 등의 요인으로 인해 파괴적 기술이 시장에서 가치를 얻게 되는데 이 기술은 주류시장을 붕괴시킬 가능성이 있다.

　일반적으로 파괴적 혁신에 성공한 기업들은 처음에 기술의 특성과 능력을 당연시하고 이런 특성이 가치가 있거나 수용될 수 있는 새로운 시장을 모색하거나 창조하려 한다. 따라서 코너 페리퍼럴스는 소형 제품이 중요하게 여겨지는 휴대용 컴퓨터용 소형 드라이브 시장을 창조했다. J.C. 뱀포드와 J.I. 케이스는 소형 버킷과 트랙터의 이동성을 토대로 가치를 창출할 수 있는 주택 건설 계약업체를 위한 굴착기 시장을 구축했다. 그리고 뉴코어는 박 슬래브 주조 강판 표면의 결함을 개의치 않는 시장을 발견했다.

이와는 대조적으로 파괴적 기술에 무너진 기업들은 기존시장의 욕구를 당연하게 여겼으며, 기술이 주류시장에서 중요하게 여겨질 정도로 우수하다고 느끼기 전에는 그 기술을 시장에 내놓으려 하지 않았다. 따라서 시게이트 마케팅 담당자들은 회사의 초기 3.5인치 드라이브에 대해 "작고 용량이 적은 드라이브를 중요하게 여기는 시장은 어디 있는가?"라는 질문을 던지지 않은 채, IBM에 평가를 의뢰했다. 부사이러스가 1951년에 유압식 굴착기 하이드로호 라인을 인수했을 때 경영자들은 분명히 "좁은 도랑만을 팔 수 있는 이동성 굴착기를 원하는 시장은 어디에 있는가?"라고 묻지 않았다. 그들은 시장이 가능하면 가장 큰 버킷 크기와 가장 긴 작업 반경을 필요로 했다고 가정했다. 그들은 하이드로호에 케이블, 도르래, 클러치, 윈치(winch, 감아올리는 기계) 등을 임시방편으로 장착해 일반 굴착 작업 계약업체에 판매하려 시도했다. USX는 연속 박 슬래브 주조 기술을 평가하면서 "표면 처리가 좋지 않은 저가 강판을 위한 시장은 어디에 있는가?"라고 묻지 않았다. 오히려 그들은 시장이 가능하면 가장 좋은 품질의 표면처리를 원한다고 당연시 여기면서 전통적인 주조 장비에 더 많은 자본을 투자했다. 그들은 존속적 기술에 적합한 사고방식을 파괴적 기술에 적용했던 것이다.

이 책에서 다룬 사례들에서 파괴적 기술에 직면한 기존기업들은 전형적으로 우선적인 개발 관련 도전사항이 기술적 도전이라고 여겼다. 그들은 알려진 시장에 적합한 파괴적 기술을 향상시키는 것이 중요하다고 여겼다. 이와는 대조적으로 파괴적 기술을 상용화하는 데 가장 성공적이었던 기업들은 우선적인 개발 관련 도전사항이 마케팅적 도전이라고 여겼다. 그들은 제품의 파괴적인 특성이 중요하게 여겨지는 측면을 중심으로 제품 경쟁이 이뤄지는 시장을 창출하거나 모색하는 것이 중요하다고 여겼다.[4]

경영자들은 파괴적 기술에 직면해 이런 원칙을 관찰하는 것이 매우 중요하다. 파괴적 기술을 연구실에 봉쇄시키고 주류시장에 적합할 때까지 그 기술을 숨기는 기업들은 파괴적 기술의 특성을 처음부터 있는 그대로 받아들이는 시장을 찾으려는 기업들만큼 성공적이지 못하다. 시장을 모색하는 기업들은 상업적인 기반을 구축하고 고가 시장으로 움직임으로써 파괴적 기술을 마케팅적 도전이 아니라 연구 면에서의 도전사항으로 여기는 기업들보다 훨씬 더 효과적으로 주류시장에 맞설 수 있게 될 것이다.

2. 파괴적 기술은 기존 기술보다 더욱 간단하고 저렴하다

성능 과잉 공급이 이미 발생해 파괴적 기술이 주류시장의 아랫부분을 공략할 때, 파괴적 기술은 구매계층 면에서 시장의 기능성을 만족시키고, 주류 제품에 비해 더욱 간단하고 저렴하며, 신뢰성 있고 편리하기 때문에 성공한다. 3장에서 다뤘던 유압식 굴착기 기술이 하수도 및 일반 굴착 작업 시장을 공략했던 이야기를 상기해보자. 유압식 굴착기가 버킷을 다룰 힘을 갖게 되자(주류시장이 요구하는 성능을 능가하자), 계약업체들은 케이블 구동 굴착기가 들어올리는 양이 더 많음에도 유압식 굴착기로 빠르게 전환했다. 모두 계약업체에 적합한 버킷 용량을 제공했기 때문에 계약업체들은 더욱 신뢰성 있는 기술인 유압식 굴착기를 선택하게 된 것이다.

기존기업들은 더 나은 성과와 높은 수익을 가져다주는 제품 및 시장을 추구하는 경향이 있기 때문에 파괴적 제품에 지나칠 정도로 많은 특성과 기능성을 부가하게 된다. 휴렛패커드가 1.3인치 키티호크 디스크 드라이브를 설계할 때의 경험은 바로 이런 교훈을 가르쳐준다. 키티호크 개발자들은 정말로 간단하고 저렴한 제품을 설계하지 못한 채, 키티호크의 성능을 향상시켰으며 충돌 저항 및 전력소모 수준이 존속적 제품으로서 경쟁력을 갖추도록 만들었다. 저렴하고 단순하며 기능이 하나밖에 없는 대량 생산 제품인 10메가바이트 드라이브가 등장하기 시작하자, 휴렛패커드의 제품은 이런 추세를 따라잡을 수 있을 만큼 파괴적이지 못했다. 애플 또한 처음부터 단순성과 신뢰성을 목표로 삼지 않고 뉴턴에 기능성을 확장시킴으로써 유사한 실수를 범했다.

회계 소프트웨어 시장에서의 성능 과잉 공급

재무 관리 소프트웨어 제조업체 인튜이트는 무엇보다도 놀라울 정도로 성공적인 개인 재무 소프트웨어 패키지 퀵큰(Quicken)으로 유명하다. 퀵큰은 사용하기 쉽고 편리하기 때문에 소프트웨어 시장을 지배하고 있었다. 퀵큰 제작자들은 퀵큰 사용자 대부분이 그저 프로그램을 구입해 컴퓨터에 설치하고 사용설명서를 읽지 않고도 사용할 수 있다는 사실에 자부심을 느끼고 있었다. 퀵큰 개발자들은 매우 사용하기 편리한 프로그램을 만들었으며, 고객들이나 전문가들이 무엇을 필요로 하는지가 아니라 고객들이 제품을 어떻게 사용하는지 관찰함으로써 계속해서 더욱 간단하고 편리한 제품을 만들었다. 퀵큰 개발자들은 제품이 사용하기 까다롭거나 혼란스러울 가능성이 존재하는지 아주 세세하게 지켜봄으로써 뛰어난 기능성이 아니라 적합한 기능성을 제공하는 더욱 간단하고 더욱 편리한 제품을 만드는 데 자신들의 에너지를 집중했다.[5]

인튜이트가 북미 소기업 회계 소프트웨어 시장을 70퍼센트 점유하고 있다는 사실은 그렇게 널리 알려져 있지 않다.[6] 인튜이트는 다음과 같은 3가지 통찰에 기반을 둔 제품 퀵북(Quickbooks)을 출시하면서 후발 진입업체로 이 시장을 장악하게 됐다. 첫째, 과거에 구입 가능했던 소기업 회계 패키지는 공인 회계사들의 도움을 받아 제작했으며 사용자들은 회계에 대한 기본적인 지식(차변 및 대변, 자산 및 부채 등)을 갖고 있어야 했으며 매번 분개(journal entry, 부기상의 거래를 발생순서대로 차변과 대변으로 나누어 기록하는 것)를 2번씩 해야 했다. 둘째, 기존의 패키지 대부분은 포괄적이며 정교한 보고서와 분석을 제공했는데, 이런 기능은 제품 개발자들이 더 나은 기능성을 제공해 제품을 차별화시키려 하면서 신제품이 출시될 때마다 더욱 복잡해지고 전문화되고 있었다. 셋째, 미국 내 기업의 85퍼센트는 회계사를 채용하기에 너무 작은 기업이었다. 이런 기업에서는 기업 소유주나 가족이 회계 장부를 기록했는데, 그들은 주류 회계 소프트웨어에서 구할 수 있는 데이터 입력 및 보고서 등을 이해할 필요가 없었다. 그들은 감사 추적이 무엇인지 알지 못했고 사용할 필요성 또한 모르고 있었다.

인튜이트의 창립자 스콧 쿡(Scott Cook)은 이러한 소기업 대부분이 회계 보고서에 담겨 있는 정보가 아니라 자신들의 직관이나 사업에 대한 직접적인 능력에 의존하는 기업 소유주가 운영하는 기업이라고 생각했다. 다른 말로 하자면, 퀵큰은 시장이 요구하는 기능성을 초과했으며, 따라서 뛰어난 기능성이 아니라 적합한 기능성을 제공하고 간단하며 사용이 더욱 편리한 파괴적 소프트웨어 기술에 기회가 생겼다는 결론을 내렸다. 파괴적인 제품인 퀵북은 제품 경쟁 기반을 기능성에서 편리성으로 전환했으며 도입 후 2년 이내에 시장을 70퍼센트 점유하게 됐다.[7] 사실, 1995년에 인튜이트의 총매출에서 퀵북이 퀵큰보다 더 큰 부분을 차지하게 됐다.

쉽게 예측할 수 있듯이 인튜이트의 공략에 대한 기존 소기업 회계 소프트웨어 제조업체들의 반응은 고가 시장으로 움직이는 것이었다. 그들은 기능성이 더 나은 패키지를 계속해서 출시했다. 이런 제품들은 시장의 하위분야에 초점을 맞추고, 시장의 매우 윗부분에 있는 복잡한 정보 시스템 사용자들을 타깃으로 두고 있었다. 소기업 회계 소프트웨어 선도 공급업체 3곳(1992년 당시 각 기업의 시장점유율은 약 30퍼센트였다) 중에서 한 곳은 사라지고 한 곳은 쇠약해졌다. 세 번째 기업은 퀵북의 성공에 맞대응하기 위해 단순화된 제품을 출시했지만 아주 낮은 시장점유율을 기록했다.

인슐린 제품 수명주기에서의 성능 과잉 공급

성능 과잉 공급과 파괴적 기술이 경쟁을 기반으로 한 변화를 촉진시키고 업계 리더십 변화를 위협한 또 다른 사례는 세계 인슐린 사업에서 찾을 수 있다. 1922년, 캐나다 토론토에 있는 연구진 4명이 동물의 췌장에서 인슐린을 성공적으로 추출해 당뇨병을 앓고 있는 사람들에게 주입해 성공적인 결과를 가져왔다. 소와 돼지의 췌장을 갈아 인슐린을 추출하기 때문에 인슐린의 순도를 향상시키는 것이 결정적으로 중요한 요소가 되었다. 불순물 정도는 1925년 5만 ppm에서 1950년 1만 ppm, 1980년 10ppm으로 줄어들었는데, 이것은 무엇보다 세계의 선도 인슐린 제조업체 엘라이릴리의 꾸준한 투자와 노력의 결과였다.

이러한 향상에도 동물 인슐린이 인간 인슐린과는 약간 다르기 때문에 소수 당뇨병 환자들의 면역 체계에 내성이 생기게 됐다. 따라서 1978년에 엘라이릴리는 제넨테크(Genentech)와 계약을 체결해 구조적인 면에서 인간 인슐린 단백질과 동일하며, 순도가 100퍼센트인 인슐린 단백질을 생산할 수 있는 유전적으로 변형된 박테리아를 만들기로 했다. 이 프로젝트는 기술적으로 성공적이었으며, 엘라이릴리는 1980년 초반 약 10억 달러를 추가로 투자한 후 휴물린(Humulin)이라는 브랜드를 시장에 공개했다. 휴물린은 인간 인슐린과 동일하고 순도가 높기 때문에 가격은 동물에서 추출한 인슐린보다 25퍼센트 더 비쌌다. 이 제품은 유전공학 업계에서 인간의 소비를 위해 만들어진 첫 번째 상용화 제품이었다.

그렇지만 이런 기술적인 기적에 대한 시장의 반응은 별로였다. 엘라이릴리는 동물 인슐린에 비해 높은 가격을 유지시키는 것이 매우 까다롭다는 사실을 깨달았으며, 휴물린의 판매량 증가율은 실망스러울 정도로 낮았다. 엘라이릴리의 한 연구자는 "당시 시장은 돼지 인슐린에 대해 그렇게 불만족을 느끼고 있지 않았다. 사실 시장은 돼지 인슐린으로도 꽤나 만족할 만한 수준이었다"고 지적했다.[8] 엘라이릴리는 제품의 순도 면에서 시장의 수요를 훨씬 능가하기 위해 엄청난 자본과 조직의 에너지를 소모했다. 이 사례는 차별화된 제품이 제공하는 성능이 시장의 수요를 초과했기 때문에 시장이 프리미엄 가격을 허용하지 않은 또 다른 예가 될 수 있다.

한편 덴마크의 작은 인슐린 제조업체인 노보(Novo)는 인슐린을 더욱 편리하게 주입할 수 있도록 인슐린 펜(pen) 라인을 개발하고 있었다. 당시에 당뇨병 환자들은 주사기를 따로 가지고 다니면서 인슐린이 담긴 유리병에 주사기를 넣고, 주사기를 잡아당겨 필요한 인슐린의 양보다 약간 많이 인슐린을 뽑아 주사기 바늘을 위쪽으로 향하게 하고 주사기를 몇 번 튀겨 주사기 내벽에 붙어 있는 공기 방울이 빠져나가도록 했다. 좀 더 천천히 작용하는 두 번째 유형의 인슐린에도 그들은 이런 과정을 되풀이해야 했다. 사용자들은 공기방울과 약간의 인슐린을 주사기 밖으로 빼낸 다음에야 인슐린을 주입할 수 있었다. 이런 과정은 보통 1분에서 2분까지 걸렸다.

이와는 대조적으로 노보 펜은 2주 동안의 인슐린 공급량을 담을 수 있는 카트리지를 갖고 있었다. 여기에 사용되는 인슐린은 보통 빠르게 작용하는 유형과 천천히 작용하는 유형 2가지의 혼합 인슐린이었다. 노보 펜을 사용하는 사람들은 단순히 작은 다이얼을 돌려 주입할 인슐린 양을 선택하고 펜의 바늘을 피부에 찌른 다음 버튼을 누르기만 하면 됐다. 이런 과정은 채 10초도 걸리지 않았다. 엘라이릴리가 휴물린의 프리미엄 가격을 유지시키는 데 고생을 한 것과는 대조적으로 노보는 편리한 인슐린 펜의 인슐린 1개당 30퍼센트의 프리미엄 가격을 쉽게 유지할 수 있었다. 노보는 1980년대 내내 펜과 사전 혼합 카트리지 라인의 성공에 힘입어 세계 인슐린 시장점유율을 꾸준히 증가시켰으며 수익 또한 크게 향상시켰다. 엘라이릴리와 노보의 상반된 경험은 성능이 시장 수요를 초과하는 제품이 일용품과 같은 가격 책정에 어려움을 겪는 반면 경쟁 기반을 재규정하는 파괴적인 제품은 프리미엄 가격을 장악한다는 점을 추가적으로 증명해주고 있다.

인슐린의 순도에 대한 시장 수요를 초과 달성했던 엘라이릴리에 대해 경영자와 MBA 학생들을 대상으로 하버드 경영대학에서 사례 연구를 가르치는 것은 내게 가장 흥미로운 경험 중 하나였다. 모든 수업에서 학생들 대부분은 엘라이릴리가 아주 당연한 것, 즉 당뇨병 환자 중 극소수만이 인슐린에 내성이 생기게 된다는 사실과 불순도가 10ppm으로 매우 순도가 높아진 돼지 인슐린과 순도가 100퍼센트인 휴물린 사이의 차이가 별로 크지 않다는 사실을 몰랐다는 점에 대해 곧바로 비난을 퍼부었다. 학생들은 환자나 의사에게 더욱 순도가 높은 인슐린을 원하는가에 대한 질문을 던질 간단한 포커스그룹이 있었다면 엘라이릴리에 적절한 지침을 제공했을 것이라고 주장했다.

그렇지만 매번 토론에서 좀 더 사고가 깊은 학생들은 경쟁이 격렬하게 진행 중일 때에는 당연한 사실이 전혀 분명하지 않다는 의견 쪽으로 전체 분위기를 움직이기 시작했다. 예를 들어 엘라이릴리의 마케팅 담당자들이 경청했던 의사들 중에 누가 가장 신뢰성이 있겠는가? 바로 인슐린 사업의 선도 고객인 당뇨병 관리에 초점을 두고 있는 내분비 전문의다. 어떤 환자들이 이런 전문가들의 전문적인 치료를 받을 가능성이 높은가? 바로 만성적이며 고질적인 질병을 겪고 있는 사람들이다. 이들에게는 인슐린 내성이 가장 현저하게 나타난다. 따라서 이러한 선도적인 고객들은 차세대 인슐린 제품의 성능을 향상하기 위해서 어떻게 해야 하느냐는 질문에 대해 엘라이릴리의 마케팅 담당자들에게 무슨 말을 할 가능성이 높은가? 사실 선도적인 고객들의 힘과 영향력이 기업들의 제품 개발 궤도가 주류시장의 수요를 초과 달성하는 주된 이유다.

학생들은 또한 순도 100퍼센트인 인간 인슐린이 시장이 원하는 것인가라는 질문을 던져야 한다는 생각이 대부분의 마케팅 담당자에게는 떠오르지 않는다는 것을 알아냈다. 매우 강한 기업 문화를 갖고 있고 계속 업계 선두를 달려온 기업은 높은 순도가 더 나은 제품을 의미했다. 순도가 높은 인슐린을 개발하는 것이 항상 경쟁에 앞서는 공식이었다. 높은 순도는 항상 영업 직원들이 바쁜 의사들의 시간과 관심을 끌어들이는 데 사용할 수 있는 이야기였다. 그렇다면 기업의 역사에서 무엇이 문화의 기반이 되는 가정을 갑자기 바꾸게 만들고 경영자들에게 과거에는 결코 대답할 필요가 없었던 질문을 던지게 만들 것인가?[9]

제품 경쟁 진화 통제

[그림 9-4]는 성능 과잉 공급 모델을 요약한 것으로 여러 층으로 구성된 시장에서 시장이 원하는 성능 향상 궤도가 기술이 공급하는 향상 궤도에 비해 완만하다는 점을 보여준다. 따라서 제품 선택 기반이 변화함에 따라 진화곡선도 변화한다. 제품 수명주기를 다른 식으로 표현하더라도 비슷한 결과가 나오지만 이 도표는 윈더미어 어소시에이츠가 고안한 구매계층 모델을 사용하고 있다. 이 모델에서는 경쟁이 기능성,

그림 9-4 **경쟁 기반 변화 관리**

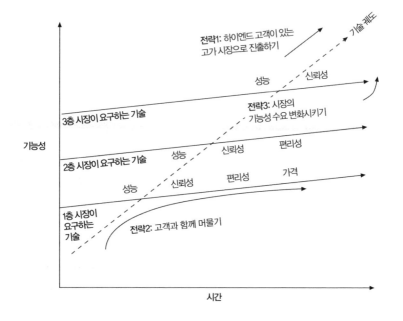

신뢰성, 편리성, 그리고 마지막으로 가격을 중심으로 진행된다. 9장에서 검토한 사례에서 경쟁 기반의 변화와 다음 제품 수명주기로의 진행을 알리는 제품들은 파괴적인 기술 제품들이었다.

이 그림은 성능 과잉 공급에 직면해 있는 기업들이나 파괴적 기술 때문에 경쟁의 본질이 바뀐 기업들이 택할 수 있는 전략적인 대안을 보여준다. 전략1은 업계가 가장 흔하게 추구한 전략으로 존속적 기술의 궤도를 상승시켜 더 높은 층의 시장으로 나아가 결국 더욱 단순하고 편리하며, 비용 면에서 덜 파괴적인 접근법이 등장했을 때 아래층에 있는 고객들을 버리는 방법이다.

전략2는 해당 시장에서 고객의 욕구에 공동보조를 맞추어 경쟁 기반의 연속적인 변화 물결을 따라잡는 방법이다. 개인용 컴퓨터 산업에서는 데스크톱 컴퓨터가 가장 낮은 층의 수요를 만족시키게 되자 델과 게이트웨이 2000과 같은 신규 진입업체들이 구매 및 사용 편리성을 중심으로 하는 가치 제안을 갖고 시장에 진출했다. 컴팩은 이런 상황에 직면해 두 번째 전략을 적극적으로 선택해 대응했다. 컴팩은 낮은 층을 목표로 하여 저렴한 가격과 적당한 기능성을 지닌 컴퓨터를 생산해 고가 시장으로 나아가는 흐름에 공격적으로 맞서 싸웠다.

이런 역동성을 다루는 세 번째 전략적 선택은 시장 궤도의 경사를 가파르게 하여 기술이 제공하는 성능 향상을 고객이 요구하게끔 만드는 방법이다. 이런 역동성을 소진시키는 데는 기술 궤도의 경사가 시장 궤도보다 더 가파라야만 가능하다. 두 경사가 평행선을 그릴 때 성능 과잉 공급과 제품 수명주기가 한 단계에서 다음 단계로 이동하는 일이 발생하지 않거나 최소한 지연된다.

컴퓨터 업계 전문가들은 마이크로소프트, 인텔, 디스크 드라이브 업체들이 매우 효과적으로 세 번째 전략을 추구했다고 믿고 있다. 마이크로소프트는 업계 지배력을 활용해 상당한 양의 디스크 메모리를 장착한 마이크로프로세서가 필요한 소프트웨어 패키지를 창조할 수 있었고 이를 성공적으로 시장에 진출시켰다. 본질적으로 마이크로소프트는 고객이 요구하는 기능성 향상 궤도의 경사를 향상시켜, 기술이 제공하는 향상 경사와 평행선을 그리도록 만들었다.

이런 전략의 효과는 디스크 드라이브 업계의 최근 정황을 묘사하고 있는 [그림 9-5]에 잘 나타나 있다. 이 그림은 [그림 1-7]의 디스크 드라이브 궤도를 1996년까지 업데이트한 것이다. 중간 규모의 데스크톱 컴퓨터와 노트북 컴퓨터 분야에서 요구되는 용량의 궤도가 1990년대에 위쪽으로 굽어져 3.5인치와 2.5인치 디스크 드라이브 제조업체들이 제공하는 용량 경로와 본질적으로 평행선을 그리며 움직였다는 점에 주목하길 바란다. 이것 때문에 데스크톱 컴퓨터와 노트북 시장은 최근에 성능 과잉 공급을 경험하지 않았다. 2.5인치 드라이브는 데스크톱 컴퓨터가 요구하는 성능이 지나칠 정도로 빠른 속도로 향상되고 있기 때문에 노트북 컴퓨터 시장 내에서 머물고 있다. 같은 이유로 3.5인치 드라이브는 데스크톱 컴퓨터 시장에 굳게 자리 잡고 있으며 1.8인치 드라이브는 노트북 컴퓨터 시장에 거의 침투하지 못했다. 이런 상황에서 시게이트나 IBM과 같이 시장의 최고 지점에 가장 가깝게 포지션을 정한 제품을 생산하는 업체들이 가장 높은 수익을 올릴 수 있었다. 기술 과잉 공급이 없는 상황에서 시장 하이엔드에서 제품 수명주기 단계 변화가 철저하게 통제됐기 때문이다.

마이크로소프트, 인텔, 시게이트의 마케팅 담당자들이 얼마나 오랫동안 기능성에 대한 수요를 성공적으로 창출할 수 있을지는 미지수다. 예를 들어 1987년 출시된 마이크로소프트의 엑셀 1.2버전은 1.2메가바이트의 디스크 저장 용량을 필요로 했다. 1995년에 출시된 엑셀 5.0버전은 32메가바이트의 디스크 저장 용량을 요구하고 있다. 사용자를 중심에 놓고 생각할 경우, 기능이 시장 수요를 크게 앞지르고 있다. 그것이 사실이라면 이런 상황에서는 파괴적인 기술이 아래쪽에서 이 시장을 공략할 수 있는 기회가 생길 수 있다. 즉, 모든 기능을 발휘하는 컴퓨터가 아니라 인터넷에서 답을 구할 수 있으며 단순한 인터넷 응용 프로그램에 사용되는 작은 응용프로그램이 파괴적 기술이 될 수 있다.

그림 9-5 성능 수요 궤도와 지연된 파괴적 기술의 영향

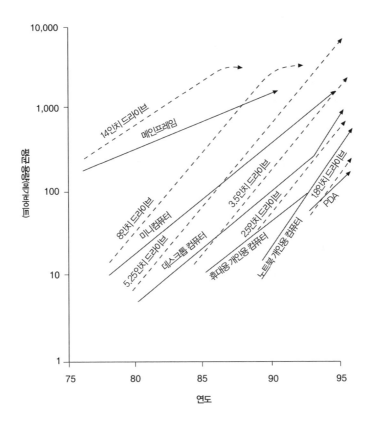

출처: 클레이튼 M. 크리스텐슨, "The Rigid Disk Drive Industry:
A History of Commercial and Technological Turbulence",
「비즈니스 히스토리 리뷰(*Business History Review*)」67, 4(1993년 겨울), 559.

옳은 전략과 틀린 전략

[그림 9-4]에 예시된 전략 중 어느 전략이 최고인가? 이제까지의 연구결과를 놓고 보았을 때, 한마디로 설명할 수 있는 최고 전략은 존재

하지 않는다. 이 3가지 전략 중 어느 것이든지 의식적으로 추구할 경우 성공할 가능성이 있기 때문이다. 휴렛패커드가 레이저젯 프린터 사업에서 첫 번째 전략을 추구하며 수익을 창출한 것이 그 대표적인 예이다. 휴렛패커드가 파괴적인 잉크젯의 새로운 포지션을 공략했기 때문에 이것은 안전한 전략이기도 했다. 컴팩 컴퓨터는 두 번째 전략을, 인텔, 마이크로소프트, 디스크 드라이브 제조업체 등은 세 번째 전략을 성공적으로 실행했다. 이 전략들은 최소한 지금까지는 성공적이었다고 할 수 있다.

이런 성공적인 기업들은 공통적으로 고객의 욕구 궤도와 자체 기술자들의 공급 궤도 모두를 분명히 이해하고 있었다. 지금까지 그들에게는 이런 궤도를 이해하는 것이 성공의 열쇠였다. 그렇지만 이런 궤도를 이해한 기업들은 아주 소수에 불과하다. 잘 운영되는 기업들 대부분은 무의식적으로 북동쪽으로 이동해 경쟁 기반 변화를 겪었으며 동시에 아래쪽부터 파괴적 기술의 공격을 받게 됐다.

10장

파괴적 기술 변화관리: 사례 연구

::

파괴적 혁신을 이루는 조직 만들기

책의 끝부분이 다가올수록 우리는 왜 위대한 기업들이 더 쉽게 무너지는가를 이해할 수 있다. 무능력, 관료주의, 거만함, 피곤한 경영진, 형편없는 기획, 단기적인 투자 안목 등이 분명 여러 기업을 몰락시키는 데 주도적인 역할을 해왔다. 그렇지만 최고 경영자들도 파괴적인 혁신을 어렵게 만드는 일부 법칙에 묶이게 된다는 점을 배웠다. 위대한 경영자들이 이런 법칙을 이해하지 못했거나 이에 맞서 싸우려 노력하지 않았기 때문에 기업이 무너진 것이다.

10장에서는 앞에서 묘사한 법칙과 원칙들을 활용해 경영자들이 파괴적 기술 변화에 직면해 어떻게 성공할 수 있는지를 설명할 것이다. 그렇게 하기 위해서 사례 연구 형식을 사용해 내가 자동차 회사에서 일하는 직원이라고 가정할 것이다. 그리고 오늘날 가장 성가신 혁신 중에 하나인 전기자동차를 개발하고 상용화하는 프로그램을 어떻게 관리할 것인가를 살펴볼 것이다. 여기서 내 목표는 도전에 정답을 제공하거나, 전기자동차가 상업적으로 성공할 수 있는지 여부나 또는 성공하는 방법을 예상하려는 것이 아니다. 오히려 내 목표는 익숙하면서도 도전적인 맥락을 통해 경영자들이 유사한 문제에 대해 어떻게 사고를 구조화할 수 있는지 제안하려는 것이다. 여기에서 나는 여러 질문을 던질 것인데, 이런 질문을 통해 건전하고 유용한 답변을 얻을 수 있을 것이다.

파괴적 기술인지 어떻게 알 수 있는가?

전기자동차는 주도적인 디자인 경쟁에서 가솔린 차량에 패배했던 1900년대 초반부터 타당성 여부가 논란이 되어왔다. 그렇지만 정책 결정자들이 대기오염을 줄이는 방법으로 전기자동차에 눈을 돌리면서 실질적인 연구는 1970년대에 가속화됐다. 특히 캘리포니아 대기자원국은 1990년대 초반에 이러한 노력에 전례 없는 자원을 투자했다. 1998년부터는 아예 캘리포니아주에서 판매되는 자동차 중 전기자동차의 매출이 최소 2퍼센트를 차지하지 않을 경우 어떤 자동차도 판매하지 못하도록 하는 의무조항을 정했다.[1]

자동차 회사의 프로그램 관리를 담당하고 내가 첫 번째로 취한 조치는 다음과 같은 질문을 던지는 것이었다. 전기자동차 문제에 대해 얼마나 많이 걱정해야 하는가? 캘리포니아주의 의무조항을 따지지 않을 경우 전기자동차가 가솔린자동차를 생산하는 기업들에 적합한 파괴적 위협을 가하는가? 전기자동차에 수익성 있는 성장 기회가 존재하는가?

이런 질문에 대답하기 위해 나는 시장에서 요구되는 성능 향상 궤도를 기술이 공급하는 성능 향상 궤도와 함께 그래프로 작성할 것이다. 다시 말해서 [그림 1-7]이나 [그림 9-5]와 유사한 전기자동차 궤도 도표를 작성할 것이다. 이 도표는 파괴적 기술을 식별하기 위한 최고의 방법이다.

이런 도표를 만들기 위한 첫 번째 단계는 현재 주류시장이 무엇인지 규정하고 그것을 현재 전기자동차의 능력과 비교하는 것이다. 시장에서 원하는 것을 측정하기 위해 나는 고객들의 말을 단순히 경청하는 것뿐만 아니라 고객들의 행동을 조심스럽게 관찰할 것이다. 고객들이 한 제품을 실제적으로 어떻게 사용하는지 지켜보면 인터뷰나 포커스그룹으로부터 얻을 수 있는 것보다 더 신뢰할 만한 정보를 얻게 된다.[2] 결국 관찰을 통해 오늘날 자동차 사용자들은 약 200킬로미터 정도의 최소 주행거리(연료를 다시 채우지 않고 운전할 수 있는 거리)를 필요로 한다는 점을 알게 되었다. 대부분 전기자동차의 최소 주행거리는 80킬로미터에서 기껏해야 130킬로미터뿐이었다. 운전자들은 10초 이내에 시속 0킬로미터에서 100킬로미터(우선적으로 고속도로 진입로에서 속도가 빠른 차선에 안전하게 진입하기 위해)로 가속화할 수 있는 자동차를 필요로 하는 것처럼 보인다. 대부분 전기자동차는 그 속도를 내는 데 약 20초가 걸린다. 그리고 최종적으로 주류시장 구매자들은 여러 가지 다양한 기능을 요구하지만 생산량이 적었기 때문에 전기자동차 회사가 다양한 제품을 제공하는 것은 불가능해 보인다.[3] 우리가 제안한 차트의 수직축에 사용되는 기능성의 모든 면에서 전기자동차는 가솔린 자동차에 비해 열등할 것이다.

그렇지만 이 정보로는 전기자동차를 파괴적이라고 정하기에 충분치 않다. 전기자동차가 미래의 어느 날 주류시장에서 경쟁적일 수 있다는 점이 발견돼야 파괴적이라고 할 수 있을 것이다. 이런 가능성을 측정하기 위해 시장에서 요구되는 성능 향상과 전기자동차 기술이 제공할 수 있는 성능 향상 궤도를 작성할 필요가 있다. 이런 궤도가 평행선을 그린다면 전기자동차가 주류시장에 자리 잡을 가능성이 거의 없다. 그렇지만 기술이 시장이 요구하는 성능의 속도보다 빠르게 향상된다면 파괴적 기술이 주는 위협은 실제적이라 할 수 있다.

[그림 10-1]은 가속화, 주행거리, 주행속도 면에서 시장에서 요구되는 성능 향상의 궤도가 상대적으로 완만하다는 점을 보여주고 있다. 도로교통법이 아주 성능이 좋은 자동차들에 대해 유용성 면에서 제한을 가하고, 인구학적, 경제학적, 지리적 사항 때문에 평균 운전자의 출퇴근 거리 증가가 연간 1퍼센트 이내로 제한되기 때문이다.[4] 동시에 전기자동차의 성능은 매년 2퍼센트에서 4퍼센트 사이, 빠른 속도로 향상되고 있다. 이것은 존속적 기술의 향상이 전기자동차를 오늘날 주류시장에서 경쟁할 수 없는 포지션에서 미래에는 경쟁할 수 있는 포지션으로 움직이도록 할 가능성이 있다는 점을 나타낸다.[5]

다른 말로 하면 자동차 회사 경영자인 나는 환경 친화적인 기술에 투자하는 것이 도의적으로 올바른 일일 뿐만 아니라 전기자동차가 파괴적 기술이 될 가능성이 존재하기 때문에 이에 대해 진지하게 생각할 것이다. 전기자동차는 주류시장에서는 사용될 수 없다. 전기자동차는 가솔린 자동차의 가치 네트워크에서 주된 관심이 되는 특성과는 반대되는 특성을 보인다. 그리고 기술은 시장의 궤도보다 더 빠른 속도로 향상되고 있다.

그렇지만 전기자동차가 존속적 기술이 아니기 때문에 자동차 회사들

그림 10-1 전기자동차의 성능

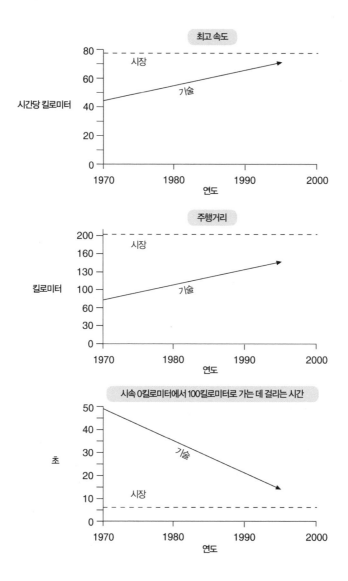

출처: W. 앨튼 존슨 재단(W. Alton Jones Foundation)의 선임연구원인
폴 J. 밀러(Paul J. Miller) 박사가 제출한 연구자료.

은 자연스럽게 시장이 존재한다는 사실을 의심할 것이다. 이것은 파괴적 기술의 또 다른 증후다. 포드의 전기자동차 프로그램 담당자가 한 다음과 같은 말을 생각해볼 필요가 있다. "전기자동차는 약 3만 달러에 판매될 것이며 80킬로미터의 주행거리를 가능하게 해줄 납축전지를 장착하고 있다. 하지만 이 1998년형 전기자동차는 판매가 어려울 것이다. 제품이 주행거리, 비용, 활용성 면에서 고객의 기대치를 충족시키지 못할 것이기 때문이다."[6] 사실 이런 기준치와 현재의 성능을 감안할 경우 1980년에 5.25인치 디스크 드라이브를 주류 컴퓨터 제조업체에 판매하는 것만큼 전기자동차를 주류 자동차 시장에 판매하는 일이 어려울 것이다.

이런 궤도를 측정하면서 나는 계속 정확한 질문을 던지려고 신중을 기할 것이다. 고객이 자동차를 활용하는 방식 면에서 전기자동차 성능이 시장 수요와 결국 교차할 것인가? 업계 전문가들은 두 기술의 궤도를 비교하면서 전기자동차의 성능이 가솔린 자동차를 따라잡을 수 없다고 주장할 것이다. 어쩌면 그들이 맞을 수 있다. 그렇지만 디스크 드라이브 산업의 경험을 떠올린다면 그들은 잘못된 질문에 정확한 대답을 하고 있는 셈이다. 나는 또한 상당한 전문가들이 배터리 기술에서 중요한 기술적인 돌파구가 생기지 않는 한 전기자동차를 위한 실질적인 시장이 결코 존재하지 않을 것이라고 주장한다는 점을 지적하고 싶다. 그렇지만 이런 주장에 나는 눈을 꿈쩍하지 않을 것이다. 그 이유는? 전기자동차가 기존시장 가치 네트워크의 존속적 기술로 간주된다면 그들이 분명히 옳다. 그렇지만 전문가들이 파괴적 기술을 위한 시장의 특성이나 규모를 예상했던 과거 실적이 형편없기 때문에, 내 자신의 결론에 확신이 서지 않는다고 하더라도, 나는 전문가들의 회의주의에 회의적으로 파악할 것이다.

전기자동차 시장은 어디에 있는가?

전기자동차가 파괴적인 기술이 될 가능성이 있다는 결론이 나자 전기자동차가 활용될 수 있는 적합하고 독립적인 시장으로 회사를 이끄는 마케팅 전략을 정하는 일이 남았다. 이런 마케팅 전략을 공식화할 때 나는 이 책의 앞부분에서 다뤘던 3가지 연구결과를 적용시킬 것이다.

첫째, 나는 전기자동차가 처음부터 주류가 아니라는 점을 인정할 것이다. 전기자동차는 성능에 있어 고객들의 요구사항을 만족시키지 못하기 때문이다. 따라서 나는 내 프로그램과 관계가 있는 사람이라면 누구든지 다음과 같은 사항을 이해하도록 만들 것이다. 전기자동차 시장은 기존 자동차 시장과는 다르다는 것을 인정해야 한다. 대부분의 자동차 회사는 근시안적으로 주류시장에 초점을 둘 것으로 예상한다. 이는 대부분의 경영진이 자원 의존성 원칙과 작은 시장이 큰 기업의 성장 및 수익성을 해결하지 못한다는 원칙에 집중하고 있기 때문이다. 따라서 나는 고객을 모색하는 데 다른 자동차 회사들을 따라 움직이지 않을 것이다. 그들의 본능과 능력이 잘못된 목표를 정하도록 훈련되어 있을 가능성이 높다는 점을 내가 잘 알고 있기 때문이다.[7]

그럼에도 내 임무는 전기자동차가 활용될 수 있는 시장을 찾는 것이다. 파괴적 기술 시장의 초기 진입기업은 후발 진입기업체들보다 확실히 우위를 점할 수 있는 능력을 개발하기 때문이다. 초기 진입기업은 이 교두보 시장에 수익성 높은 사업 기반을 갖춘 다음, 존속적 기술을 가장 성공적으로 추진할 것이다. 여기에서 존속적 기술은 파괴적 기술을 고가 시장으로 움직여 주류시장에 진출시키는 데 필요한 기술이다. 예를 들어 시장에서 물러서 연구실 연구진이 돌파구가 되는 배터리 기술을 개발하기를 기다리는 것이 경영자들이 가장 쉽게 택할 수 있는 행로다. 그렇지만 이런 전략이 파괴적인 혁신을 위한 좋은 경로라고 판명된 사례는 거의 없다.

우리가 살펴봤듯이 역사적으로 파괴적 기술이 주류시장에서 비경쟁적이 되도록 만드는 바로 그 특성이 실제로 새롭게 등장하는 가치 네트워크에서는 긍정적인 특성이 된다. 디스크 드라이브 산업에서 5.25인치 모델은 소형 모델이라 대형 컴퓨터에 사용될 수 없었지만 데스크톱 컴퓨터에는 매우 유용했다. 초기 유압식 굴착기는 버킷 용량이 작고 작업 반경이 좁았기 때문에 일반 굴착 작업에는 쓸모가 없었지만 좁은 도랑을 정확히 파는 능력 때문에 일반 주택 건축에 유용하게 사용됐다. 따라서 이상하게 들릴지 모르지만 나는 마케팅 담당자들이 어딘가에서 구매자 집단을 발견하는 데 집중하도록 지도할 것이다. 이 집단은 상대적으로 천천히 가속화하는 차량에도 불편해하지 않고, 160킬로미터 미만의 속도로 달리는 차량을 원하는 집단이어야 한다.

내 마케팅 접근법의 기반이 되는 두 번째 사항은 누구도 시장조사를 통해 전기자동차의 초기 시장이 어떨지 알 수 없다는 점이다. 나는 컨설턴트들을 고용할 수도 있지만 확실히 아는 단 하나의 결과는 그들의 연구결과가 틀릴 것이라는 점이다. 고객들은 내게 전기자동차를 정말로 이용할 것인지, 또는 어떻게 이용할 것인지 말해주지 못한다. 우리가 그들이 제품을 어떻게 사용할 것인지를 발견할 때, 동시에 그들도 사용법을 발견할 것이기 때문이다. 혼다의 슈퍼커브가 과거에는 보이지 않던 새로운 시장을 열어준 것처럼 말이다.

시장에서 유일하게 유용한 정보는 시장 탐사, 시험과 탐색, 시행착오, 실제 돈을 지불하는 구매고객에게 실제 제품을 파는 일 등을 통해 내가 무엇을 창출할 수 있는가이다.[8] 한편 정부의 의무조항은 시장 탐색 문제를 해결하는 게 아니라 뒤틀어버릴 가능성이 높다. 따라서 나는 사업을 발전시키기 위해 변덕스러운 정부 보조금에 의존하거나 경제학에 기반을 두지 않은 캘리포니아주 규정에 의존하지 말고 재량껏 생존 방안을 강구하게 할 것이다.

세 번째 사항은 내 사업 계획이 미리 착안한 전략을 실행하는 것이 아니라 학습을 위한 계획이어야 한다는 점이다. 내가 정확한 제품과 완벽한 전략으로 정확한 시장을 공략하기 위해 최선을 다하면, 사업이 최초 목표를 향해 움직이는 동안 더 나은 방향이 드러날 가능성이 매우 높다. 따라서 나는 잘못될 때를 위한 계획 못지않게 실수했을 때 바로 옳은 방향으로 나아갈 계획을 세워야 한다.[9] 애플이 뉴턴에, 휴렛패커드가 키티호크에 한 것처럼 자원이나 조직의 신뢰성 전부를 '모 아니면 도' 식으로 첫 번째 투자에 소모시킬 수 없다. 나는 두 번째 또는 세 번째 시도에 제대로 하기 위해 필요한 자원을 보존할 필요가 있다. 이와 같은 3개의 개념이 내 마케팅 전략의 기반을 구성할 것이다.

잠재적인 시장: 약간의 추측

전기자동차의 최초 가치 네트워크로는 무엇이 등장할 수 있을까? 예상하기는 쉽지 않지만 그 네트워크는 전기자동차의 약점이 강점으로 간주될 네트워크일 것이다. 내 수업을 들은 학생 중 한 명은 통학하거나 친구의 집을 방문하거나 학교 행사에 참여할 때 사용할 수 있도록 그들에게 차를 사주는 학부모들이 전기자동차를 위한 새로운 시장을 구성할 것이라고 제안했다.[10] 옵션 면에서 이런 부모들은 전기자동차 제품의 단순성, 느린 가속화, 제한적인 주행 범위 등을 자신들의 10대 아이들을 위한 자동차의 매우 바람직한 특성으로 간주할 것이다. 특히 전기자동차가 스타일 면에서 10대에게 어울린다면 말이다. 정확한 시장 접근법 면에서 무슨 일이 발생할지 누가 알 수 있단 말인가? 혼다의 슈퍼커브가 의외로 성공한 것처럼 말이다.

가능성이 있는 또 다른 초기 시장은 동남아시아에서 점점 성장하고 있는 혼잡하고 소란스러우며 오염에 찌든 도시에서 사용될 택시나 소형 화물 배달 차량이 될 수 있다. 방콕의 차량들은 종일 도로 위에서 교통체증 때문에 천천히 움직이고 시속 50킬로미터 이상 속도를 내는 일은 거의 없다. 전기자동차는 멈춰서 대기하는 동안 움직일 필요가 없기 때문에 배터리를 소모할 필요가 없을 것이다. 이런 소형 자동차의 기동성이나 주차 용이성 또한 추가적인 매력이 될 수 있다.

궁극적으로 실행 가능한지의 여부가 증명되지 않은 이런 시장이나 또는 이와 유사한 시장에 대한 아이디어는 최소한 파괴적 기술이 개발돼 등장하는 방식과 일관성이 있다.

오늘날 자동차 업체들은 전기자동차를 어떻게 마케팅하는가?

전기자동차를 위한 최초 시장을 찾아 규정하기 위해 여기에서 제안한 전략은 오늘날 주요 자동차 업체들이 사용하고 있는 마케팅 접근법과는 완전히 대조를 이룬다. 이런 기업들은 전기자동차를 주류시장에 팔려고 노력하고 있다. 이것은 파괴적인 기술을 제대로 다루지 못했던 기존 기업들의 오래된 전통이다. 1995년 크라이슬러의 영업 총괄 매니저인 윌리엄 글럽(William Glaub)이 한 다음과 같은 말은 귀담아들을 만하다. 글럽은 크라이슬러의 1998년 제품 계획에 대해 다음과 같이 언급했다.[11]

크라이슬러는 1998년 모델 발표 시기에 맞춰 전기로 움직이는 새롭고 멋진 미니밴을 제공할 채비를 하고 있다. 우리는 특수한 목적을 위한 자동차와 기존 플랫폼을 개조하는 것 사이에서 연구를 진행한 후, 전기자동차 플랫폼을 사용하는 미니밴을 생산하기로 결정하였고 이는 당연한 것처럼 보였다. 경험에 따르면 이런 대량생산은 전기자동차 생산량을 조절할 수 있는 최고의 기회일 것이다. 우리가 직면하고 있는 문제는 매력적인 패키지를 생산하는 데 있지 않다. 새로운 미니밴은 매력적인 제품이다. 문제는 그 차량이 충분한 에너지를 저장할 수 있는 능력을 갖고 있지 않다는 점이다.[12]

주류시장에서 제품을 제공하기 위해 크라이슬러는 무게가 700킬로그램이나 되는 배터리를 미니밴에 장착해야 했다. 결국 전기자동차는 배터리 때문에 가속화가 훨씬 느릴 수밖에 없었으며 주행거리도 짧았고

브레이크 거리 또한 가솔린 자동차에 비해 훨씬 길었다. 크라이슬러가 전기자동차의 포지션을 정한 방식 때문에 업계 분석가들은 자연스럽게 전기자동차를 가솔린을 사용하는 미니밴과 비교했다. 평가기준 또한 가치 네트워크에서 사용되는 절대적인 평가기준이 활용됐다. 전기자동차의 예상 가격은 가솔린 자동차의 평균인 2만 2천 달러보다 훨씬 높은 10만 달러로 책정되었다. 제정신이 있는 사람이라면 크라이슬러의 전기자동차를 구입하려 하지 않을 것이다.

캘리포니아주에서는 전기자동차를 일정 부분 이상 팔아야 한다고 규정했지만, 크라이슬러 마케팅 담당자들은 캘리포니아주에서 전기자동차를 팔 수 있는 능력에 대해 매우 비관적이었다. 윌리엄 글럽은 앞에 인용한 부분에 이어 다음과 같이 논평했다.

> 시장은 고객이 소유하고자 하는 좋은 제품을 따라 개발된다. 대수롭지 않은 제품을 시장에 가지고 가서 지속 가능한 고객 기반을 형성하기를 바라는 세일즈맨은 없다. 고객은 원하지 않는 물건을 억지로 구입하지 않는다. 의무조항은 고객이 주도하는 자유 시장경제에서는 통하지 않는다. 전기자동차가 시장에서 자리를 찾으려면 오늘날의 가솔린 자동차와 비교해도 손색이 없을 만큼 괜찮은 제품이 시장에 나와야 한다.[13]

마케팅 담당자들이 기업의 도전사항을 파악하는 방식을 생각할 때 크라이슬러의 결론은 절대적으로 옳은 것이다.[14] 주류 고객들은 처음부터 파괴적 기술을 결코 사용하지 않을 것이기 때문이다.

우리의 제품, 기술, 유통 전략은
어떻게 정할 것인가?

파괴적 혁신을 통한 제품 개발

최초의 전기자동차를 설계하도록 연구원들을 지도하는 것은 도전적인 일이다. 이는 '알이 먼저냐 닭이 먼저냐' 하는 문제다. 시장이 없다면 고객을 얻을 수 있는 원천이 없다. 고객의 욕구를 다루는 제품이 없다면 시장이 있을 수 없다. 그런 공백 상황에서 제품을 어떻게 설계한단 말인가? 다행스럽게도 이 책에서 다룬 원칙들이 어느 정도 도움이 될 것이다.

가장 중요한 지침은 제품이 수명주기가 진행되는 동안 경쟁의 기반이 변하고, 변화 수명주기 자체도 성능의 초과공급 현상에 의해 주도된다는 점이다. 여기서 성능의 초과공급 현상은 기술이 제공하는 성능이 시장의 실제 욕구를 초과하는 현상을 의미한다. 역사적으로 성능의 초과공급은 더욱 단순하고 저렴하며 편리한 기술, 그리고 파괴적인 기술이 진입할 수 있는 문을 열어준다.

성능의 초과공급은 사실 자동차 산업에서도 발생했다. 차체와 엔진의 규모, 더 빨리 100킬로미터로 가속화하는 능력, 가능한 선택의 과잉사태를 다룰 수 있는 고객의 능력 등에 실제적인 한계가 존재한다. 따라서 우리는 제품 경쟁과 고객 선택의 기반이 이러한 기능성 측정 기준에서 신뢰성과 편리함과 같은 다른 특성으로 대체될 것이라고 안전하게 예상할 수 있다. 이것은 지난 30년 동안 북미 시장에 성공적으로 진입한 기업들 대부분의 특성에서 찾아볼 수 있다. 진입기업들은 기능성이 우수한 제품을 도입해서가 아니라 신뢰성과 편리성을 기반으로 경쟁을 했기 때문에 성공했다.

예를 들어 도요타는 단순하면서도 신뢰할 만한 제품인 코로나로 미국 시장에 진입해 로엔드 시장 포지션을 구축했다. 이후 고가 시장으로 이동해야 한다는 끈질긴 유혹에 따라 기능과 특성을 더해 캠리, 프레비아, 렉서스 등과 같은 모델을 도입해 로엔드 시장에 공백 상태를 만들었다. 이 로엔드 시장에는 현대(Hyundai)와 새턴(Saturn)과 같은 기업들이 진입했다. 새턴의 전략은 신뢰할 만하고 편리한 자동차를 구입해 소유하는 고객의 경험 전체를 돋보이게 하는 것이었다. 그렇지만 새턴은 곧 고가 시장으로 진출했으며 더욱 단순하고 편리한 차량이 진입할 수 있도록 로엔드에 새로운 공백 상태를 만들어냈다.[15]

따라서 전기자동차 경쟁의 첫 번째 단계에서 성공적인 디자인은 단순성과 편리성을 갖추고 있을 가능성이 높다. 또한 그 디자인은 이런 특성들이 중요한 가치 판단 기준이 되는 새로운 가치 네트워크에서 배양될 것이다. 이 책에서 연구한 파괴적 기술 각각은 이전 제품에 비해 작고, 단순하며, 편리했다. 각 기술은 단순성과 편리성이 중요하게 여겨지는 새로운 가치 네트워크에서 처음으로 사용됐다. 그 예로는 작고 간단한 디스크 드라이브, 데스크톱 및 휴대용 컴퓨터, 유압식 백호, 일관제철소에 반대되는 철강 미니밀, 인슐린 주입용 주사기에 반대되는 인슐린 주입용 펜 등이 있다.[16]

나는 이런 특성을 지침이 되는 원칙으로 정하고 연구원들에게 다음과 같은 3가지 특성에 따라 설계를 진행시키도록 지도할 것이다. 첫째, 전기자동차는 간단하고 신뢰할 수 있어야 하며 편리해야 한다. 예를 들어 이것은 일반적으로 사용되는 전기 서비스를 활용해 배터리를 빠르게 재충

전하는 방법을 찾아내는 일이 불변의 기술적 목표라는 점을 의미한다.

둘째, 제품의 궁극적인 시장이나 제품이 결국 어떻게 사용될지 누구도 모르기 때문에 우리는 특성, 기능, 스타일 변화가 신속하게 저렴한 비용으로 이뤄질 수 있는 제품 플랫폼을 설계해야 한다. 예를 들어 미국의 10대 청소년들이 학교에 통학할 때, 친구 집을 방문할 때, 또는 다른 활동을 위해 운전할 수 있도록 그들에게 자동차를 구입해주는 학부모가 전기자동차의 초기 고객이 될 것이라는 가정을 하고, 우리는 첫 번째 모델이 10대에 적합하고 그들의 관심을 끌 수 있는 특성과 스타일을 갖추도록 할 수 있다. 그렇지만 우리가 처음에 이 시장을 목표로 정했지만 초기 콘셉트가 틀렸다는 사실이 드러날 가능성도 여전히 매우 높다. 따라서 우리는 첫 번째 모델을 신속하고도 저렴한 비용으로 만들어야 한다. 또한 시장에서 피드백이 들어오기 시작하면서 바로잡기 위한 충분한 예산을 남겨둬야 한다.[17]

셋째, 우리는 낮은 가격 지점을 공략해야 한다. 파괴적 기술은 전형적으로 주류시장에서 사용되는 제품에 비해 소매가격이 저렴하다. 그렇지만 그 기술의 사용 비용은 종종 높았다. 데스크톱 컴퓨터에 디스크 드라이브를 사용하게 된 것은 크기가 작기 때문만이 아니라 가격이 저렴했기 때문이었다. 그러한 가격은 개인용 컴퓨터 제조업체가 공략할 필요가 있는 전체적인 가격 지점에 들어맞았다. 소형 디스크 드라이브의 가격은 더 큰 디스크 드라이브에 비해 항상 높았다. 굴착기의 경우에도 기존의 케이블 모델에 비해 초기 유압식 모델의 가격이 낮았다. 그렇지만 시간당 옮길 수 있는 흙의 양을 기준으로 볼 때 전체 비용은 훨씬 높았다. 따라서 우리는 비록 전기자동차의 운영비용이 높다고 하더라도, 가솔린 자동차의 일반적인 가격에 비해 낮은 소매가격을 책정해야 한다. 고객들이 편리성을 위해서는 프리미엄 가격을 지불한다는 것은 이미 입증된 사실이다.

파괴적 혁신을 위한 기술 전략

우리의 기술 계획에 따르면 프로젝트가 성공하기 위해서는 돌파구가 되는 기술을 개발할 필요가 없다. 역사적으로 파괴적 기술은 새로운 기술을 필요로 하지 않는다. 파괴적 기술은 오히려 이미 입증된 기술을 중심으로 만들어지고 전에는 결코 구할 수 없었던 여러 특성들을 고객에게 전달하는 새로운 제품 아키텍처를 통해 결합된 부품들로 구성된다.

오늘날 전기자동차 개발에 관여하고 있는 자동차 회사 모두 전기자동차가 상업적으로 잘되기 위해서는 배터리 기술의 혁신이 절대적으로 필요하다고 주장하고 있다. 예를 들어 포드의 존 R. 월리스(John R. Wallace)는 다음과 같이 주장했다.

이 사업의 핵심 딜레마는 전기자동차 배터리가 고객의 욕구를 만족시킬 수 없다는 점이다. 오늘날 배터리 기술을 잘 알고 있는 사람이라면 누구나 전기자동차가 전성기를 누릴 준비가 되어 있지 않다고 입을 모아 말할 것이다. 1998년에 구입 가능했던 배터리는 당시 소비자들이 요구했던 160킬로미터에 도달하지 못했다. 주행거리와 비용 문제에 대한 유일한 해결책은 배터리 기술 향상뿐이다. 전기자동차 시장이 상업적으로 성공하려면 자원을 배터리 기술 개발에 집중해야 한다. 미국 자동차 회사들의 컨소시엄을 통한 업계 자체의 노력과 배터리 업체, 환경 관련 업체, 전압 조정기 및 변환기 제조업체 등과 같은 모든 전기자동차 관계자의 협력이 전기자동차의 마케팅 가능성을 확인시켜 주는 가장 효과적인 방법이다.[18]

크라이슬러의 윌리엄 글럽도 이와 비슷한 태도를 취했다. "앞으로 사용될 첨단 납축 배터리는 가솔린 7.6리터에 해당하는 연료 저장 능력조차 제공하지 못할 것이다. 이는 쉽게 말해 매일 집을 떠날 때 연료 전등이 깜박이는 것과 같다. 다시 말해서 배터리 기술은 아직 준비된 상태가 아니라고 할 수 있다."[19]

물론 이런 기업들이 배터리 기술의 혁신을 전기자동차의 상업적 성공에 있어 결정적으로 중요한 사항으로 보는 이유는 경영진들이 주류시장에 마음을 두고 제품의 포지션을 정했기 때문이다. 이런 포지션 때문에 그들은 내재적으로 파괴적인 기술로부터 존속적 기술이 가져올 수 있는 효과를 얻어야만 한다. 그들은 전기자동차를 존속적 기술로 포지션을 정했기 때문에 배터리 기술에서 돌파구가 필요하다고 생각했다. 경영진이 전기자동차의 약점이 강점이 되는 시장을 창출함으로써 파괴적 기술의 기본적인 법칙을 이용하거나 그런 법칙을 만들 기업에는 배터리 기술의 혁신이 필요하지 않을 가능성이 높다.

배터리 기술의 발달은 결국 어디에서 올 것인가? 역사적인 기록을 볼 때 우리는 다음과 같이 예상해볼 수 있다. 궁극적으로 시간당 240킬로미터까지 달릴 수 있는 동력을 제공할 배터리가 개발될 경우, 이를 달성할 기업들은 이미 입증된 기술을 이용해 새로운 가치 네트워크를 선도적으로 창출한 다음 더욱 매력적인 시장으로 나아가기 위해 필요한 존속적 기술을 개발하는 기업들일 것이다.[20] 따라서 잘 경영되는 기업들이 일반적으로 상향 이동성을 갖추고 있으며 하향 이동이 불가능하다는 우리의 연구결과는 배터리에서 돌파구를 찾고자 하는 추진력이 사실 파괴적 혁신가들 사이에 가장 강할 것이라는 점을 제시해준다. 이들 혁신가들은 배터리 기술에서 돌파구를 찾기 전에 이미 전기자동차를 위한 로엔드 시장을 구축한 상태일 것이다. 그리고 그들은 더 크고 수익성이 더 높은 주류 고가 시장으로 움직이려 할 것이다.

파괴적 혁신을 위한 유통 전략

파괴적 제품은 거의 항상 지배적인 유통 채널을 다시 규정한다. 딜러의 경제학, 즉 딜러가 돈을 버는 방식 모델이 제조업체의 경제학만큼이나 주류 가치 네트워크에 의해 형성되기 때문이다. 소니가 편리하고 신뢰할 만한 휴대용 트랜지스터라디오 및 텔레비전을 파괴적으로 도입하자 주도적인 소매채널이 값비싼 영업 지원 및 진공관 장착에 필요한 현장 서비스 네트워크를 갖춘 가전제품 가게나 백화점에서 대량 판매 할인 소매점으로 전환됐다. 혼다는 자신들의 파괴적인 오토바이가 주류 오토바이 딜러로부터 거부당하자 스포츠 용품 소매점에서 새로운 유통 채널을 찾아야 했다. 사실 우리는 할리−데이비슨의 소형 오토바이 이니셔티브가 실패한 이유가 딜러들이 그것을 거부했기 때문이라는 점을 알고 있다. 할리−데이비슨이 인수한 소형 이탈리아 오토바이는 이미지나 경제학 면에서 딜러의 네트워크에 들어맞지 않았다.

파괴적 기술이나 새로운 유통 채널이 자주 같이 동반되는 이유는 사실 경제적인 이유 때문이다. 4장에서 크레스지와 울워스의 경험이 보여주듯 소매업체와 유통업체는 돈을 버는 매우 분명한 공식을 갖고 있다.

어떤 기업들은 이윤이 높은 값비싼 제품을 소량으로 판매해 돈을 번다. 어떤 기업들은 최소 운영비용을 충당할 만큼 아주 적은 이윤을 올리는 제품을 대량으로 판매해 돈을 번다. 그리고 어떤 기업들은 이미 판매된 제품들에 대해 서비스를 제공하면서 돈을 번다. 파괴적 기술은 수익성을 향상시키려는 기존기업의 모델에 들어맞지 않는 것처럼 종종 유통업체의 모델에도 들어맞지 않는다.

따라서 내 전기자동차 프로그램은 전기자동차를 위한 새로운 유통 채널을 모색하거나 창조하려는 필요성을 기본적인 전략적 전제로 두고 있다. 가솔린 자동차를 판매하는 주류 딜러들은 우리가 염두에 두고 있는 파괴적인 전기자동차가 자신들의 성공에 매우 중요하다고 여기지 않을 것이다.

어떤 조직이 파괴적 혁신에 가장 좋은가?

나는 전기자동차를 잠재적인 파괴적 기술로 정하고, 잠재적인 시장 모색을 위한 현실적인 방편들을 정하며, 제품의 디자인, 기술, 유통 네트워크를 위한 전략적인 기준을 구축한 후에야 조직에 눈을 돌릴 수 있을 것이다. 조직 내에서 이러한 노력이 성공할 수 있는 맥락을 창조하는 일은 중요한 사항이다. 고위 경영자가 표면적으로 이 프로그램에 얼마나 전력하는가에 상관없이 기존 기업의 자원 할당 과정 때문에 존속적으로 파괴적 기술이 살아남기 위해 필요한 자원이 제공되지 않기 때문이다.

독립적 조직으로의 분사

5장에서 자원 의존성 문제를 다루면서 살펴봤듯이 파괴적 기술을 통해 성공적으로 강력한 시장 포지션을 구축한 기존 기업들은 주류 기업에서 독립적이면서 자치적으로 운영되는 조직을 분사시킨 기업들이었다. 퀀텀, 컨트롤 데이터, IBM의 개인용 컴퓨터 부문, 앨런 브래들리, 휴렛패커드의 데스크젯 프린터는 모두 성공적이었다. 그들이 창조한 조직의 생존 여부는 파괴적 기술의 성공적인 상용화 여부에 달려 있었다. 이런 기업들은 떠오르고 있는 가치 네트워크 내에 정확하게 해당 조직을 두었다.

따라서 프로그램 매니저인 나는 기업 경영진에게 전기자동차 기술을 상용화하기 위한 독립적인 조직을 창설하도록 강력하게 촉구할 것이다. 그 독립적인 조직은 제너럴 모터스의 새턴 부문이나 IBM의 개인용 컴퓨터 부문과 같은 자치적인 사업체가 될 수도 있고 대기업이 주식을 대부분 소유하고 있는 독립적인 기업이 될 수도 있다. 독립적인 조직인 경우 내 최고 직원들은 현재 사용료를 지불하고 있는 고객들이 요구하는 긴급한 문제를 해결하기 위해 프로젝트에서 물러서는 일 없이, 전기자동차에 집중할 수 있을 것이다. 반면 우리 자체 고객의 요구 때문에 우리는 우리 프로그램에 집중할 수 있으며 또한 추진력과 흥미를 얻게 될 것이다.

독립적인 조직은 자원 의존성 이론이 우리에게 유리하게 작용하도록 할 뿐만 아니라 작은 시장이 거대 기업의 성장이나 수익 문제를 해결할 수 없다는 원칙에 따른 문제를 해결할 수 있다. 전기자동차 시장은 매우 작아서 전기자동차 부문이 주요 자동차 회사의 수익 대차대조표에 상당히 기여할 가능성이 매우 적다. 따라서 경영자들이 우선적인 관심이나 자원을 전기자동차에 집중하지 않을 것이기 때문에 능력 있는 경영자나 연구원들 역시 이 프로젝트에 관여하고자 할 가능성이 낮다. 전기자동차 프로젝트는 재정적으로 중요하지 않은 노력처럼 보일 것이다. 그들은 회사 내에서 자신들의 미래를 보장하기 위해 자연스럽게 주변적인 프로그램이 아니라 주류 프로그램을 담당하고자 할 것이다.

초기 몇 년 동안 이 새로운 사업은 주문이 낮을 것이다. 우리가 운이 좋아 주문을 따낸다고 하더라도 거의 확실히 적은 양일 것이다. 작고 독립적인 조직에서는 이 정도의 주문만으로도 에너지와 열의를 불러일으킨다. 하지만 주류시장에서는 이 정도의 주문을 가지고서는 이 사업을 계속해야 하는지에 대한 회의를 유발할 것이다. 나는 내 조직의 고객들이 사업을 계속해야 하는지에 대한 질문에 명확히 대답할 수 있는 사람들이었으면 한다. 나는 주류시장에 있는 효율성 담당 분석가들에게 우리 존재를 계속해서 변호하는 데 내 소중한 에너지를 소모하고 싶지 않다.

혁신은 까다로움과 불확실성으로 가득하다. 그렇기 때문에 나는 내가 관리하는 프로젝트가 더 높은 성장과 더 큰 수익성을 달성하기 위한 경로에 제대로 포지션을 정하고 있는지 항상 확인하고 싶다. 내 프로그램이 그 경로에 있다고 간주될 경우, 불가피한 문제가 발생했을 때 조직이 내게 협조하면서 문제를 해결하고 성공을 위해 무엇이든지 동원할 것이라는 신뢰감을 갖게 된다. 반면 핵심적인 인물들이 내 프로그램을 조직의 성장과 수익성에 중요하지 않다고 간주하거나 심지어 수익을 잠식시킬 아이디어로 간주할 경우 아무리 간단한 기술을 가지고 있더라도 그 프로젝트는 실패할 것이다.

나는 다음과 같은 2가지 방식 중 하나로 이 도전에 대응할 것이다. 나는 주류시장에 있는 모든 사람들에게 파괴적 기술이 수익성이 있다고 확신시키거나(머리로 이해하고 마음으로 깨닫도록), 아니면 적절한 비용구조를 갖춘 작은 조직을 창설해 내 프로그램이 성공을 위한 중요한 경로에 위치하고 있다고 믿게 할 것이다. 두 번째 대안이 훨씬 다루기 쉬운 경영상의 도전이다.

작고 독립적인 조직에서는 내가 실패에 대한 적절한 태도를 창출할 가능성이 높다. 우리의 초기 시장 공략은 실패할 가능성이 높다. 따라서 우리는 실패할 수 있지만, 우리의 신뢰성을 무너뜨리지 않고 다시 시도할 수 있도록 작은 규모로 실패할 수 있는 융통성이 필요하다. 여기에서도 실패에 대한 적절한 인내심을 발휘할 수 있는 2가지 방법이 있다. 하나는 주류 조직의 가치와 문화를 바꾸는 것이고 다른 하나는 새로운 조직을 창설하는 것이다. 주류시장에서의 위험이나 실패에 대해 더욱 인내심을 갖도록 요구하는 방법의 문제점은 우리가 존속적인 변화에 투자할 경우에 일반적으로 마케팅 실패를 인내하고자 하지 않는다는 점에 있다. 주류 조직은 연구 가능한 욕구를 갖고 있는 알려진 고객으로 가득한 기존시장에 존속적 기술 혁신을 진출시키는 일에 관여하고 있다. 이런 시장에 처음에 잘못 진출하는 것은 진출 과정에서 생기기 마련인 본질적인 부분이 아니다. 존속적 혁신에는 신중한 기획과 잘 조절된 실행이 필요하기 때문이다.

최종적으로 나는 내 조직이 너무 많은 자본을 갖지 않았으면 한다. 나는 내 직원들이 주류시장을 위해 상당한 수익을 창출해야 한다는 압력을 받지 않기 바란다. 이럴 경우 직원들은 거대 시장을 모색하려 쓸모없이 노력하게 된다. 그렇지만 나는 그들이 우리의 조직이 가능하면 흑자를 유지할 수 있는 핵심 고객들을 찾아야 한다는 데에서 꾸준한 압력을 느꼈으면 한다. 우리는 새로운 시장을 배양하는 데 발생할 수밖에 없는 시행착오를 신속하게 넘길 수 있는 강력한 동기가 필요하다.

물론 독립 조직을 분사시켜야 한다고 단호하게 요구하는 태도는 위험하다. 즉, 스컹크워크 조직이나 분사만이 모든 문제를 해결할 수 있는 강력한 치료제처럼 간주되기 때문이다. 현실적으로 분사는 파괴적 혁신에 직면할 때에만 적절한 조치다. 거대한 주류 조직들이 존속적 혁신을 개발하고 실행시킬 때 매우 창조적으로 될 수 있다는 증거는 매우 많다.[21] 혁신에 내재된 파괴성 정도가 주류 조직이 언제 성공할 수 있으며 언제 실패할 가능성이 있는지를 꽤나 분명하게 보여준다.

[그림 5-6]에서 제시한 틀을 감안할 때 전기자동차는 파괴적인 혁신일 뿐만 아니라 아키텍처상의 재구성이 필요한 기술이다. 이런 재구성은 제품뿐만 아니라 전체 가치사슬에서 이뤄져야 한다. 기술 획득 과정에서부터 유통까지 과거와는 다른 식으로 서로 조화롭게 협력해야 한다. 따라서 내 프로젝트는 주류 회사에서 독립된 조직 내 강력한 팀의 형태로 관리되어야 한다. 이런 조직적 구조가 우리 전기자동차 프로그램의 성공을 보장할 수는 없지만 최소한 내 팀이 파괴적 혁신의 원칙에 반대되는 것이 아니라 그 원칙에 순응하는 환경에서 일할 수 있게 해줄 것이다.

11장
전체 요약

이 책에 실린 연구결과 중에서 가장 눈에 띄는 것 중에 하나는 바로 더 잘 경영하고, 더 열심히 일하고, 잘못을 많이 저지르지 않아도 혁신기업의 딜레마를 해결해주지는 못한다는 사실이다. 이것은 아주 만족스러운 사실이다. 나는 내가 알고 있는 경영자들보다 더 똑똑하거나 열심히 일하거나 더 올곧은 사람들을 만나본 적이 전혀 없기 때문이다. 이 사람들보다 더 나은 사람들을 찾아야만 비로소 파괴적 기술에 의해서 제기되는 문제가 해결된다면 혁신기업의 딜레마는 정말로 난제 중의 난제가 될 것이다.

이 책에서 우리는 특별할 정도로 성공한 몇몇 기업들에서 일하고 있는 정말로 능력이 있는 경영자들조차 최고의 경영 기술들을 동원해서 수익과 성장만을 추구하다가 그들의 회사를 실패의 구렁텅이로 몰아넣고 말았다는 것을 배웠다. 그러나 기업들은 파괴적 기술 변화 앞에서 효과가 없다는 이유만으로 주류 시장에서 그들을 성공하게 만들었던 역량과 조직 구조와 의사결정 프로세스를 포기해서는 안 된다. 그들이 직면한 혁신 도전들은 존속적인 성격을 가지고 있었으며, 이러한 도전은 그들이 가지고 있는 역량만으로 해결이 가능한 종류의 혁신일 뿐이다. 이러한 기업들의 경영자들은 그들의 역량과 문화와 관행이 단지 특정한 여건 속에서만 가치를 갖는다는 걸 인정하기만 하면 된다.

나는 인생에서 가장 유용한 통찰 중에 많은 통찰들이 종종 아주 간단하다는 사실을 알아냈다. 이 책에 들어 있는 많은 통찰들도 역시 마찬가지이다. 원래 그것들은 어느 정도 반직관적인 것처럼도 보였으나 내가 이해하게 된 바에 따르면 이 통찰들은 단순하고 분별 있게 드러났다. 나는 혁신기업의 딜레마로 씨름하고 있을지 모르는 독자들에게 유용하기를 바라면서 이 통찰을 다시 한 번 검토해보겠다.

첫째, 시장이 요구하거나 흡수 가능한 발전 속도는 기술이 제공하는 발전 속도와 다를 수 있다. 이 말은 오늘날 고객들에게 파괴적 기술을 사용하여 만든 제품, 언뜻 보기에 유용하지 않아 보이는 제품들이 내일 소비자들의 욕구를 충분히 해결해줄지 모른다는 말이다. 이러한 가능성을 인식하고 있는 한 고객이 현재 필요로 하고 있지 않은 혁신으로 우리를 인도할 것으로 기대할 수 없다. 따라서 고객들과 가까이 거리를 유지하는 것이 존속적인 혁신을 처리하는 데 중요한 경영 패러다임이겠으나 동시에 파괴적 혁신을 처리하는 데 잘못된 데이터를 얻게 될 수도 있다. 이때는 궤적도가 기업이 어떤 상황에 직면해 있는지를 밝히는 데 도움이 될 수 있다.

둘째, 혁신 관리는 자원 배분 프로세스를 그대로 반영한다. 필요한 자금과 인력을 얻는 혁신 제안들은 성공할지 모른다. 공식적이건 아니면 낮은 우선순위를 부여받은 제안들은 자원 부족 때문에 고생할 것이고 성공 가능성도 낮을 것이다. 혁신 관리가 어려운 중요한 이유는 자원 배분 프로세스 관리가 복잡하기 때문이다. 기업의 경영자들이 자원 배분 결정을 내리는 것 같을지 모르지만 사실 결정을 실행하는 건 회사의 주류 가치 네트워크 내에서 지혜와 통찰을 얻게 된 직원들의 손에 달려 있다. 따라서 직원들은 기업이 수익을 위해 무엇을 해야 하는지를 이해한다. 기업을 성공적으로 유지하기 위해서 직원들은 그러한 지식과 통찰을 계속해서 실행하고 연습한다. 그러나 이로 인해서 경제적으로 더 매력적으로 보이는 다른 대안들이 사라졌거나 제거됐을 때까지 경영자들은 갖고 있는 자원을 파괴적 기술 추구에 집중하게 만드는 게 아주 어렵다는 걸 발견하게 된다.

셋째, 모든 혁신 문제에 자원 할당 문제가 관련되어 있듯이 기술에 시장을 맞추는 것은 또 다른 문제다. 성공한 기업들은 시장에 존속적인 기술의 혜택을 선사하는 데 실질적인 능력을 갖고 있다. 그들은 그들의 고객들이 원하는 것을 더 많이, 그리고 더 좋게 만들어 정기적으로 제공한다. 이것은 존속적인 혁신을 다루는 데 아주 중요한 능력이겠으나 파괴적인 기술을 다룰 때는 유효하지 않을 것이다. 만일 대부분의 성공 기업이 그러려고 하는 것처럼 어떤 기업이 현재 주류 소비자들에게 맞추기 위해서 파괴적 기술을 확장하거나 강요할 경우 디스크 드라이브와 굴착기, 전기자동차 산업에서 일어났던 것처럼 이 사업 역시 실패할 것이다. 역사적으로 가장 성공적인 접근법은 현재 파괴적 기술이 가진 특성들의 가치를 존중해주는 신규 시장을 찾아내는 것이었다. 파괴적 기술은 기술적 도전이 아닌 마케팅적 도전으로 간주해야 한다.

넷째, 대부분의 조직들이 갖고 있는 역량은 대부분의 경영자들이 믿는 것보다 훨씬 더 전문화되고 맥락 의존적(context-specific)이다. 그 이유는 이런 능력들이 가치 네트워크 내에서 형성되기 때문이다. 따라서 조직들은 새로운 특정 기술들을 특정 시장에 갖고 들어올 능력을 가지고 있다. 조직은 몇몇 차원에서는 실패를 인내할 수 있는 능력과 함께 다른 종류의 실패를 용인할 수 없는 능력을 갖고 있다. 그들은 총이윤이 어떤 수준에 있을 때는 돈을 벌 수 있는 능력이 있으면서, 총이윤이 다른 수준에 있을 때는 돈을 벌 수 있는 능력을 갖고 있지 않다. 그들은 특정한 범위의 양과 주문 크기를 채산성 있게 제조할 수 있는 능력을 갖고 있을지는 모르나 그와 다른 양이나 고객의 크기로는 돈을 벌 수 없을지도 모른다. 일반적으로 그들의 제품 개발 순환 시간과 그들이 타협 가능한 제품 궤도의 경사도는 그들의 가치 네트워크의 맥락 속에서 정해진다.

조직과 개인이 갖고 있는 이러한 모든 역량은 과거에 접했던 문제의 유형에 따라서 정의되고 수정된다. 이러한 문제들의 성격 역시 과거 경쟁했던 가치 네트워크의 특징들에 따라서 만들어졌다. 파괴적 기술에 의해서 생겨난 신규 시장은 이러한 각각의 차원에서 아주 다른 능력을 요구하는 경우가 자주 있다.

다섯 번째, 파괴적 기술에 직면해서 대규모로 결정적인 투자를 하는 데 필요한 정보가 그냥 존재하지 않을 때가 많다. 정보는 무경험 상태에서 빠르고 유연하게 시장과 제품에 진출함으로써 창조되어야 한다. 이때 제품의 특성이나 시장의 파괴적 기술 적용과 관련된 어떤 특정한 생각이 유효하지 않은 것으로 드러나면서 생기는 위험이 아주 크다. 따라서 실패와 쌍방향 학습은 파괴적 기술을 갖고 성공을 모색할 때 늘 나타나는 결과다. 존속적 혁신을 하면서 실패를 해서도 안 되고 실패할 수도 없는 성공 조직들은 파괴적 혁신에서도 동시에 실패하는 걸 참아내기가 어렵다.

파괴적 기술과 관련된 생각은 사망률이 높지만 파괴적 기술에 필요한 신규 시장을 창조하는 전반적인 사업이 반드시 아주 위험이 큰 것만은 아니다. 처음 가졌던 생각에 목숨을 걸지 않고, 새로운 것을 시도했다가 실패해도 빨리 배우고 다시 시도할 수 있는 융통성을 가진 경영자들은 파괴적 혁신을 상용화하는 데 필요한 고객과 시장과 기술에 대한 이해를 성공적으로 개발할 수가 있다.

여섯 번째, 항상 리더가 되거나 항상 추종자가 되기 위해서 포괄적인 기술 전략을 채택하는 건 현명하지 못하다. 기업들은 파괴적 기술이나 존속적 기술 중 어떤 걸 상대하느냐에 따라서 각기 명확히 구분되는 자세를 취해야 한다. 파괴적 혁신은 선도업체에 이점이 될 수 있다. 리더가 되는 게 중요하다. 그러나 존속적 기술의 경우에는 그렇지 않을 때가 더 많다. 지속적이고 점진적인 개발을 통해서 기존의 기술 성능을 확대하는 전략을 쓰는 기업들은 업계를 선도하는 대규모의 기술적 도약을 모색하는 전략을 취하는 기업들만큼 아주 강하다는 걸 보여주는 증거가 있다.

일곱 번째이자 마지막은 경제학자들이 정의했고, 역사적으로 집중해왔던 종류와 아주 다른 강력한 진입 및 활동성 장벽들이 존재하고 있다는 것이다. 경제학자들은 진입 및 활동성 장벽들, 장벽들의 기능에 대해서 광범위하게 설명해왔다. 그러나 그들이 내세웠던 거의 모든 이론의 공통적인 특징은 그러한 장벽들이 자산이나 자원처럼 획득하거나 복제하기가 어려운 것들과 관련된다는 것이다.[1] 아마도 진입 기업들이 파괴적 기술에 맞는 신생시장을 세울 때 그들을 보호해주는 가장 강력한 요소는 그들이 타당해 보이지 않는 뭔가를 하고 있는 것 같다는 기존기업들의 시각이다. 많은 성공기업들은 강력한 기술력, 브랜드 이름, 제조 솜씨, 경영 경험, 유통망, 풍부한 현금에도 그들의 수익 모델에 어울리지 않는 일들을 하는 데 정말로 어려움을 겪게 된다. 파괴적 기술은 투자가 가장 중요한 몇 년 동안에는 좀처럼 타당해 보이지 않기 때문에 기존기업들의 경영진이 갖고 있던 인습적인 지혜는 경영자들과 투자자들이 기댈 수 있는 진입과 이동성 장벽 역할을 한다. 이것은 강력하면서도 영향력이 큰 장벽이다.

그러나 기존기업들은 이러한 장벽을 극복할 수 있다. 서로 상충되는 존속적 기술과 파괴적 기술의 수요에 의해서 혁신기업들이 겪게 되는 딜레마는 해결이 가능하다. 경영자들은 먼저 서로 다른 기술 사이의 본질적인 갈등이 무엇인지 이해해야 한다. 그런 다음에 그들은 각 조직별 시장 입지, 경제 규모, 발전 역량, 그리고 가치가 상충하지 않고 기여를 하는 고객들이 가진 잠재력과 충분히 일치하는지 맥락을 창조해야 한다. 이것은 존속적 및 파괴적 혁신가들에게 기존에 했던 것과 아주 다른 차원의 일이다. 나는 이 책이 독자 여러분이 이 일을 할 수 있도록 도와줄 수 있기를 바란다.

『혁신기업의 딜레마』 가이드

이 가이드에 나온 요약과 질문들은 이 책에 담긴 연구결과가 오늘날 많은 산업에서 어떻게 나타나고 있으며 그것이 미래에 어떤 의미를 갖는지에 대해 사고와 논의를 자극하는 게 목적이다.

책의 주제

『혁신기업의 딜레마』에서 크리스텐슨 교수는 "위대한 기업들조차 왜 실패하는가?"라는 질문을 던진다. 그는 선두기업 자리에 오르게 해준 경영 관행이 바로 그들로 하여금 궁극적으로 그들의 시장을 빼앗아갈 파괴적 기술 개발을 극도로 어렵게 만들었기 때문에 자주 실패하고 만다는 결론을 내렸다. 경영을 잘하는 기업들은 고객들에게 의미 있게 기존 제품의 성능을 개선하는 존속적 기술을 개발하는 데 뛰어나다. 그들의 경영 관행이 다음과 같은 요소에 치중해 있기 때문이다.

- 고객들의 목소리에 경청하기
- 고객들이 원하는 것처럼 보이는 기술에 공격적으로 투자하기
- 더 높은 이윤을 추구하기
- 소규모 시장보다는 대규모 시장을 목표로 공략하기

파괴적 기술은 존속적 기술과 뚜렷하게 구분된다. 파괴적 기술은 시장의 가치 명제 자체를 바꾼다. 파괴적 기술이 처음 등장할 때는 주류 소비자들이 관심을 갖는 기능에서는 더 낮은 성능을 제공한다. 예를 들어 컴퓨터 디스크 드라이브 업계에서 파괴적 기술은 항상 예전의 기술에 비해서 성능이 떨어졌다. 그러나 파괴적 기술은 몇몇 새로운 고객들이 중시하는 다른 특성들을 갖고 있다. 그런 기술은 일반적으로 더 저렴하고, 작고, 단순하고, 사용이 더 편리하다. 따라서 그들은 신규 시장을 창조한다. 아울러 파괴적 기술의 개발업체들은 풍부한 경험과 충분한 투자금을 바탕으로 제품 성능을 지속적으로 개선한 끝에 결국 기존시장을 지배할 것이다. 그들은 기존 제품과 견줄 만큼 충분한 성능을 발휘할 뿐 아니라 추가적으로 새로운 성능을 덧붙일 수 있기 때문이다.

이 책은 파괴적 기술이 과거의 기술을 대체하는 프로세스와 그러한 파괴적 기술의 개발을 어렵게 만드는 기업 내의 작동 방식에 대해서 설명하고 있다. 크리스텐슨 교수는 기존 기술을 이용할 때 가장 생산적이던 경영 관행이 파괴적 기술을 개발할 때는 반(反)생산적이 된다고 말한다. 그는 그 이유를 설명하기 위해서 4가지 파괴적 기술의 틀을 제시하고 있다. 그리고 끝으로 그는 장차 그들의 시장을 사로잡게 될 새로운

기술들을 한발 앞서 더 효과적으로 개발하는 데 이 원칙들을 이용할 것을 경영자들에게 제안하고 있다.

파괴적 기술의 원칙

1. 기업들은 자원을 얻기 위해서 고객과 투자자에게 의존한다

생존하기 위해서 기업은 고객과 투자자에게 그들이 원하는 제품, 서비스, 이익을 제공해야 한다. 따라서 최고의 성과를 내는 기업은 그들의 고객들이 원하지 않는 아이디어들을 없애는 데 발달된 시스템을 갖고 있다. 결과적으로 이러한 기업들은 고객들이 원할 때까지 고객들이 원하지 않는 기회인 파괴적 기술에 적절한 자원을 투자하기가 매우 어렵다. 그리고 정작 투자를 할 무렵에는 이미 너무 늦다.

2. 소규모 시장은 대기업들의 성장 욕구를 해결해주지 못한다

성공기업들은 주가를 유지하고 구성원들을 위한 내부 기회를 창조하기 위해서 성장해야 한다. 그들이 반드시 성장률을 높여야 하는 건 아니지만 적정한 성장률은 유지해야 한다. 그리고 규모가 더 커질수록 그들은 예전과 똑같은 성장률을 유지하기 위해서 새롭게 매출 규모를 더 늘려야 한다. 따라서 그들이 미래에 대형시장이 될 운명에 있는 새로운 소형시장에 진출하기가 점점 더 어렵게 된다. 기존의 성장률을 유지하기 위해선 그들이 대형시장에 집중해야 하기 때문이다.

3. 존재하지 않는 시장은 분석이 불가능하다

완벽한 시장조사와 좋은 계획 수립 이후 계획에 따른 실행은 좋은 경영진의 특징이다. 그러나 시장 진출 전에 투자 과정에서 시장 크기와 경제적인 수익을 계량화해야 하는 기업들은 파괴적인 기술에 직면했을 때 주춤거린다. 파괴적인 기술과 관련된 시장 데이터는 존재하지 않기 때문이다.

4. 기술 공급이 시장의 수요와 일치하지 않을 수 있다

파괴적 기술이 처음에는 소규모 시장에서만 사용될 수 있어도 궁극적으로는 주류시장에서 경쟁하게 된다. 그 이유는 기술 발전의 속도가 주류 고객들이 원하거나 흡수할 수 있는 기술 발전 정도를 초과할 때가 종종 있기 때문이다. 결과적으로 현재 주류로 자리 잡은 제품들은 궁극적으로 주류시장이 요구하는 성능을 초과하는 반면 오늘날 주류시장에서 고객의 기대치보다 성능이 떨어지는 파괴적 기술들은 내일은 직접적인 경쟁력을 확보할 수 있게 될지 모른다. 몇몇 제품들이 적절한 성능을 제공한다면 고객들은 다른 선택 기준을 찾게 될 것이다. 이러한 기준은 신뢰성, 편리성, 가격으로 움직이는 경향이 있다. 이 3가지는 더 새로운 기술들이 종종 우위를 갖는 영역이다.

경영자들이 새로운 기술을 다룰 때 저지르게 되는 가장 큰 잘못은 파괴적 기술 원칙들과 싸우거나 아니면 그 원칙들을 극복하기 위해서 노력하는 것이다. 크리스텐슨 교수는 존속적 기술을 갖고 성공하게 해주었던 전통적인 경영 관행들에 집착할 경우 항상 실패의 길에 이르게 된다고 지적한다. 그는 종종 성공으로 이어지는 더 생산적인 경로는 파괴적 기술에 적용되는 자연 법칙을 이해하고, 새로운 시장과 제품을 창조하는 데 그 법칙을 이용하는 것이라고 말한다. 파괴적 기술의 발전 역할을 이해함으로써 경영자들은 파괴적 기술이 나타내는 기회들에 효과적으로 대응할 수 있다는 것이다. 크리스텐슨 교수는 파괴적 기술에 직면한 경영자들이 다음과 같이 행동할 것을 조언한다.

1. 파괴적 기술에 대한 책임을 그 기술을 필요로 하는 고객을 갖고 있는 조직에 맡겨라. 그래야 파괴적 기술에 자원이 흘러갈 수 있다

2. 약간의 이익만으로도 흥분할 정도로 충분히 작은 규모의 별도 조직을 세워라

3. 실패 계획을 세워라. 처음부터 옳다고 생각하는 것에 모든 자원을 투자하지 마라. 파괴적 기술을 상용화하기 위해 벌이는 최초의 노력을 학습 기회로 간주하라. 데이터를 수집하면서 계획을 수정하라

4. 획기적 돌파구에 의존해서는 안 된다. 일찍 앞서서 움직여서 현재 기술 특성들에 맞는 시장을 찾아라. 그 시장을 현재의 주류시장 밖에서 찾게 될 것이다. 또한 파괴적 기술을 주류시장에서 매력적이지 않게 만드는 특성들이 새로운 시장을 세우는 기초가 된다는 걸 알게 될 것이다.

논의에 필요한 질문들

1. 파괴적 기술의 특성들은 다음과 같다. 파괴적 기술은 더 단순하고 저렴하며 일반적으로 성능이 떨어진다. 그들은 일반적으로 더 높은 이윤이 아닌 더 낮은 이윤을 약속한다. 선도기업들의 가장 수익성 이 높은 고객들은 일반적으로 파괴적 기술을 사용할 수 없고, 그것 을 원하지도 않는다. 그 제품들은 신생시장 내지는 중요하지 않은 시장에서 처음에 상용화된다. 이 책은 디스크 드라이브 산업, 굴착 기 산업, 강철 산업, 자동차 산업에서 일어난 파괴적 혁신들에 대해 서 논한다. 과거의 역사를 살펴보면서 여러분은 궁극적으로 기존의 제품과 산업을 대체하게 된 파괴적인 기술들을 찾아낼 수 있는가? 여러분은 오늘날 새로 생겨나고 있지만 아마도 여러분의 사업을 위 협할 수도 있는 기술들로는 무엇이 있는지 생각할 수 있는가?

2. 어떤 시장에서나 기업들은 더 높은 가격을 붙여서 더 복잡한 제품 을 팔 수 있는 고급시장으로 움직이는 경향을 보인다. 왜 기업들이 더 단순하고 더 저렴한 제품이 팔리는 시장에 진출하기는 어려운 것일까? 그렇게 고급시장에 진출하려다가 실패한 기업들이 누구인 가? 그들이 고급시장 진출의 유혹을 어떻게 피할 수 있었을까?

3. 기존기업들에 치명적일 수 있는 고급시장에 진출하려는 기업들의 경향은 결과적으로 주류시장에 신생시장이 생길 수밖에 없는 이유 를 설명해준다. 이 책에 나온 사례 외에도 성공하기 위해서 고급시

장에 진출한 기업들을 생각해볼 수 있는가?

4. 파괴적 기술을 상용화하기 위해서 노력하는 과정에서 왜 사람들의 기대가 잘못될 것이라는 전제에 투자하는 게 중요할까? 이 책에 등장한 오토바이, 굴착기, 디스크 드라이브 산업의 사례 외에 다른 용도로 쓸 수 있는, 마케팅을 시작하긴 했지만 대형시장은 다른 용도의 기술을 선호했던 다른 사례들을 생각해볼 수 있는가?

5. 파괴적 기술이 가진 여러 가지 특징 중 하나는 주류 고객들이 가장 중요하게 생각하는 성능을 제공해주는 현재의 기술보다 기능이 떨어진다는 점이다. 따라서 파괴적 기술을 상용화하는 데 성공하는 기업들은 새로운 기술의 특성들을 가장 가치 있게 생각할 수 있는 다른 고객층을 찾아내야 한다. 여러분은 처음 등장했을 때 주류 시장에는 중요한 것처럼 보이지 않은 특성들을 기초로 해서 오늘날 새로 생겨나고 있는 시장을 알고 있는가? 그 시장이 어떤 순서로 주류 제품이나 기업을 위협하는가?

6. 2가지 이상의 제품들이 최소한의 요구조건을 충족시켰을 때 소비자들은 다른 결정적인 요소들을 찾기 시작한다. 이 책에서 인용된 윈더미어 어소시에이츠의 연구결과에 따르면 이런 변화는 일반적으로 기능, 신뢰성, 편리성, 그리고 가격으로 움직인다. 최근에 이러한 발전 과정을 따라서 한두 단계 움직인 시장이 있는가?

7. 대부분의 사람들은 고위 임원들이 기업이 나아갈 방향과 자원의 투자 방법에 대해서 중요한 결정을 내린다고 생각하지만 실제로는 어떤 제안들을 고위 경영진에게 제출할지를 결정하는 중간 관리자들에게 달려 있다. 이런 기업 내에서 중간 관리자들이 파괴적 기술을 무시하거나 없애도록 유도하는 요인들은 무엇일까? 잘 경영되는 기업들이 이러한 관행과 정책들을 바꿔야 하는가?

8. 야심에 찬 대기업의 직원들이 파괴적 기술을 무시하거나 없애버리게 되는 데 어떤 개인적인 경력 문제가 작용했을까? 경영을 잘하는 기업들은 직원들이 이러한 방식으로 생각하도록 장려하는 정책을 바꿔야 하는가?

9. 이 책에 실린 연구결과들은 미래 기업의 조직에 대해서 어떤 제안을 하는가? 기능성 위주로 창조된 구조를 갖고 있는 대기업들은 최근 몇몇 경영 이론가들이 믿고 있는 것처럼 상호 연결된 팀들로 자기 자신을 다시 설계해야 하는가? 아니면 그들은 서로 다른 기술과 시장마다 서로 다른 욕구를 갖고 있다는 사실을 인정하면서 서로 다른 환경에 각기 어울리는 조직 구조와 경영 관행을 갖기 위해서 노력해야 하는가? 이것이 현실적으로 가능한 일인가?

10. 4장에서 디스크 드라이브 제조업체의 CEO는 그의 회사가 개발했던 1.8인치 디스크 드라이브의 상용화에 실패한 이유를 설명하면서 "우리는 시장을 앞서 나갔다"라고 말했다. 그러나 당시에는 신

규 사용자 사이에서는 그의 회사가 발견하지 못했던 1.8인치 드라이브 시장이 새로 싹트고 있었다. 크리스텐슨 교수는 "파괴적인 기술은 기술적 차원이 아닌 마케팅 차원에서 틀이 잡혀야 한다"고 주장했다. 여러분은 어딘가에 모든 기술들에 적합한 시장이 있다고 생각하는가? 그렇지 않다면 여러분은 경영자로서 어떤 기술을 포기하고, 어떤 기술을 공격적으로 추구할지 알아내기 위해서 어떻게 할 것인가?

11. 크리스텐슨 교수는 기업들은 기술의 성능을 향상시킬 새로운 돌파구가 생겨날 때까지 기다려서는 안 된다고 주장한다. 그 대신 그들은 다른 사람들이 문제가 있다고 생각하는 바로 그 특성들의 가치를 중시하는 고객들을 찾아내야 한다. 경영자로서 여러분은 기술 내지는 아이디어의 개발이 더 필요할 때가 언제인지, 그리고 그것을 시장에서 공격적으로 추구할 때가 언제인지를 어떻게 결정할 것인가?

12. 이 책의 주제는 기업들이 주류시장의 리더가 되게 해주는 경영 관행 때문에 그들이 파괴적 기술에 의해서 제공된 기회를 놓치게 된다는 것이다. 다시 말해서 경영이 잘되는 기업들은 그들이 경영이 잘되기 때문에 실패한다. 좋은 경영의 정의가 바뀌고 있는가? 미래에는 고객들의 목소리에 귀를 기울이고, 그러한 고객들이 원한다고 말하는 것을 생산하는 데 공격적으로 투자하고, 시장을 신중하게 분석하는 게 나쁜 경영이 될 것인가? 어떤 종류의 시스템이 이 2가지 경영 세계의 최고의 장점들을 통합할 수 있을까?

주석

머리말

1 존 맥도널드(John McDonald), "Sears Makes It Look Easy", 「포천」 1964년 5월, 120–121.

2 지나 모크하이버(Zina Moukheiber), "Our Competitive Advantage", 「포브스(*Forbes*)」 1993년 4월 12일, 59.

3 스티브 와이너(Steve Weiner), "It's Not Over Until It's Over", 「포브스」 1990년 5월 28일, 58.

4 「비즈니스 위크」 1986년 5월 24일, 98.

5 토머스 J. 피터스(Thomas J. Peters)와 로버트 H. 워터맨(Robert H. Waterman), 「초우량 기업의 조건」(New York: Harper & Row, 1982).

6 「비즈니스 위크」 1994년 5월 9일, 26.

7 제프리 페퍼(Jeffrey Pfeffer)와 제럴드 R. 살란시크(Gerald R. Salancik), 「*The External Control of Organization: A Resource Dependence Perspective*」(New York: Harper & Row, 1978).

1장

1 디스크 드라이브 산업의 역사에 대한 더욱 자세한 설명은 클레이튼 M. 크리스텐슨의 다음 논문에 나와 있다. "The Rigid Disk Drive Industry: A History of Commercial and Technological Turbulence", 「비즈니스 히스토리 리뷰」 67, 1993년 겨울, 531–588. 이 자료는 데이터를 금속 원반에 기록하는 리지드 디스크 드라이브나 하드 디스크 드라이브 제조업체에 집중하고 있다. 역사적으로 산화철로 코팅돼 있으며 분리가 가능하고 신축성 있는 데이터 저장 기반인 플로피 디스크 드라이브를 제조하는 기업들은 하드 디스크

드라이브를 제조하는 기업들과는 다른 곳들이었다.

2 이 분석에 필요한 대부분의 자료는 시장 조사연구 간행물인 「디스크/트렌드 리포트」에서 얻은 것이다. 여기에 디스크 드라이브 제조업체에서 얻은 세부사항을 보충했다.

3 기술 진보의 궤도 개념은 조반니 도시(Giovanni Dosi)가 쓴 다음 논문에 자세히 나와 있다. "Technological Paradigms and Technological Trajectories", 「리서치 폴리시」 110, 1982년, 147–162.

4 이 결과가 기술 변화에 대한 이전 학자들의 연구 결과와 어떻게 다른지는 2장에서 자세하게 논의되어 있다.

5 헤드를 만드는 첫 번째 기술은 산화철인 페라이트로 된 핵을 섬세한 구리선으로 감아 전자석을 만드는 것이었다. 이를 가리켜 페라이트 헤드라고 부르며, 이 기술을 점진적으로 개선하는 방법에는 자성 재료인 페라이트를 갈아서 더욱 섬세하게 만드는 기술을 습득하는 방법, 더 나은 래핑 기법(lapping technique)을 활용하는 방법, 바륨을 첨가해 페라이트를 강화하는 방법 등이 있다. 박막 헤드는 사진석판 기술을 활용해서 만들었고, 실리콘 위에 집적 회로를 만들 때 사용하는 것과 유사한 기술을 사용해서 헤드 표면에 전자석을 새기는 방법을 썼다. 이 제품은 흔히 사용되는 헤드보다 훨씬 두꺼운 재료를 겹겹이 사용해야 하기 때문에 까다롭다고 알려져 있다. 세 번째 기술은 1990년대 중반에 채택되기 시작한 자기저항 헤드이다. 이것은 박막 사진석판으로 만드는데, 디스크 표면 자석계의 변화가 헤드 회로의 전기 저항을 바꿔놓는다는 원칙을 활용했다. 자기 저항 헤드는 전류 흐름의 방향 변화보다는 저항의 변화를 측정하기 때문에 이전 기술에 비해 훨씬 더 민감했으며 따라서 더욱 밀도가 높은 데이터 기록이 가능해졌다. 디스크 기술의 진화 과정에서 처음 나왔던 디스크는 매우 섬세한 바늘 모양의 산화철 분자, 다시 말해 녹을 평평하고 윤기 나는 알루미늄 표면 위에 코팅하는 방식으로 만들어졌다. 그래서 이런 디스크를 산화(oxide) 디스크라고 부른 것이다. 이런 기술은 산화철 분자를 더욱 세밀하게 만들고, 알루미늄 판의 표면에 코팅이 되지 않는 부분이 줄도록 분자들을 더욱 균등하게 도포함으로써 더욱 개선했다. 이런 기술은 스퍼터링 기술에 의해 교체됐다. 스퍼터링 기술은 반도체 공정에서 차용한 것으로 알루미늄 판을 몇 옹스트롬(angstrom, 1억분의 1센티미터) 두께의 얇은 금속 필름으로 코팅하는 것이다. 이렇게 막이 얇고, 막이 미립자적인 특성보다는 연속적인 특성을 갖게 되며, 항자기성(coercivity)이 높은 자기 재료를 활용할 때 과정이 융통성 있게 진행되기 때문에, 산화 디스크에서 가능했던 것보다 박막 디스크에서 기록이 더욱 밀도 있게 이뤄지게 됐다.

6 리처드 J. 포스터(Richard J. Foster), 『Innovation: The Attacker's Advantage』(New York: Summit Books, 1986).

7 [그림 1–1]과 [그림 1–2]에서 제시한 기술 변화의 예는 불연속성(discontinuity)이라는 부적절한 용어에 모호함을 더해준다. 이 용어는 조반니 도시의 다음 논문을 참조하기 바란다. 조반니 도시, "Technological Paradigms and Technological Trajectories", 「리서치

폴리시」 11, 1982년, 마이클 L. 투시먼과 필립 앤더슨, "Technological Discontinuities and Organizational Environments", 「경영 관리 과학 저널(*Administrative Science Quarterly*)」 31, 1986년. [그림 1-4]에서 설명한 헤드 및 디스크 기술의 혁신은 기존 기술 궤도에서 긍정적인 불연속성을 나타내지만, [그림 1-7]에서 차트로 도식화한 파괴적 기술은 부정적인 불연속성을 나타낸다. 기존기업들은 업계를 이끌 능력을 갖추고 있는 것처럼 보였지만 부정적인 불연속성에 직면하자, 업계 선두자리를 빼앗기고 말았다.

8 이런 성향은 여러 산업에서도 일관성 있게 나타나고 있다. 이에 관해서는 리처드 S. 로젠블룸과 클레이튼 M. 크리스텐슨의 다음 논문을 참조하면 된다. 클레이튼 M. 크리스텐슨, "Technological Discontinuities, Organizational Capabilities, and Strategic Commitments", 「인더스트리얼 앤 코퍼레이트 체인지(*Industrial and Corporate Change*)」 3, 1994년, 655–685. 이 논문은 선도기업이 기술적으로 단순한 파괴적인 혁신에 의해 전복될 수 있다는 점을 제시한다.

9 [그림 1-7]을 생성하기 위해 사용된 자료 및 절차의 요약은 1장 뒤에 포함되어 있다.

10 1978년에 미니컴퓨터 시장은 새로운 것이 아니었지만 윈체스터 기술 디스크 드라이브에게는 새로운 프로그램이었다.

11 이런 진술은 주문자 생산방식 시장에서 경쟁하는 독립 드라이브 제조업체들에게만 적용된다. IBM과 같이 수직적으로 통합된 컴퓨터 제조업체 중 일부는 매력적인 내부 시장 덕택에 이렇게 세대가 교체되는 동안 살아남았다. 그렇지만 IBM조차 각 신생시장에 대응하기 위해 자율적인 신생 디스크 드라이브 조직을 창조함으로써, 신생시장이 연속해서 등장하는 문제를 다룰 수 있었다. IBM의 새너제이 조직은 주로 메인프레임으로 이루어진 응용 프로그램에 초점을 뒀으며, 미네소타주 로체스터에 있는 또 다른 조직은 중가 컴퓨터 및 워크스테이션에 초점을 맞췄다. IBM은 일본에 새로운 조직을 만들어 데스크톱 컴퓨터 시장용 드라이브를 생산했다.

12 레베카 M. 헨더슨, "The Failure of Established Firms in the Face of Technological Change: A Study of the Semiconductor Photolithographic Alignment Industry", 하버드 대학교, 1988년. 헨더슨은 기존기업들이 만든 새로운 아키텍처에 따라 생산된 제품들이 진입기업들이 생산한 제품들보다 성능 면에서 낮다고 주장했다. 이런 상이한 결과가 나온 이유는 헨더슨이 연구한 포토리소그래피 제품 산업에서 성공적인 진입기업들이 다른 시장에서는 매우 잘 개발된 기술적인 지식 체계와 경험을 신상품에 활용했기 때문이다. 이 책에서 다룬 사례에서는 그렇게 잘 개발된 지식을 갖고 있던 신생기업은 존재하지 않았다. 여기 나오는 대부분의 신생기업들은 사실 기존 드라이브 제조업체에서 나온 경영자들과 엔지니어들이 설립한 곳이었다.

13 조셉 L. 바우어, 「*Managing the Resource Allocation Process*」(Homewood, IL: Richard D. Irwin, 1970) 254. 이 결과는 바우어가 관찰한 현상과 유사하다. 바우어는 확실한 고객 수요는 자원

할당 과정에서 강력한 힘을 발휘할 수 있다고 생각했다. 비용만큼 품질이 좋지 못한 경우 프로젝트는 주춤했다. 4가지 사례 모두에서 매출을 달성할 능력이 부적절하다고 여겨졌을 때 프로젝트는 멈추곤 했다. 시장으로부터 받는 압력은 이처럼 잘못될 가능성을 줄이고 비용을 줄여준다. 비록 바우어가 구체적으로 제조 능력을 언급하고 있긴 하지만, 기본적인 현상이 파괴적 기술에 대한 대응 방법에 영향을 미치는 것은 분명해 보인다. 다시 말해 기업이 기존 고객의 욕구를 분명히 알고 난 뒤 투자를 감독하고 지휘할 경우 파괴적 기술에 대응할 수 있게 된다.

14 코너 페리퍼럴스는 1억 1천만 달러의 매출을 올리면서 미국 역사상 그 어떤 제조업체보다 설립 첫해에 많은 매출을 달성했다.

15 로버트 A. 버글먼(Robert A. Burgelman)과 레너드 세일스(Leonard Sayles), 『*Inside Corporate Innovation*』(New York: The Free Press, 1986) 76–80. 이 결과는 버글먼이 관찰했던 것과 일치한다. 버글먼은 기업가들이 직면하는 가장 큰 어려움 중 하나는 제품이 고객과 상호작용하면서 개발 및 수정하는 데 적합한 베타테스트 장소를 찾아내는 일이었다고 말했다. 일반적으로 기업의 기존 제품 라인을 대표하는 영업사원이 신제품을 고객에게 소개하는 것이 관행이었다. 이것은 기업이 기존시장에 맞는 신제품을 개발하는 데는 도움이 됐을지 몰라도, 신기술에 맞는 새로운 애플리케이션을 찾아내는 데는 도움이 되지 못했다.

16 리처드 J. 포스터, 『*Innovation: The Attacker's Advantage*』(New York: Summit Books, 1986). 나는 공격하는 기업들이 파괴적 혁신 면에서 유리하더라도 존속적인 혁신 면에서는 유리하지 않다는 관점이 포스터가 주장한 공격기업의 장점을 더욱 분명히 한다고 믿는다. 포스터가 자신의 이론을 입증하기 위해 사용한 역사적인 사례들은 일반적으로 파괴적인 혁신이었던 것처럼 보이기 때문이다.

2장

1 레베카 M. 헨더슨과 킴 B. 클라크, "Architectural Innovation: The Reconfiguration of Existing Systems and the Failure of Established Firms", 「경영 관리 과학 저널」 35, 1990년, 9–30.

2 트레이시 키더, 『*The Soul of a New Machine*』(New York: Avon Books, Inc., 1981).

3 기술적 발전이 급진적 기술과 점진적 기술로부터 영향을 어느 정도씩 받는지 그 비율을 측정해온 학자들이 몇 명 있었다. 예를 들어서 존 에노스(John Enos)는 일련의 석유 정제 과정에 대한 경험적 연구를 통해서 새로운 기술이 선사하는 경제적 혜택의 절반은 새로운 기술이 상업적으로 정립이 된 후 소개된 프로세스의 개선 때문이라는 것을 알아냈다. 이에 관해서는 다음 자료를 참조하면 된다. "Invention and Innovation in the Petroleum Refining Industry", The Rate and Direction of Inventive Activity: Economic and Social

Factors, 「미국 경제연구소 리포트(National Bureau of Economic Research Report)」(Princeton, NJ: Princeton University Press, 1962), 299–321. 디스크 드라이브 산업에 대한 나의 연구 결과도 역시 같았다. 밀도 개선의 절반은 새로운 부품 기술 때문이었고, 나머지 절반은 시스템 디자인 면에서 기존 부품과 정밀화 작업이 개선되었기 때문이다. 이에 관해서는 다음 자료를 참조하기 바란다. 클레이튼 M. 크리스텐슨, "Exploring the Limits of the Technology S-Curve", 「제조·생산관리」1, 1992년, 334–366.

4 킴 B. 클라크, "The Interaction of Design Hierarchies and Market Concepts in Technological Evolution", 「리서치 폴리시」14, 1985년, 235–251. 클라크는 자동차 기술자들이 스팀이나 전기 동력 엔진 대신에 휘발유 엔진을 선택함으로써 이후 세대의 엔지니어들에게 기술 개발의 새로운 방향을 설정해주었다고 말한다. 이로 인해 이후 세대의 엔지니어들은 결과적으로 전기나 스팀 동력을 개선하기 위한 노력을 할 필요가 없었다. 클라크는 또 오늘날 기업들이 갖고 있는 디자인 기술과 기술적 지식은 연구원들이 해왔던 선택들이 누적되어 생긴 결과라는 걸 보여줬다. 클라크는 누적된 지식 위에 더 지식을 쌓거나 그러한 지식을 확대하게 만드는 기술적인 발전 노력은 기존기업들에게 잘 어울린다고 주장한다. 이와 반대로 그는 변화가 완전히 다른 지식군을 요구할 때 기존기업들은 아마도 다른 업계일 가능성이 높겠지만 그곳에서 일찍이 기존과 다른 위계적 구조의 지식군을 축적해온 기업들에 비해서 불리한 위치에 처해 있다고 주장한다.

5 마이클 L. 투시먼과 필립 앤더슨, "Technological Discontinuities and Organizational Environments", 「경영 관리 과학 저널」31, 1986년, 439–465, 필립 앤더슨과 마이클 L. 투시먼, "Technological Discontinuities and Dominant Designs", 「경영 관리 과학 저널」35, 1990년, 604–633.

6 가치 네트워크라는 개념은 조반니 도시의 기술적 패러다임(technological paradigm)을 기초로 하고 있다. 이에 관해서는 다음 자료를 참조하면 된다. 조반니 도시, "Technological Paradigms and Technological Trajectories", 「리서치 폴리시」11, 1982년, 147–162. 도시는 기술적 패러다임을 "자연과학으로부터 추출된 선별적 원칙들과 선별적인 재료 공학에 기초를 두고 만들어진 선별적인 기술 문제의 해결 패턴"이라고 말했다. 새로운 패러다임이란 앞선 패러다임 내에서 정의된 발전 경로와의 단절을 나타낸다. 이러한 패러다임은 발전의 의미를 새롭게 정의하는 경향이 있으며, 연구원들이 정상적인 기술 발전을 연장시키자는 목표를 갖고 새로운 문제에 관심을 쏟게 만든다. 도시가 검토한 새로운 기술의 선별 및 유지 방법과 관련된 문제는 그러한 변화의 수혜자인 기업들이 성공하거나 실패하는 이유를 묻는 질문들과 밀접하게 관련되어 있다.

7 여기서 제시된 가치 네트워크는 내가 리처드 S. 로젠블룸 교수와 공동으로 착안해낸 생각에 많이 의존한다. 이에 대해서는 다음 논문에 자세하게 설명이 나와 있다. 클레이튼 M. 크리스텐슨과 리처드 S. 로젠블룸, "Explaining the Attacker's Advantage:

The Technological Paradigms, Organizational Dynamics, and the Value Network", 「리서치 폴리시」 24, 1995년, 233-257, 리처드 S. 로젠블룸과 클레이튼 M. 크리스텐슨, "Technological Discontinuities, Organizational Capabilities, and Strategic Commitments", 「인더스트리얼 앤 코퍼레이트 체인지」 3, 1994년, 655-685.

8 D.L. 마플스(D.L. Marples), "The Decisions of Engineering Design", 「국제 전자 기술 협회(IEEE Transactions on Engineering Management)」 EM8, 1961년, 55-71, C. 알렉산더(C. Alexander), 「*Notes on the Synthesis of Form*」(Cambridge, MA: Harvard University Press, 1964).

9 이 점에 있어서도 역시 가치 네트워크의 개념과 기술적 패러다임에 대한 도시의 개념 사이에 상응관계가 강력하다(주석 6). 가치 네트워크의 범위와 영역은 지배적인 기술적 패러다임 및 네트워크의 높은 차원에서 채택된 그에 상응하는 기술적 경로에 따라서 정의된다. 도시가 말했듯이 가치는 가치 네트워크 내에서 궁극적으로 사용되는 시스템 내의 지배적인 기술의 기능으로 정의할 수 있다.

10 마이클 포터(Michael Porter), 「경쟁우위」(New York: The Free Press, 1985).

11 이러한 분석에 대한 구체적인 설명은 7장에 나와 있다. 클레이튼 M. 크리스텐슨, "The Innovator's Challenge: Understanding the Influence of Market Environment on Processes of Technological Development in the Rigid Disk Drive Industry", 하버드 대학원 경영학과(Harvard University Graduate School of Business Administration), 1992년.

12 D. 사할(D. Sahal), 「*Patterns of Technological Innovation*」(London: Addison Wesley, 1981).

13 이러한 시각과 관련해서 가장 광범위하게 읽히는 자료는 다음과 같다. 리처드 J. 포스터, 「*Innovation: The Attacker's Advantage*」(New York: Summit Books, 1986).

14 여기에 요약된 통찰은 다음 자료에서 좀 더 자세하게 설명되어 있다. 클레이튼 M. 크리스텐슨, "Exploring the Limits of the Technology S-Curve", 「제조·생산관리」1, 1992년, 334-366.

15 다른 기업들에서 내린 유사한 결정들에 대한 구체적인 설명은 다음 자료를 참조하기 바란다. 클레이튼 M. 크리스텐슨, "The Innovator's Challenge: Understanding the Influence of Market Environment on Processes of Technology Development in the Rigid Disk Drive Industry", 하버드 대학원 경영학과, 1992년.

16 로버트 버글먼과 레너드 세일스, 「*Inside Corporate Innovation*」(New York: The Free Press, 1986), 76-80. 기업가들이 접하게 되는 가장 어려운 문제 중의 하나는 제품이 고객과의 상호교류 속에서 개발되고 정의될 수 있는 적절한 베타테스트 장소를 찾아내는 일이다. 일반적으로 기업은 기존 제품 라인을 파는 영업사원을 통해서만 고객에게 접근할 수 있었다. 기업은 기존시장에 맞는 신제품을 개발할 수 있긴 했지만, 신기술을 새롭게 적용할 수 있는 방법을 찾아내지는 못했다. 헨더슨은 신기술을 주류 고객들에게 보여주기 위해서는 어느 정도 협의적인 마케팅 역량이 필요하다고 말했다. 많은 학자들이 이 문제를

기술적 역량의 문제로 규정하는 경향이 있지만, 신기술에 맞는 새로운 시장을 찾아내지 못하는 건 기업이 갖는 혁신이 가진 가장 심각한 장애일지도 모른다는 것이다.

17 음성 코일 모터는 시게이트가 과거에 사용했던 스테퍼 모터에 비해 훨씬 비쌌다. 음성 코일 모터가 새로운 기술은 아니었지만 적어도 시게이트에게는 그랬다.

18 이것은 다음 자료에 소개된 연구결과와 일치한다. 아놀드 쿠퍼(Arnold Cooper)와 댄 슈헨델(Dan Schendel), "Strategic Responses to Technological Threats", 「비즈니스 호라이즌스(Business Horizons)」 1976년 2월 19일, 61-69.

19 디스크 드라이브 제조업체들은 자석 기록 제품들을 개발하고 제조하는 일을 담당했던 IBM의 새너제이 사업부의 계보를 잇고 있다는 걸 알 수 있다. 이에 관해서는 다음 자료를 참조하면 된다. 클레이튼 M. 크리스텐슨, "The Rigid Disk Drive Industry: A History of Commercial and Technological Turbulence", 「비즈니스 히스토리 리뷰」 67, 1993년 겨울, 531-588.

20 일반적으로 이러한 부품 기술은 신생기업에 우위를 점하면서 기존시장을 점령했던 최대 기존기업 내에서 개발됐다. 그 이유는 새로운 부품들이 항상 그런 것은 아니더라도 일반적으로 기술적 경로에 존속적인 영향을 미치기 때문이다. 이처럼 하이엔드의 기존기업들은 일반적으로 기존 혁신을 추구하는 데 열중했다.

21 고객들의 목소리를 경청함으로써 얻게 되는 가치의 증거로서 자주 인용되는 에릭 폰 히펠(Eric von Hippel)의 연구결과에 따르면 고객들이 주로 대다수의 신제품에 대한 아이디어를 낸다는 걸 보여주고 있다. 이에 관해서는 다음 자료를 참조하면 된다. 에릭 폰 히펠, 「*The Sources of Innovation*」(New York: Oxford University Press, 1988). 이와 관련한 연구에 유용한 자료는 히펠의 연구에 수록되어 있다. 가치 네트워크 틀에 따르면 고객이 기업들을 인도하는 혁신은 존속적 혁신이다. 우리는 따라서 파괴적 혁신은 다른 출처로부터 나온다는 걸 예상할 수 있다.

22 헨더슨은 포토리소그래피 정렬 장비에 대한 연구에서 이처럼 고객들에 의해서 오도될 위험성을 파헤쳤다. 이에 관해서는 다음 자료를 참조하면 된다. 레베카 M. 헨더슨, "Keeping Too Close to Your Customers", 매사추세츠 공과대학 슬로언 경영대학원 교수 노트, 1993년.

23 많은 업계 전문가들은 디스크 드라이브를 만드는 데 필요한 최저비용이 있다고 주장하면서, 이를 개당 120달러 정도라고 책정했다. 최고의 제조업체들조차 이 이하의 비용으로 드라이브를 만들 수는 없다는 것이다. 여기에는 필수적 부품들의 설계, 생산, 조립에 필요한 기본비용이 포함된다. 드라이브 제조업체들은 120달러를 기준으로 활용 가능한 디스크 드라이브 용량을 존속적으로 늘리는 한편 단가를 줄이는 노력을 계속하고 있다. 이러한 최저비용이 디스크 드라이브와 플래시 카드 사이의 경쟁에 미치는 영향은 아주 크다. 저용량 응용 프로그램에서는 플래시 메모리 가격이 떨어지면 플래시는 디스크

메모리에 견주어 비용 경쟁력을 갖게 된다. 자석 디스크 드라이브가 플래시에 비해서 더 낮은 비용이 드는 경계는 더 큰 디스크 드라이브 아키텍처가 고급시장으로 움직인 것과 완벽한 유사성을 띠면서 계속해서 고급시장 쪽으로 이동할 것이다. 실제로 전문가들은 1997년까지 40메가바이트의 플래시 카드는 40메가바이트의 디스크 드라이브와 비슷한 가격이 정해질 것으로 전망했다.

24 루이스 H. 영(Lewis H. Young), "Samsung Banks on Tiny Flash Cell", 「일렉트로닉 비즈니스 바이어(*Electronic Business Buyer*)」21, 1995년 7월, 28.

25 리처드 테드로, 『*New and Improved: A History of Mass Marketing in America*』(Boston: Harvard Business School Press, 1994).

3장

1 이런 메커니즘이 더 넓은 범위의 업계들에 어떠한 영향을 미쳤는가에 대해서는 다음 논문에서 확인할 수 있다. 리처드 S. 로젠블룸과 클레이튼 M. 크리스텐슨, "Technological Discontinuities, Organizational Capabilities, and Strategic Commitments", 「인더스트리얼 앤 코퍼레이트 체인지」3, 1994년, 655-686.

2 이 부분에서 사용한 그래프를 계산하는 데 사용된 정보와 데이터는 역사 건설장비 협회의 이사인 디미트리 토스 주니어(Dimitrie Toth, Jr.)와 키스 해덕(Keith Haddock)이 제공한 것이다. 이 협회는 토공장비 산업에 대해 다양한 정보를 갖고 있다. 다른 유용한 정보 자료들은 다음과 같다. 피터 그림쇼(Peter Grimshaw), 『*Excavators*』(Poole, England: Blandford Press, 1985), 더 오리슬러거 오가니제이션(The Olyslager Organisation, Inc.), 『*Earthmoving Vehicles*』(London: Frederick Warne & Co., Ltd., 1972), 해럴드 F. 윌리엄슨(Harold F. Williamson)과 케네스 H. 마이어스(Kenneth H. Myers), 『*Designed for Digging: The First 75 Years of Bucyrus Erie Company*』(Evanston, IL: Northwestern University Press, 1955), J.L. 얼핸즈(J.L. Allhands), 『*Tools of the Earthmover*』(Huntsville, TX: Sam Houston College Press, 1951).

3 흥미롭게도 업계 25곳에서만이 높은 성공률을 기록했다. 기업 규모가 가장 작은 증기 셔블 제조업체 7곳 중에서 한 곳만이 가솔린 엔진으로의 존속적 기술 변화에서 살아남았다. 이런 기업들에 대한 정보는 그들이 발간한 책자를 제외하고는 거의 구할 수가 없었다. 그렇지만 대형이나 중형 업체들이 이런 기술 이전 상황에서 순항한 반면 소형 업체들이 몰락했다는 사실은 자원이 기술 이전에서 중요한 역할을 했다는 사실을 보여준다. 이런 결론은 2장에서 요약한 이론적 관점을 보완하는 것이다. 일부 존속적 기술은 분명 개발하고 실행하는 데 많은 비용이 들고 독점적이거나 기밀에 가까운 전문지식에 크게 의존하기 때문에 기술 이전을 성공적으로 관리할 수 없었다.

4 시카고 지역 계약업체인 페이지(Page)가 최초의 드래그라인을 개발한 사례를 들 수 있다. 페이지는 당시 시카고의 운하 시스템을 공사했는데, 이 일을 더욱 효과적으로 실행하기

위해서 1903년에 드래그라인을 개발했다. 페이지의 드래그라인은 나중에 부사이러스와 매리언이 개발한 증기 셔블과 함께 파나마 운하 공사에 크게 활용됐다. 고객이 존속적 혁신에 중요한 요소라는 이러한 조사 결과는 히펠의 다음과 같은 연구 결과와 일치한다. 에릭 폰 히펠, 『*The Sources of Innovation*』(New York: Oxford University Press, 1988).

5 이런 식으로 유압 굴착기의 공격을 받고도 살아남은 기업은 고가 시장에서 안정을 찾게 됐다. 예를 들어 부사이러스와 매리언은 노천 채광에 사용되는 거대한 스트리핑 셔블(stripping shovel) 분야를 지배하는 업체가 됐다. 매리언의 스트리핑 셔블은 버킷 용량이 180세제곱야드나 된다. 게다가 전설 속 벌목군인 폴 번얀(Paul Bunyan)이 이 모델 옆에 서 있는 모습을 보여주는 광고는 놀라운 광고 중 하나로 평가받고 있다. 하니슈페거(Harnischfeger) 역시 세계 최대의 전기 채광 셔블 제조업체였으며, 유닛(Unit)은 해양유전에서 사용되는 거대한 페데스탈 크레인(pedestal crane)을 만드는 틈새시장을 개척했다. 노스웨스트(Northwest)는 잠시 동안 해양 선적로 준설 작업에 필요한 드래그라인을 제조해서 살아남았다. P&H와 로레인(Lorain)은 케이블로 움직이는 대형 크레인과 드래그라인을 만들었다.

6 유압 굴착기 시장이 성숙해짐에 따라 이를 만드는 기업들은 다양한 정도로 성공을 누렸다. 1996년에 생산량 면에서 세계 최대인 굴착기 업체인 데막과 O&K는 독일에 기반을 두고 있다.

7 버킷을 바깥쪽으로 움직이는 굴착기는 파워 셔블(power shovel)이라고 불린다. 파워 셔블은 1837년부터 1900년대 초반까지 굴착기 시장의 대표적인 모델이었으며, 20세기 내내 주요한 시장으로 군림했다. 흙을 운전실 쪽으로 끌어들이는 굴착기는 백호라고 불린다. 유압 굴착기 백호가 1970년대에 지배적인 디자인이 되면서 2가지 유형 모두 굴착기라고 불리게 됐다. 유압 구동을 위해서 붐을 기계에 영구적으로 부착시키게 될 때까지 계약업체들은 여러 붐이나 암을 기본적인 동력 제품에 부착시킴으로써 셔블, 백호, 크레인 등의 역할을 할 수 있게 했다. 이와 유사한 방식으로 다른 유형의 재료를 옮기기 위해 디퍼(dipper)라고도 불리는 버킷이 이용될 수도 있었다.

8 굴착 성과를 제대로 측정하는 방법은 1분당 옮길 수 있는 흙의 양이었다. 그렇지만 이 측정법은 기계 조종자의 기술과 작업 대상 토양의 유형에 따라 크게 달라질 수 있기 때문에 계약업체들은 버킷 크기를 더욱 확실하고 실증할 수 있는 측정 수단으로 채택하게 됐다.

9 영국과 미국의 선도기업들에 뒤이어 유럽 제조업체 몇 곳이 등장했는데, 유럽기업들은 또한 굴착기 산업의 진입기업이었다. 이런 기업으로는 프랑스의 포클레인과 이탈리아의 브루네리 브라더스(Bruneri Brothers)가 포함되었다.

10 셔블을 땅에 밀어넣는 능력은 유압식 접근 방법의 주요한 이점이었다. 조종실 쪽으로 흙을 끌어당기는 케이블 구동 굴착기는 모두 무거운 셔블의 각 날을 땅에 밀어넣는 일을 할 때 전적으로 중력에 의존해야 했다.

11 증기 동력을 활용하면서 동시에 돛을 장착함으로써, 두 기술을 결합한 초기 해양 운송 수단 제조업체들은 부사이러스 엔지니어들이 활용한 것과 같은 논리를 선박 디자인에 활용했다. 증기 동력은 대양횡단 시장에는 충분히 신뢰할 만한 것이 아니었기 때문에 전통적인 기술로 증기 동력 시설을 만들어야 했다. 증기선이 출현해 대양횡단 사업에서 범선을 대신하게 된 것은 파괴적 기술의 고전적인 연구 대상이다. 미국의 발명가 로버트 풀턴(Robert Fulton)이 1819년에 최초의 증기선으로 허드슨 강을 거슬러 올라갔을 때에도 이 증기선은 모든 면에서 해양횡단 범선을 능가하지 못했다. 증기선은 운영비용이 더 많이 들었으며, 속도가 느린데다가 자주 고장 났다. 따라서 증기선은 대양횡단에는 사용될 수 없었으며, 내륙 수로에 적용될 수 있을 뿐이었다. 따라서 내륙 수로에서는 제품 성능이 매우 다른 식으로 측정됐다. 강이나 호수에서는 바람에 거슬러 올라가거나 바람이 불 때 움직이는 능력이 가장 중요하다고 여겼으며, 그런 면에서 증기가 돛에 비해 성능이 우수했다. 일부 학자들은 범선 제조업체들이 증기 동력을 완전히 무시하면서 1990년대 초반 참패를 할 때까지 낡은 기술을 그대로 유지할 정도로 얼마나 근시안적이었는지 놀라움을 금치 못했다. 이에 관해서는 리처드 J. 포스터의 도서 『*Innovation: The Attacker's Advantage*』(New York: Summit Books, 1986)를 참조하기 바란다. 사실 범선 제조업체 중 어느 곳도 업계가 증기선으로 기술이 이전하는 상황에서 살아남지 못했다. 증기 동력에 대해 알고 있었는지 또는 증기 기술에 접근할 수 있었는지 여부는 문제가 아니었다. 문제는 해양횡단 선적 업체들로 구성된 범선 제조업체들의 고객들이 20세기가 될 때까지 증기 동력 선박을 사용할 수 없었다는 점이었다. 범선 제조업체들이 증기선 산업에서 자리를 잡기 위해서는 전략을 대폭 수정해서 내륙 수로 시장으로 진출해야만 했다. 내륙 수로 시장은 19세기 내내 증기선이 중요하게 여겨진 유일한 네트워크였기 때문이었다. 따라서 기존의 범선 제조업체들이 증기선 앞에서 몰락하게 된 근본 이유는 기술 변화 능력의 부재가 아니라 전략 전환을 꺼려했거나 전략 전환 능력이 없었기 때문이다.

12 예외가 되는 사례 중 하나는 1957년 쾨링이 도입한 특이한 제품이었다. 이 제품은 스쿠퍼(Skooper)라고 불렸으며 케이블과 유압기술을 결합해 벽에서 흙을 밀어내는 기능을 했다. 이 기계는 땅을 파지는 않았다.

13 부사이러스는 이런 집단 중 어느 곳에도 쉽게 들어맞지 않는다. 부사이러스는 1950년대에 대형 유압 굴착기를 도입했지만 이후 시장에서 그것을 철수시켰다. 1960년대 후반에 부사이러스는 하이다이내믹 코퍼레이션(Hy-Dynamic Corporation)으로부터 유압식 로더이자 백호 라인인 다이내호(Dynahoe)를 인수해 일반 굴착 공사 고객들에게 유틸리티 기계로 판매했다. 그렇지만 부사이러스는 이 제품 라인 또한 곧 철수시켰다.

14 캐터필라는 매우 늦게 유압 굴착 장비 시장에 성공적으로 진입한 기업으로서 1972년에 첫 모델을 선보였다. 캐터필라의 굴착기는 원래 갖고 있던 불도저, 스크레이퍼, 그레이더 라인을 확장한 것이었다. 캐터필라는 케이블 구동이 지배적인 디자인이었을 때에는 굴착기

시장에 참여하지 않았다.

4장

1 말콤 P. 맥내어(Malcom P. McNair), "Significant Trends and Developments in the Post-War Period", 앨버트 B. 스미스(Albert B. Smith)가 편집, 『*Competitive Distribution in a Free High-Level Economy and Its Implications for the University*』(Pittsburgh: University of Pittsburgh Press, 1968), 17-18. 고가 시장으로 이동해 그곳에서 사업을 지원할 비용을 추가하는 과정은 하버드 비즈니스 대학원의 말콤 P. 맥내어 교수가 다음과 같이 묘사했는데 이는 디스크 드라이브 이야기와 놀라울 정도로 흡사하다. 맥내어는 소매업 이야기를 하면서 소매업체들이 어떻게 연속적으로 파괴적인 기술을 갖고 시장에 진입했는지를 설명하고 있다. 하지만 맥내어는 파괴적인 기술이라는 표현을 사용하지는 않았다. 바퀴는 때로는 천천히, 때로는 빠르게, 항상 움직이며 결코 멈추는 일이 없다. 이런 사이클은 혁신이라는 과감한 신개념으로부터 자주 시작된다. 미국 최초의 백화점 창립자 존 워너메이커(John Wanamaker), 슈퍼마켓 A&P의 조지 하트포트(George Hartford), 소매업자 프랭크 울워스(Frank Woolworth), 시어즈 백화점의 W.T. 그랜트(W.T. Grant), 슈퍼마켓 운영업자 마이클 컬른(Michael Cullen), 할인업체 운영업자 유진 퍼카우프(Eugene Ferkauf) 등과 같은 사람들이 존재하기 때문이다. 그런 혁신가는 새로운 종류의 파괴적 기업에 대한 아이디어를 갖고 있다. 혁신가는 처음에는 따돌림을 당하거나 조롱당하며, 변칙적이라는 비난을 받는다. 은행업자와 투자가들은 그를 경계한다. 그렇지만 혁신가가 혁신에 내재된 낮은 운영비용을 통해 가격 면에서 대중을 끌어들인다. 시간이 지나면서 혁신가는 더 비싼 가격에 상품을 팔고 상품의 품질을 향상시키며 가게의 외양과 장소를 개선하면서 존중받게 된다. 이런 성장 과정에서 그 업체는 점점 고객이나 투자가로부터 존중받게 되는데, 동시에 자본투자와 운영비용이 증가하는 경향이 있다. 그때 그 업체는 성숙 단계에 도달한다. 성숙 단계에 이어 곧 불안한 상태가 시작되며 결국 업체는 취약해진다. 왜 취약해지는가? 다른 사람들이 더 좋은 아이디어를 갖고 저렴한 비용에 기반을 둔 사업을 시작하면서 오래된 업체들이 세운 안전망 아래로 잠입하기 때문이다. 다른 말로 하면 하이엔드 시장에서 경쟁력을 갖기 위해 필요한 비용 자체 때문에 하향 이동성이 제한되고 고가 시장으로 진출하려는 인센티브가 더욱 커지게 된다.

2 조셉 L. 바우어, 『*Managing the Resource Allocation Process*』(Homewood, IL: Richard D. Irwin, 1970)

3 로저 마틴(Roger Martin), "Changing the Mind of the Corporation", 「하버드 비즈니스 리뷰」 1993년 11-12월, 81-94. 이 문장에서는 체계적이라는 용어가 중요하다. 대부분 자원 할당 체계는 그 체계가 공식적이든 비공식적이든 체계적으로 이뤄지기 때문이다. 경영자가 파괴적 기술에 성공적으로 대처하는 열쇠 중 하나는 자원 할당 결정에 개입해 개인적으로 그리고 고집스럽게 직접 결정을 내리는 능력에 있다. 자원 할당 체계는 파괴적 기술과 같은

제안을 없애기 위해 설계됐다.

4 철강 수요는 천천히 증가하기 때문에 1990년대에 신축된 대형 일관제철소의 수는 적을 수밖에 없었다. 1990년대에 세워진 일관제철소는 한국, 멕시코, 브라질 등 성장이 빠르고 빠른 속도로 개발되고 있는 국가에 신축된 것들이다.

5 매사추세츠 기술연구소의 재료과학과 교수인 토머스 이가(Thomas Eagar)가 이런 수치를 제공했다.

6 "The U.S. Steel Industry: An Historical Overview,"골드만 삭스의 연구 결과, 1995년.

7 "What Caused the Decline," 「비즈니스 위크」 1980년 6월 30일, 74.

8 도널드 B. 톰슨(Donald B. Thompson), "Are Steel's Woes Just Short-term", 「인더스트리 위크(*Industry Week*)」 1982년 2월 22일, 31.

9 그레고리 L. 마일스(Gregory L. Miles), "Forging the New Bethlehem", 「비즈니스 위크」 1989년 6월 5일, 108-110.

10 세스 루보브(Seth Lubove)와 제임스 R. 노먼(James R. Norman), "New Lease on Life", 「포브스」 1994년 5월 9일, 87.

11 박 슬래브 연속 주조 기술에 대한 평가를 담당한 US스틸의 경험은 하버드 비즈니스 대학원 수업 자료에 기록되어 있다. "Continuous Casting Investments at USX Corporation", 하버드 비즈니스 스쿨(Harvard Business School), 케이스 번호 697-020.

2부

1 우리가 세상이 돌아가는 방법을 규정하는 물리적이고 심리적인 법칙을 이해하고, 그러한 법칙에 화합하는 자세를 취할 때 가장 효과적으로 우리의 힘을 발휘할 수 있다는 인식은 물론 이 책에서 처음으로 나온 것은 아니다. 이 책에서 자주 인용됐던 로버트 버글먼 스탠포드 교수는 강의 중에 무심코 쓰던 펜을 바닥에 떨어뜨린 후 그것을 다시 집기 위해서 고개를 숙이면서 "나는 중력이 싫다"라고 중얼거렸다. 그런 다음에 그는 칠판으로 걸어가면서 이렇게 덧붙였다. "그렇지만 여러분 그거 아세요? 중력은 내가 중력을 싫어하는지 상관하지 않는다는 것을! 중력은 항상 사물을 아래로 끌어내리기 때문에 내가 중력에 대비해놓는 게 당연하다는 것을!" 좀 더 심각하게 생각해봤을 때 생산적인 삶을 영위하기 위해서 더욱 강력한 자연과 사회와 심리학적 법칙과 조화롭게 행동하고 싶다는 우리의 욕구는 많은 저서들에 나오는 중심적 주제이다. 특히 고대 중국의 고전인 「도덕경」에서 그랬다.

5장

1 제프리 페퍼와 제럴드 R. 살란시크, 「*The External Control of Organizations: A Resource Dependence Perspective*」(New York: Harper & Row, 1978).

2 이것은 정상적 환경에서나 파괴적 기술의 공격을 받는 환경에서나 모두 사업을 경영하는

데 있어 기업이 상대할 고객들을 선택하는 문제가 중대한 전략적인 함의를 갖는다는 걸 의미한다.

3 자원 할당 과정에 대해서 명쾌하면서도 주목할 만한 밑그림을 제시해준 책은 다음과 같다. 조셉 L. 바우어, 『*Managing the Resource Allocation Process*』(Homewood, IL: Richard D. Irwin, 1972).

4 체스터 바너드, 『*The Functions of the Executive*』(Cambridge, MA: Harvard University Press, 1938), 190-191.

5 로버트 버글먼, "Intraorganizational Ecology of Strategy-Making and Organizational Adaptation: Theory and Field Research", 「오가니제이션 사이언스(*Organization Science*)」 2, 1991년, 239-262. 퀀텀의 분사 노력과 그로 인한 전략적 차원의 전향적 변화는 전략 변화과정의 좋은 사례가 될 수 있다. 이 자료에서는 전략적 변화과정을 기업 자원을 차지하기 위한 내부 경쟁 속에서 열등한 전략적 활동들이 우등한 활동들에 밀려나는 자연 도태의 과정으로 묘사한다.

6 제임스 어터백(James Utterback), 『*Mastering the Dynamics of Innovation*』(Boston: Harvard Business School Press, 1994). 어터백은 급진적으로 새로운 기술을 개발하려고 시도한 기업들은 거의 언제나 과거의 기술 개발에도 동시에 신경을 쓰다가 실패에 이르게 됐다는 사실을 찾아냈다.

7 파괴적 기술이 선도적 기업들을 무너뜨리는 데 결정적 역할을 한 것으로 여겨지는 산업들은 다음 자료에 구체적으로 소개된다. 리처드 S. 로젠블룸과 클레이튼 M. 크리스텐슨, "Technological Discontinuities, Organizational Capabilities, and Strategic Commitments", 「인더스트리얼 앤 코퍼레이트 체인지」3, 1994년, 655-685.

8 1990년대에 디지털 이큅먼트는 강력한 개인용 컴퓨터 사업을 구축하기 위해 개인용 컴퓨터 사업부를 설립했다. 그러나 퀀텀과 컨트롤 데이터가 분사한 사업부들과 달리 이 사업부는 디지털 이큅먼트의 주류 사업으로부터 자율성을 확보하지 못했다. 디지털 이큅먼트가 개인용 컴퓨터 사업부에 맞는 구체적인 성과 매트릭스를 만들었지만 이 사업부는 사실상 총수익과 매출 성장과 관련한 기업의 표준에 얽매여 있었다.

9 "Harvard Study on Discount Shoppers", 「디스카운트 머천다이저」 1963년 9월, 71.

10 K마트는 전략과 경영상 수월성(Operational Excellence) 면에서 월마트에 밀리면서 흔들리고 있었다. 그럼에도 20년 동안 K마트는 크게 성공한 소매업체로서 크레스지의 주주들에게 상당한 가치를 창조했다. K마트가 현재 월마트와의 경쟁에서 고전을 겪고 있는 것은 할인 사업의 초기 파괴적 위협에 부응하기 위한 크레스지의 전략과는 무관하다.

11 울워스와 크레스지의 할인 소매사업에 대한 접근방식 사이의 구체적인 차이점은 하버드 경영대학원의 수업 교재로 사용되는 다음 자료에 나와 있다. "The Discount Retailing Revolution in America", 케이스 번호 695-081.

12 이 이론에 관해서는 다음 책을 참조하라. 로버트 드루–베어(Robert Drew–Bear), 「*S. S. Kresge's Kmarts*," *Mass Merchandising: Revolution and Evolution*」(New York: Fairchild Publications, 1970), 218.

13 울워스의 연간보고서, 1981년.

14 "Woolco Gets Lion's Share of New Space", 「체인 스토어 에이지(*Chain Store Age*)」 1972년 11월, E27. 이 보고서는 합병에 대한 놀랍도록 명쾌하면서도 논리적인 주장을 펼치고 있다.

15 "The Desktop Printer Industry in 1990", 하버드 비즈니스 스쿨, 케이스 번호 9–390–173.

16 리처드 테드로, 「*New and Improved: The Story of Mass Marketing in America*」(Boston: Harvard Business School Press, 1996). 리처드 테드로는 A&P의 경영자들이 파괴적인 슈퍼마켓 소매점을 도입하는 문제를 놓고 고민했을 때 이와 똑같은 딜레마에 빠졌다고 말했다. 슈퍼마켓 사업가들은 A&P가 세상에서 가장 잘하는 일을 뛰어넘어서가 아니라 A&P가 전혀 하고 싶지 않아 했던 일을 함으로써 A&P와 경쟁했다. 이와 같은 이야기에서 경영상 가장 큰 실패를 맛본 회사는 크로거(Kroger)였다. 이 회사는 시장에서 A&P에 이어 2위였으며, 직원들 가운데 한 사람(이 회사를 떠나서 세계 최대 슈퍼마켓을 세운 사람)은 크로거를 어떻게 1위 기업으로 만들면 되는지를 알고 있었다. 크로거의 경영진은 그러나 이 사람의 말을 듣지 않았다. 그 이유는 아마도 상상력이 부족했기 때문이거나, 아니면 A&P의 임원들과 마찬가지로 크로거의 임원들 역시 표준적인 사업 관행에 너무나 많은 걸 투자했기 때문일지도 모른다. A&P의 경영자들이 슈퍼마켓의 혁신을 승인한다면 그것은 그들이 자체 유통 시스템을 파괴하는 것이었다. 그런데 그렇기 때문에 그들은 너무나 늦은 순간까지도 속수무책으로 가만히 앉아 있을 수밖에 없었던 것이다. A&P는 별다른 선택이 없었다. 이 회사는 자체 시스템을 파괴하거나, 아니면 다른 기업들이 그 시스템을 파괴하는 걸 지켜보는 수밖에 없었다.

6장

1 대규모 전략적인 도약을 취하는 것과 달리 점진적인 개선을 지속적으로 추구하는 데 따른 혜택은 다음 자료에서 참조하면 된다. 로버트 헤이스(Robert Hayes), "Strategic Planning: Forward in Reverse?", 「하버드 비즈니스 리뷰」 1985년 11–12월, 190–197. 그러나 나는 몇몇 특정한 상황에서는 존속적인 기술을 주도하는 게 정말로 중요하다고 믿고 있다. 킴 B. 클라크 교수와의 대화에서 우리는 그러한 상황을 칼날(knife–edge) 산업에 영향을 주는 상황이라고 정의했다. 칼날 사업이란 경쟁의 토대가 단순하고 1차원적이면서, 실수할 여지가 거의 없는 사업을 말한다. 이러한 칼날 산업의 예가 노광 교정(PLA, Photolithographic Aligner) 산업이다. 이와 관련한 더 자세한 정보는 다음 자료를 참조하면 된다. 레베카 M. 헨더슨과 킴 B. 클라크, "Architectural Innovation: The Reconfiguration of Existing Systems and the Failure of Established Farms", 「경영 관리 과학 저널」 35, 1990년 3월,

9-30. 이 사례에서 교정기 제조업체들은 존속적인 아키텍처의 변화에 직면해서 기술적으로 뒤떨어졌을 때 실패했다. 이렇게 된 이유는 노광 교정기 자체는 매우 복잡했지만(어떤 실리콘 웨이퍼에서나 선의 폭을 가장 좁게 만들지 못하면 아무도 이것을 사지 않았다) 노광 교정 산업에서 경쟁의 토대는 상당히 단순했다. 노광 교정 산업의 주요 고객인 통합회로 제조업체들이 가장 빠르고 가장 성능이 좋은 노광 교정 장비를 갖지 못할 경우 시장에서 경쟁력을 유지할 수가 없었기 때문이다. 이처럼 제품의 성능이 유일한 경쟁 토대였기 때문에 노광 교정 사업은 칼날 사업이었다. 노광 교정 산업 제조업체들은 빠르게 성공하거나 아니면 실패하거나 둘 중 하나였다. 분명히 말해서 그처럼 칼날로 베어지듯이 확연히 구분이 되는 상황이 생길 수 있기 때문에 존속적 기술 분야의 리더십이 매우 중요하다. 그러나 대부분의 다른 존속적인 상황에서 리더십은 중요한 문제가 아니다. 이것은 위의 사례보다 훨씬 더 흔한 사례이며, 내셔널 캐시 레지스터(National Cash Register)가 주도한 전자기계로부터 전자기술로의 변화를 소재로 한 로젠블룸의 연구 주제이다. 이에 관해서는 다음 자료를 참조하면 된다. 리처드 M. 로젠블룸, "From Gears to Chips: The Transformation of NCR and Harris in the Digital Era", 하버드 비즈니스 스쿨, 비즈니스 히스토리 세미나, 1988년. 이 경우 NCR은 업계에서 상당히 늦게 전자 현금출납기 상품을 개발하고 출시했다. 얼마나 늦었던지 사실상 이 기술을 가진 NCR의 신형 현금출납기의 매출은 1980년대 초반에는 1년 내내 거의 0에 가까이 떨어졌다. 그럼에도 이 회사는 강력한 현장 서비스를 바탕으로 자체 전자 현금출납기를 개발하고 출시하면서 걸린 1년 동안에 설치 기반을 마련하면서 살아남을 수 있었다. NCR은 이어 브랜드 이름과 현장 판매 입지의 강점을 살려서 재빨리 현금출납기 시장에서 높은 시장점유율을 확보했다. 현금출납기가 노광 교정 산업에 비해서는 더 단순했지만 나는 이 시장에서도 다양한 경쟁 기반이 존재하기 때문에 다양한 생존 방식이 있을 수 있다는 점에서 이 시장을 복잡하다고 정의하고 싶다. 일반적으로 시장이 복잡할수록 존속적 기술 혁신의 리더십이 덜 중요해진다. 리더십이 중요해 보이는 건 칼날 시장이나 파괴적 시장을 상대할 때이다.

2 그렇다고 해서 제품 성능이나 제품 비용이 경쟁사에 지속적으로 뒤처지는 기업들이 번창할 수 있다고 말하는 건 아니다. 다만 나는 디스크 드라이브처럼 복잡한 제품의 성능을 개선하는 데는 여러 가지 방법이 있기 때문에 존속적 기술 혁신을 주도하는 기업들이 추종 전략을 채택한 기업들에 비해서 확실하면서 지속적인 경쟁우위를 얻게 된다는 증거가 없다는 주장을 하고 있는 것이다. 박막과 자기저항 헤드와 같은 새로운 부품 기술들을 개발하고 채택하는 것이 성능을 개선하기 위한 한 가지 방법이지만 새로운 기술을 더 잘 이해하고 더 신뢰감을 가질 수 있을 때까지 기다리면서 기존 기술들의 성능을 확대해갈 수 있는 다른 길들의 숫자는 정말로 많다. 이러한 주장은 다음 논문에서 더 자세하게 설명이 되어 있다. 클레이튼 M. 크리스텐슨, "Exploring the Limits of the Technology S-Curve", 「제조·생산관리」1, 1992년, 334-366.

3 이러한 분석을 목표로 기술은 어떤 기업에 의해서 제조되고 판매되는 제품에서 처음 등장했던 시기로부터 2년 미만의 시간이 지났거나, 아니면 그것이 2년 넘게 시장에서 존재했더라도 디스크 드라이브 제조업체들 중 그들의 제품 중 하나에서 이 기술을 사용하는 곳들이 20퍼센트 미만일 경우 그것은 새롭거나 증명되지 않은 기술로 분류되었다.

4 이러한 분석에서 신생시장이나 가치 네트워크는 첫 번째 리지드 디스크 드라이브가 컴퓨터에서 사용된 지 2년 정도의 시간이 지났다. 기존시장이나 가치 네트워크는 첫 번째 드라이브가 사용된 후 2년이 넘는 시간이 걸렸다.

5 인수에 의한 진입은 디스크 드라이브 산업에 진입하는 방법치고 흔한 방법은 아니었다. 제록스는 디아블로, 센추리 데이터(Century Data), 슈가트 어소시에이츠를 인수함으로써 이러한 전략에 따랐다. 인수 후 이러한 기업들이 올린 성과가 너무나 부진했기 때문에 이후로 제록스처럼 인수 전략을 취한 곳은 거의 없었다. 인수에 의해서 시장에 진입한 또 다른 유일한 사례는 컨트롤러 제조업체인 웨스턴 디지털의 탠돈(Tandon)이었다. 제록스와 웨스턴 디지털의 경우 그들이 인수한 기업들의 진입 전략은 [도표 6-1]에 나와 있다. 이와 마찬가지로 퀀텀에서 분사된 신생회사인 플러스 디벨롭먼트는 [도표 6-1]에 별도 기업으로 표시되어 있다.

6 이러한 매트릭스에서 정리된 증거는 벤처캐피털 투자자들에게 인수 제안의 위험을 평가하는 일반적인 방법으로 유용할 수 있을지 모른다. 이 증거는 사실 그 성격상 존속적인 획기적인 기술을 상용화할 것을 제안하는 신생기업들은 더 쉽고, 더 신뢰할 수 있으며, 더 편리한 무언가를 갖고 기존 산업을 파괴하기 위해서 입증된 기술을 사용하겠다는 비전을 가진 신생기업들보다 성공 가능성이 훨씬 더 떨어진다. 업계의 기존기업들은 존속적 기술 혁신을 추구하려는 성향은 아주 강한 반면, 파괴적인 기술 혁신을 추구하려는 성향은 아주 약하다.

7 실제로 모든 소규모 신생시장들이 대규모 시장이 되는 긴 아니다. 예를 들어 제거 가능한 드라이브 시장은 10년이 넘게 소규모 틈새시장으로 남아 있다가 1990년대 중반이 되어서야 아주 큰 규모로 커지기 시작했다. 신생시장이 더 높은 성공 확률을 제공해준다는 말은 항상 그렇다는 게 아니라 평균적으로 그렇다는 뜻이다.

8 시장과 기술 차원에서 동시에 혁신을 추진했을 때 생기게 될 위험을 받아들여서는 안 된다는 생각은 벤처캐피털리스트들 사이에서 종종 거론된다. 이것은 또한 다음 책 5장의 주제이기도 하다. 로웰 W. 스틸(Lowell W. Steele), 『*Managing Technology*』(New York: McGraw Hill, 1989). 이 책에 나오는 다양한 혁신 전략들의 차후 성공 확률에 대한 연구는 스틸과 스틸이 책에서 인용하고 있는 라일 옥스(Lyle Ochs)의 연구 결과에 바탕을 두고 있다. 나는 다음 책들로부터도 영향을 받았다. 앨런 N. 아푸(Allan N. Afuah)와 닉 바람(Nik Bahram), "The Hypercube of Innovation", 「리서치 폴리시」21, 1992년.

9 금융 분석가들이 주가를 판단하는 데 사용하고 있는 가장 간단한 방정식은 $P=D/(C-G)$다.

여기서 P(Prcie)는 주당 가격을, D(Dividend)는 주당 배당금을, C(Cost)는 기업의 자본 비용을, 그리고 G(Growth Rate)는 예상 성장률을 나타낸다.

10 이러한 증거는 다음 논문에 정리되어 있다. 클레이튼 M. 크리스텐슨, "Is Growth an Enabler of Good Management, or the Result of It?", 하버드 비즈니스 스쿨 교수 노트, 1996년.

11 스콧 루이스(Scott Lewis)가 쓰고 아델 하스트(Adel Hast)가 편집함, 『*Apple Computer, Inc.,: International Directory of Company Histories*』(Chicago: St. James Press, 1991), 115−116.

12 개인용 컴퓨터 산업의 역사를 통찰력 있게 정리한 책은 다음과 같다. 폴 프리버거(Paul Frieberger)와 마이클 스웨인(Michael Swaine), 『*Fire in the Valley: The Making of the Personal Computer*』(Berkeley, CA: Osborne−McGraw Hill, 1984).

13 "Can 3.5"Drives Displace 5.25s in Personal Computing?", 「일렉트로닉 비즈니스(*Electronic Business*)」 1986년 8월 1일, 81−84.

14 1991년 11월 19일 코너 페리퍼럴스의 부회장인 윌리엄 슈뢰더(William Schroeder)와의 인터뷰.

15 기업의 역사적 경험, 기업의 역량, 기업이 궁극적으로 할 수 있고 할 수 없는 일 사이의 관계에 대한 통찰력이 있는 연구 결과는 다음 자료에서 나온다. 도로시 레너드−바튼(Dorothy Leonard−Barton), "Core Capabilities and Core Rigidities: A Paradox in Managing New Product Development", 「전략 경영 저널(*Strategic Management Journal*)」 13, 1992년, 111−125.

16 코너 페리퍼럴스의 공동 창업자이자 상무이사인 존 스콰이어스(John Squires)와의 인터뷰.

17 조지 길더(George Gilder), "The Revitalization of Everything: The Law of the Microcosm", 「하버드 비즈니스 리뷰」 1988년 3−4월, 49−62.

18 앨런 브래들리에 대한 이와 같은 정보 중에 다수는 다음 책에서 얻은 것이다. 존 거다(John Gurda), 『*The Bradley Legacy*』(Milwaukee: The Lynde and Harry Bradley Foundation, 1992).

7장

1 다음 논문에서 휴렛패커드의 역사를 확인할 수 있다. "Hewlett−Packard: The Flight of the Kittyhawk", 하버드 비즈니스 스쿨, 케이스 번호 9−697−060, 1996년.

2 혼다의 성공에 관해서는 다음 논문을 참조하면 된다. "A Note on the Motorcycle Industry−1975", 하버드 비즈니스 스쿨, 케이스 번호 9−578−210. "Strategy Alternatives for the British Motorcycle Industry", 보스턴 컨설팅 그룹(BCG), 1975년.

3 리처드 파스칼(Richard Pascale)과 E. 타텀 크리스티안센(E. Tatum Christiansen), "Honda (A)", 하버드 비즈니스 스쿨 교수 노트, 9−384−049, 1984년, 그리고 "Honda (B)", 하버드 비즈니스 스쿨 교수 노트 9−384−050, 1984년.

4 "Statistical Abstract of the United States", 워싱턴 D.C.에서 실시한 센서스 조사, 1980년, 648.

5 인텔이 DRAM 사업에서 벗어나 마이크로프로세서로 진입한 이야기는 다음 논문을 참조하길 바란다. 로버트 A. 버글먼, "Fading Memories: A Process Theory of Strategic Business Exit in Dynamic Environment", 「경영 관리 과학 저널」39, 1994년, 24~56. 이 논문은 전략 변화 과정을 매우 철저하게 조사해 설득력 있게 작성된 보고서로 읽을 만한 가치가 있다.

6 조지 W. 코건(George W. Cogan)과 로버트 A. 버글먼, "Intel Corporation (A): The DRAM Decision", 스탠포드 비즈니스 스쿨, 케이스 번호 PS-BP-256.

7 로버트 A. 버글먼, "Fading Memories: A Process Theory of Strategic Business Exit in Dynamic Environment", 「경영 관리 과학 저널」39, 1994년.

8 경영자들이 위험을 어떻게 정의하고 인식하는지에 대한 연구 논문은 다음과 같다. 에이모스 투베르스키(Amos Tversky)와 대니얼 카네만(Daniel Kahneman)에 따르면 사람들은 자신들이 이해하지 못하는 제안의 경우 그것의 내재적인 위험성에 상관없이 위험성이 높다고 여기는 경향이 있다. 또한 사람들은 자신들이 이해하는 제안에 대해서는 그것의 내재적인 위험성에 상관없이 위험성이 낮다고 간주한다. 이에 관련한 사항은 이 논문에서도 확인할 수 있다. 에이모스 투베르스키와 대니얼 카네만, "Judgement Under Uncertainty: Heuristics and Biases", 「사이언스(*Science*)」185, 1974년, 1124~1131. 따라서 경영자들은 상반되는 증거가 존재함에도 신규 시장 창출이 위험한 제안이라고 생각한다. 그들은 존재하지 않은 시장을 이해하지 못하기 때문이다. 유사하게 그들은 존속적 기술의 경우 내재적인 위험성이 높은 기술임에도 투자하는 것이 안전하다고 여긴다. 그들이 시장을 알고 있기 때문이다.

9 이런 전통에 대한 뛰어난 연구 논문들은 다음과 같다. 마이라 M. 하트(Myra M. Hart), "Founding Resource Choices: Influences and Effects", 하버드 대학교 경영학과, 1995년, 아마르 비드(Amar Bhide), "How Entrepreneurs Craft Strategies that Work", 「하버드 비즈니스 리뷰」1994년 3-4월, 150~163, 아마르 비드, "Bootstrap Finance: The Art of Start-Ups", 「하버드 비즈니스 리뷰」1992년 11-12월, 109~118, "Hewlett-Packard's Kittyhawk", 하버드 비즈니스 스쿨, 케이스 번호 9-697-060, "Vallourec's Venture into Metal Injection Molding", 하버드 비즈니스 스쿨, 케이스 번호 9-697-001.

10 조셉 L. 바우어, 「*Managing the Resource Allocation Process*」(Homewood, IL: Richard D. Irwin, 1970), 254.

11 리타 G. 맥그래스(Rita G. McGrath)와 이안 C. 맥밀란(Ian C. MacMillan), "Discovery-Driven Planning", 「하버드 비즈니스 리뷰」1995년 7-8월, 4~12.

12 피터 F. 드러커(Peter F. Drucker), 「*Innovation and Entrepreneurship*」(New York: Harper & Row, 1985). 8장에서 나는 소프트웨어 제조업체 인튜이트(Intuit)가 개인용 재무관리

소프트웨어 퀴큰을 구입한 사람들 다수가 자신들의 소기업 재무를 관리하는 데 그 프로그램을 사용하고 있다는 사실을 어떻게 발견했는지를 다룰 것이다. 인튜이트는 이런 응용 프로그램을 예상하지 않았지만 결국 소기업에게 잘 맞는 제품을 만들고자 했고, 결국 퀵북(Quickbook)을 출시하게 됐다. 퀵북은 2년 내에 소기업 회계 소프트웨어 시장의 70퍼센트 이상을 점유했다.

8장

1 C.K. 프라할라드(C.K. Prahalad)와 게리 해멀(Gary Hamel), "The Core Competence of the Corporation", 「하버드 비즈니스 리뷰」, 1990년.

2 이런 아이디어 다수는 1993년에서 1999년까지 하버드 경영대학원 사업 정책 세미나에서 박사과정 학생들과의 훌륭하고 자극적인 논의에서 나온 것들이다. 이 아이디어에 기여를 한 학생들은 돈 설(Don Sull), 톰 아이젠만(Tom Eisenmann), 노다 토모요시(Noda Tomoyoshi), 마이클 레이노어(Michael Raynor), 마이클 로베르토(Michael Roberto), 데보라 솔(Deborah Sole), 클라크 길버트(Clark Gilbert), 마이클 오버도프(Michael Overdorf)이다.

3 다음 논문은 프로세스의 특성을 논리적이고 포괄적으로 다루고 있다. 데이비드 가빈(David Garvin), "The Process of Organization and Management", 「슬로언 매니지먼트 리뷰(*Sloan Management Review*)」 1998년 여름. 우리가 사용하는 프로세스라는 용어는 이 논문의 저자가 정의한 프로세스의 모든 유형을 포함한다.

4 도로시 레너드-바튼, "Core Capabilities and Core Rigidities: A Paradox in Managing New Product Development", 「전략 경영 저널」 13, 1992년, 111-125. 내가 보기에 이 논문은 이후에 진행된 대부분의 연구가 기반을 두게 된 기본적인 패러다임을 구축했다.

5 위크햄 스키너(Wickham Skinner), "The Focused Factory", 「하버드 비즈니스 리뷰」 1974년.

6 토머스 피터스와 로버트 워터맨, 『초우량 기업의 조건』(New York: Harper & Row Publishers, 1982)

7 에드가 슈인(Edgar Schein), 『*Organizational Culture and Leadership*』(San Francisco: Jossey-Bass Publishers, 1988). 내가 이 책에서 다룬 조직 문화 개발에 대한 묘사는 상당 부분 슈인의 연구 자료에서 가져온 것이다.

8 니콜 템페스트(Nicole Tempest), "Cisco Systems, Inc. Post-Acquisition Manufacturing Integration", 스탠포드 경영대와 하버드 경영대가 1998년 공동 발간한 교육 자료.

9 스티븐 C. 휠라이트와 킴 B. 클라크, 『*Revolutionizing Product Development*』(New York: The Free Press, 1992).

10 킴 B. 클라크와 스티븐 C. 휠라이트, "Organizing and Leading Heavyweight Development Team", 「캘리포니아 매니지먼트 리뷰(*California Management Review*)」 34, 1992년 봄, 9-28. 이 논문에서 묘사한 개념은 매우 중요하다. 우리는 이런 문제들에 관심이 있는 경영자들이

이 논문을 철저하게 연구하길 강력하게 권고한다. 이 논문의 저자들은 중량급 팀을 여러 부서의 업무를 동시에 담당하도록 배치돼 있는 팀으로 정의하고 있다. 중량급 팀 내 각 팀원의 임무는 기능적인 집단을 대표하는 것이 아니라 전체 프로젝트를 담당하고 각 기능 분야를 담당하는 임원들의 결정 및 업무에 적극적으로 관여할 책임이 있는 총괄 매니저 역할을 하는 것으로 정의한다. 팀원들은 프로젝트를 완성하기 위해 함께 일하면서 새로운 상호작용, 협력, 의사 결정 방식을 만들게 된다. 이런 방식은 결국 새로운 프로세스, 즉 새로운 능력을 구성하게 되며, 이런 능력은 새로운 사업이 성공을 거두기 위해서 계속해서 필요한 능력이 될 것이다. 그리고 새로운 사업이나 신제품 라인이 성장하면서 이러한 업무 처리 방식은 제도화된다.

11 제프 다이어(Jeff Dyer), "How Chrysler Created an American Keiretsu", 「하버드 비즈니스 리뷰」 1996년 7-8월, 42-56, 클레이튼 M. 크리스텐슨, "We've Got Rhythm! Medtronic Corporation's Cardian Pacemaker Business", 하버드 비즈니스 스쿨, 케이스 번호 698-004, 스티브 C. 휠라이트, "Eli Lilly: The Evista Project", 하버드 비즈니스 스쿨, 케이스 번호 699-016.

9장

1 디스크드라이브 업계의 관행에 따르면 MTBF 100만 시간은 100만 개의 디스크드라이브를 동시에 켜고 연속적으로 1시간 동안 작동시킬 때 이 드라이브 중 하나가 그 시간 동안에 제대로 작동하지 않게 된다는 의미다.

2 제품 수명 주기의 존재를 제안한 최초의 가장 영향력 있는 논문은 다음과 같다. 제이 W. 포레스터(Jay. W. Forrester), "Industrial Dynamics", 「하버드 비즈니스 리뷰」 1958년 7-8월, 9-14, 아치 패턴(Arch Patton), "Stretch Your Products' Earning Years-Top Management's Stake in the Product Life Cycle", 「매니지먼트 리뷰(Management Review)」 38, 1959년 6월, 67-79, 윌리엄 E. 콕스(William E. Cox), "Product Life Cycles as Marketing Models", 「저널 오브 비즈니스(Journal of Business)」 40, 1967년 10월, 375. 제품 수명 주기를 중심으로 발생하는 개념적, 경험적 문제를 요약하고 있는 논문은 다음과 같다. 나리먼 K. 달라(Nariman K. Dhalla)와 소니아 유세프(Sonia Yuspeh), "Forget the Product Life Cycle Concept!", 「하버드 비즈니스 리뷰」 1976년 1-2월, 102-112, 데이비드 R. 링크(David R. Rink)와 존 E. 스완(John E. Swan), "Product Life Cycle Research: A Literature Review", 「저널 오브 비즈니스 리서치(Journal of Business Research)」 1979년, 219, 조지 S. 데이(Geroge S. Day), "Product Life Cycle: Analysis and Applications Issues", 「저널 오브 마케팅(Journal of Marketing)」 45, 1981년 가을, 60-67. 다음 논문은 제품 수명 주기 개념에 대한 설득력 있는 비판을 담고 있으며 9장에서 다루고 있는 여러 아이디어와 유사한 제품 진화 이론을 제시하고 있다. 제라드 J. 텔리스(Gerard J. Tellis)와 C. 멀 크로포드(C. Merle Crawford), "An Evolutionary Approach to

Product Growth Theory", 「저널 오브 마케팅」45, 1981년 가을, 125-132.

3 제프리 A. 무어, 『캐즘마케팅』(New York: HarperBusiness, 1991).

4 휴대용 라디오가 출현할 때도 똑같은 상황이 발생했다. 1950년대 초반에 소니 회장인 모리타 아키오(Morita Akio)는 AT&T의 과학자들이 1947년에 개발해 AT&T가 특허를 갖고 있는 트랜지스터 기술을 협상하기 위해 저렴한 뉴욕 호텔에 머물고 있었다. 그는 AT&T가 협상하기 쉽지 않은 업체라는 점을 깨닫고 반복적으로 회사를 방문해 라이선스를 달라고 조르기 시작했다. 마침내 AT&T가 굽히고 말았다. 회의가 끝나자, AT&T 직원은 모리타에게 소니가 그 라이선스로 무엇을 할 것이냐고 물었다. 모리타가 대답했다. "소형 라디오를 만들 것입니다." AT&T 직원은 "사람들이 소형 라디오에 관심이나 있을까요?"라고 질문을 던졌다. 모리타는 "두고 보면 알 것입니다"라고 대답했다. 몇 개월 후 소니는 미국 시장에 최초의 휴대용 트랜지스터라디오를 도입했다. 주류시장의 라디오 성능에 대한 주된 평가 방식에 따르면 이러한 초기 트랜지스터라디오는 당시에 지배적인 디자인이었던 진공관 기반 탁상용 라디오에 비해 음질 재생 충실도 또한 훨씬 낮았고, 잡음도 훨씬 많았다. 그렇지만 모리타는 소니의 연구실에서 트랜지스터라디오가 주요 시장에서 성능 면에서 경쟁적으로 될 때까지 연구하는 대신(대부분의 선도적인 전자업체들은 트랜지스터 기술에 대해 이런 식으로 행동했다), 당시 존재하는 기술의 특성을 중요하게 여기는 시장을 발견했다. 바로 휴대용 트랜지스터라디오 시장이었다. 별로 놀랍지 않게 선도적인 탁상용 라디오 제조업체들 중 선도적인 휴대용 라디오 제조업체가 된 기업은 하나도 없었다. 모두 결국 라디오 시장에서 쫓겨나고 말았다.

5 존 케이스(John Case), "Customer Service: The Last Word", 「*Inc. Magazine*」 1991년 4월, 1-5.

6 이 부분의 정보는 인튜이트의 창립자 겸 회장인 스콧 쿡과 퀵북의 마케팅 매니저 제이 오코너(Jay O'Connor)가 내게 제공한 것이다.

7 쿡은 간단하고 편리한 회계 소프트웨어 패키지를 설계하는 과정에서 인튜이트의 개발자들이 아주 심오한 통찰을 하게 됐다고 밝혔다. 컴퓨터는 보통 덧셈과 뺄셈에서 실수를 하지 않음에도, 원래 베네치아 상인들이 수학적인 실수를 바로잡기 위해 개발한 이중 입력 회계 시스템은 모든 회계 소프트웨어 패키지에 계속 사용되고 있었다. 인튜이트는 필요 없는 측면을 제거함으로써 제품을 크게 단순화시킬 수 있었다.

8 "Eli Lilly & Co.: Innovation in Diabetes Care", 하버드 비즈니스 스쿨, 케이스 번호 9-696-077. 이 연구에 따르면 엘라이릴리는 휴물린 인슐린으로 프리미엄 가격을 달성할 수는 없었지만, 휴물린에 투자함으로써 혜택을 얻게 됐다. 엘라이릴리는 휴물린을 통해 점점 줄어드는 육류 소비로 인한 췌장 공급의 부족 가능성으로부터 보호를 받을 수 있었으며, 생명공학 약품을 대량 제조할 수 있는 매우 소중한 경험 및 자산 기반을 얻게 됐다.

9 이러한 소수의 의견이 수업 시간에 제시될 경우 많은 학생들은 세계에서 가장 잘

경영되고 가장 성공적이라고 널리 간주되는 기관들이 주류시장이 요구하는 것을 초과 달성할 수 있다는 사실을 깨닫기 시작한다. 인텔은 항상 성능 그래프의 수직 축에 있는 마이크로프로세서의 속도를 측정했다. 인텔은 항상 시장이 더욱 빠른 마이크로프로세서를 요구한다고 가정했다. 또한 수십억 달러의 수익이 이런 믿음을 분명 확인시켰다. 물론 일부 최첨단 고객들은 200MHz, 400MHz, 800MHz의 속도로 연산을 처리하는 칩을 원하고 있다. 그렇지만 주류시장은 어떠한가? 언젠가 가까운 미래에 인텔의 새로운 마이크로프로세서의 속도와 비용이 시장 수요를 초과 달성할 가능성은 존재하지 않는가? 그리고 기술 과잉 공급이 가능할 경우, 수천 명의 인텔 직원은 언제 이런 일이 발생했는지 어떻게 식별할 수 있단 말인가? 그들은 개발 노력의 궤도를 완전히 수정할 만한 충분한 확신을 갖고 변화를 받아들일 수 있을 것인가? 기술 과잉 공급을 식별하는 일은 까다롭다. 그리고 그것에 대해 무언가 조치를 취하는 일은 더욱 까다롭다.

10장

1 1996년에 캘리포니아 주정부는 이런 요구조항 실행 시기를 2002년으로 연기했다. 자동차 제조업체들이 설계할 수 있는 전기자동차의 성능과 비용을 감안할 때 수요가 없을 것이라고 항의했기 때문이다.

2 도로시 레너드-바튼, 『*Wellsprings of Knowledge*』(Boston: Harvard Business School Press, 1995).

3 이 정보는 도링(Dohring)이 1994년 10월에 실시한 연구조사와 1995년 6월 28일 캘리포니아주 엘몬티에서 열린 전기자동차 소비자 마케팅 가능성에 대한 캘리포니아주 대기자원국 워크숍에서 도요타가 발표한 자료를 인용한 것이다.

4 이 정보는 버지니아주 샬로츠빌에 있는 W. 앨튼 존슨 재단의 선임 에너지 담당자 폴 J. 밀러가 제공한 정보다. 여기에 다음의 자료를 덧붙여 보강했다. 프랭크 P. 노튼(Frank P.l Norton)과 다나 수 포테스티오(Dana Sue Potestio), "Electric Vehicles: Promise and Reality", 『캘리포니아주 입법 리포트(*California State Legislative Report*)』19, No. 10, 1994년 7월, W.P. 에건(W.P. Egan), "Electric Cars", 『오스트레일리아 무역공사(*Canberra, Australia: Bureau of Transport Economics*)』 1974, 대니얼 스펄링(Daniel Sperling), 『*Future Drive: Electric Vehicles and Sustainable Transportation*』(Washington, D.C.: Island Press, 1995), 윌리엄 해밀튼(William Hamilton), 『*Electric Automobiles*』(New York: McGraw Hill Company, 1980).

5 [그림 10-1] 그래프에 기초할 때 미래의 향상 속도가 과거의 향상 속도와 유사하다면, 파괴적인 전기자동차 기술이 주류시장에서 경쟁적이기 위해서는 많은 시간이 걸릴 것이다. 물론 역사적인 성능 향상이 미래에도 유지된다는 보장은 없다. 기술자들이 뛰어넘을 수 없는 기술적인 장애물에 부딪칠 수도 있다. 그렇지만 우리가 확실하게 말할 수 있는 것은 파괴적 기술 담당자들이 그러한 장벽을 우회할 수 있는 어떤 방법을 모색할 수 있는 인센티브가 기존의 자동차 제조업체들이 저가시장으로 이동할 때 느끼는 의기소침 정도만큼 클 수

있다는 점이다. 그렇지만 현재의 향상률이 그대로 지속된다면 2015년에는 전기자동차의 주행거리가 주류시장에서 요구되는 평균 주행거리와 교차할 것으로 예상할 수 있으며, 전기자동차의 가속 능력은 2020년에 주류시장에서 요구되는 가속 능력과 교차할 것으로 예상할 수 있다. 아래쪽에서 다룰 것이지만 분명 전기자동차 개혁가들이 기술이 발전해 주류시장에 사용될 수 있는 지점에 이르기를 기다리는 대신, 현재 가능한 기술의 특성을 소중히 여기는 시장을 발견하는 것이 매우 중요하다.

6 이 진술은 1995년 6월 28일 캘리포니아주 엘몬티에서 열린 전기자동차 소비자 마케팅 가능성에 대한 캘리포니아주 대기자원국 워크숍에서 포드 자동차의 전기자동차 프로그램 이사 존 R. 윌리스가 한 말이다.

7 찰스 퍼거슨(Charles Ferguson)과 찰스 모리스(Charles Morris), 『*Computer Wars*』(New York: Time Books, 1994). 우수한 기업들이 기술 혁신이 파괴적이든 존속적이든 상관없이, 얼마나 본능적이면서 일관성 있게 그 혁신을 기존의 고객 기반 쪽으로 밀어붙이려 하고 있는지 정말 놀랄 만하다. 우리는 이 책에서 몇 번이나 이런 사례를 목격했다. 예를 들어 기계 굴착기 산업의 경우 부사이러스가 하이드로호를 통해 주류 굴착 작업 계약업체에 유압식 기술이 통하도록 하기 위해 노력했다. 오토바이 산업의 경우 할리-데이비슨이 딜러를 통해 로엔드 브랜드 네임 제품을 출시하려 노력했다. 그리고 여기에서 다룬 전기자동차의 경우 크라이슬러는 미니밴에 거의 1톤에 가까운 배터리를 장착했다. 퍼거슨과 모리스는 이 책에서 IBM이 RISC(Reduced Instruction Set Computing, 컴퓨터의 실행속도를 높이기 위해 복잡한 처리는 소프트웨어에게 맡기는 방법을 채택하여 명령세트를 축소 설계한 컴퓨터 연산 방식) 마이크로프로세서 기술을 상용화하려 할 때 유사한 일이 발생했다고 서술하고 있다. RISC는 IBM이 개발한 것으로, 발명가들은 놀라울 정도로 빠른 RISC 칩을 컴퓨터에 장착시켰다. 이후 IBM은 상당한 시간, 돈, 인력을 투자해 RISC 칩이 주류 미니컴퓨터에 통하도록 노력했다. 그렇지만 이렇게 하기 위해서는 디자인 면에서 너무나 많은 타협을 해야 했기 때문에 그 프로그램은 결코 성공적이지 못했다. IBM RISC 팀의 핵심 임원들은 좌절을 느끼며 회사를 떠나 RISC 칩 제조업체인 MIPS와 휴렛패커드의 RISC 칩 사업부를 설립하는 데 핵심적인 역할을 했다. 그들이 제품의 특성을 있는 그대로 받아들이고 그 특성을 중요하게 여기는 시장, 즉 엔지니어링 워크스테이션 시장을 발견했기 때문에 이러한 노력은 성공적이었다. IBM은 기술이 이미 발견된 시장에 억지로 진출하려 했기 때문에 실패했다. 흥미롭게도 IBM은 결국 자체의 엔지니어링 워크스테이션을 출시하면서 RISC 아키텍처 칩을 중심으로 성공적인 사업을 구축했다.

8 존재하지 않는 시장은 수동적인 관찰이 아니라 행동을 통해 가장 잘 연구할 수 있다는 개념은 다음 논문에서 다뤄지고 있다. 게리 해멀과 C.K. 프라할라드, "Corporate Imagination and Expeditionary Marketing", 「하버드 비즈니스 리뷰」 1991년 7-8월, 81-92.

9 파괴적 혁신을 다루는 사업 계획이 미래 착안한 전략을 실행하는 계획이 아니라 학습을 위한

계획이어야 한다는 개념은 다음 논문에서 분명하게 다뤄지고 있다. 리타 G. 맥그래스와 이안 C. 맥밀란, "Discovery-Driven Planning", 「하버드 비즈니스 리뷰」 1995년 7-8월, 44-54.

10 제프리 테어슨 서버츠(Jeffrey Thoresen Severts), "Managing Innovation: Electric Vehicle Development at Chrysler", 하버드 비즈니스 스쿨 MBA 학생 노트, 1996년. 이 논문은 하버드 경영대학의 클레이튼 M. 크리스텐슨 교수에게서 얻을 수 있다.

11 글럽의 논평은 캘리포니아주 대기자원국이 1998년까지 가솔린 자동차를 판매하는 모든 기업들이 종류에 상관없이 차량을 판매하기 위해서는 전기자동차의 판매가 캘리포니아주 내에서 판매된 총 차량의 2퍼센트를 차지해야 한다는 요구조항의 맥락에서 행해진 것이다. 이미 앞에서 지적했듯이 주정부는 1996년에 이런 요구조항의 실행을 2002년으로 연기했다.

12 이 진술은 1995년 6월 28일 캘리포니아주 엘몬티에서 열린 전기자동차 소비자 마케팅 가능성에 대한 캘리포니아주 대기자원국 워크숍에서 크라이슬러의 현장 영업 운영부의 영업 총괄 매니저인 윌리엄 글럽이 한 말이다. 그 워크숍에 대한 크라이슬러의 보도자료 5페이지를 참조하라.

13 Ibid.

14 전기자동차 관련 통계 수치는 크라이슬러가 파괴적 기술인 전기자동차를 상용화하려 노력하면서 판단한 통계라는 사실에 주목할 필요가 있다. 크라이슬러는 본질적으로 전기자동차에 노력을 집중하지 않았다. GM의 전기자동차와 같은 다른 소형 애플리케이션을 위해 설계된 전기자동차는 주행거리가 160킬로미터밖에 되지 않았기 때문이다. 이에 관해서는 다음 논문을 참조하면 된다. 제프리 테어슨 서버츠, "Managing Innovation: Electric Vehicle Development at Chrysler", 하버드 비즈니스 스쿨 학생 노트, 1996년.

15 가브리엘라 스턴(Gabriella Stern)과 레베카 블루먼스타인(Rebecca Blumenstein), "GM Is Expected to Back Proposal from Midsize Version of Saturn Car", 「월스트리트 저널(*Wall Street Journal*)」 1996년 5월 24일, B4.

16 더 작고, 더 간단하고 더 편리한 파괴적 기술들의 목록에는 이 책에 담을 수 없었던 다른 여러 기술들이 포함될 수 있다. 예를 들면 탁상용 복사기, 의료용 스테이플, 휴대용 트랜지스터라디오 및 TV, 전자레인지, 버블젯 프린터 등이 있다. 이런 파괴적 기술 각각은 성장해 초기 시장과 주류시장 모두를 지배하게 됐는데, 단순성과 편리함을 우선적인 가치제안으로 정하고 출발했던 기술이었다.

17 파괴적 기술의 가장 흔한 패턴인 지배적인 제품 디자인을 달성하기 위해서는 시간, 실험, 시행착오가 필요하다는 개념은 뒷부분에서 논의되고 있다.

18 이 진술은 1995년 6월 28일 캘리포니아주 엘몬티에서 열린 전기자동차 소비자 마케팅 가능성에 대한 캘리포니아주 대기자원국 워크숍에서 포드 자동차의 존 R. 월리스가 한

말이다. 포드의 보도자료 5쪽을 참조하라.

19 캘리포니아주 대기자원국 워크숍에서 글럽이 한 말.

20 제품 개발과 점증적 기술 대 급변하는 기술 개발의 상대적인 역할을 연구하고 논의하고 있는 다음 논문을 참조하면 된다. 랄프 E. 고모리(Ralph E. Gomory), "From the 'Ladder of Science' to the Product Development Cycle", 「하버드 비즈니스 리뷰」 1989년 11–12월, 99–105. 로웰 스틸(Lowell Steele), "Managers' Misconceptions About Technology", 「하버드 비즈니스 리뷰」 1983년, 733–740.

21 기존업체들이 놀라울 정도로 복잡하고 위험한 존속적 혁신을 주도하기 위해 필요한 수단을 총동원할 수 있다는 증거는 1장과 2장에서 요약한 디스크 드라이브 연구 결과뿐만 아니라 다른 업계에서도 찾아볼 수 있다. 이에 관해서는 다음 논문을 참조하면 된다. 마르코 이안시티(Marco Iansiti), "Technology Integration: Managing Technological Evolution in a Complex Environment", 「리서치 폴리시」 24, 1995년, 521–542.

11장

1 여기서 말하는 것은 독점 기술과 같은 장벽을 말한다. 독점 기술로는 1)효율적인 제조 규모를 가진 값비싼 제조 공장들의 보유 2)주요 시장에서 가장 강력한 유통업체의 선점 3)핵심 원자재나 특별한 인적자원의 배타적 통제 4)강력한 브랜드 이름에 어울리는 높은 신뢰성과 명성 5)누적된 생산 노하우 6)높은 수준의 규모의 경제 등이 있다. 경제학자의 관점에서 진입 시장에 대해서 설명해놓은 독창적인 연구 결과는 다음과 같다. 조셉 바인(Joseph Bain), 『*Barriers to New Competition*』(Cambridge, MA: Harvard University Press, 1956), 리처드 카브스(Richard Caves)와 마이클 포터, "From Entry Barriers to Mobility Barriers", 「쿼터리 저널 오브 이코노믹스(*Quarterly Journal of Economics*)」 91, 1977년 5월, 241–261.

혁신기업의 딜레마

지은이	클레이튼 M. 크리스텐슨
옮긴이	이진원
펴낸이	오세인
펴낸곳	세종서적(주)

주간	정소연
기획편집	최정미 · 장여진
디자인	박정민 · 박은진
마케팅	유인철
경영지원	홍성우

출판등록	1992년 3월 4일 제 4-172호
주소	서울시 광진구 천호대로132길 15, 세종 SMS 빌딩 3층
전화	(02) 775-7011
팩스	(02)776-4013
홈페이지	www.sejongbooks.co.kr
네이버 포스트	post.naver.com/sejongbooks
페이스북	www.facebook.com/sejongbooks
원고모집	sejong.edit@gmail.com

초판   1쇄 발행 2009년 6월 25일
      15쇄 발행 2019년 3월 2일

개정판 1쇄 발행 2020년 3월 30일
      5쇄 발행 2024년 6월 30일

ISBN 978-89-8407-785-0 03320